Fritz Mauthner · Sprache und Leben

Satz: Hanna Knezourek A-4785 Haibach/Schärding
Printed in Austria by Welsermühl, Wels
ISBN 3-7017-0465-1

FRITZ MAUTHNER
SPRACHE UND LEBEN
Ausgewählte Texte aus dem philosophischen Werk

Herausgegeben
von
GERSHON WEILER

Residenz Verlag

GERSHON WEILER

Einführung

1. Fritz Mauthner wurde im Jahre 1849 in Hořitz in Böhmen, nicht weit von Königgrätz, geboren und starb, nachdem er für jeweils kürzere oder längere Zeit in Prag, Berlin und Freiburg gelebt hatte, im Jahre 1923 in Meersburg am Bodensee, in dem berühmten Glaserhäusle, das einst der Zufluchtsort der Dichterin Annette von Droste-Hülshoff gewesen war. Sein Leben war das eines Außenseiters, und seine philosophischen Leistungen sind von diesem Außenseitertum gezeichnet. Er erwarb nie einen akademischen Grad an irgendeiner Universität und bestritt seinen Lebensunterhalt anfänglich als Journalist und später, als Schriftsteller und Privatgelehrter, durch seine Schriften; gegen Ende seines Lebens, während der Zeit der großen Inflation in Deutschland, lebte er von der Großzügigkeit seiner Freunde. Mauthner wurde von der Akademie gemieden, und er zahlte es ihr mit verächtlicher Ironie zurück. Jude von Geburt, der niemals zu irgendeiner Kirche übergetreten war, liegt er auf dem Meersburger lutheranischen Friedhof begraben, unter einem großen Felsen, der die Inschrift trägt: *Vom Menschsein Erlöst.*

Für einige Jahrzehnte nach seinem Tod war Mauthner eine fast vergessene Figur. Sein Andenken blieb lediglich in einer Art intellektuellem Untergrund lebendig – in einigen Schriften über ihn und bei den verschwindend wenigen, die sich an ihn erinnern konnten. So erscheint Mauthner an einer Stelle in Wittgensteins *Tractatus* als einer der wenigen dort namentlich genannten Philosophen. Als ich im Jahre 1958 in der Zeitschrift *Mind* einen kurzen Artikel über Mauthner veröffentlichte – meines Wissens die erste Diskussion des Philosophen in der Nachkriegszeit –, erhielt ich einen Brief von einem Korrespondenten, der mich darüber in Kenntnis setzte, daß er wahrscheinlich »eine der letzten lebenden Personen« sei, die Fritz Mauthner persönlich gekannt hätten. Der Korrespondent war Dr. Henry Jacobs, der Sohn von Monty Jacobs, dem literarischen Testamentsvollstrecker Mauthners, und dessen Nachfolger als Theaterkritiker am »Berliner Tageblatt«, der zudem Schwiegersohn von Clara Levysohn war, der Mauthner seine *Beiträge* unter der Tarnung von Descartes' Widmung seiner *Prinzipien* zugeeignet hatte, beginnend mit den Worten *Clarissima Princeps*. Dies war der Anfang einer Freundschaft, die bis zum Tode Dr. Jacobs', eine Dekade später, anhielt. (Mein Buch *Mauthner's Critique of language* von 1970 zog enormen Nutzen aus seinem Wissen, das er so großzügig mit mir geteilt hatte.)

Der vorliegende Band enthält, was ich, aus seinen umfangreichen Schriften ausgewählt, als angemessene Einführung in Mauthners Philosophie betrachte, und ist gleichwohl gedacht als ein weiterer Schritt in der Wiederentdeckung des großen Reichtums seiner Philosophie. Seine *Beiträge zu einer Kritik der Sprache*, das *Wörterbuch der Philosophie* und *Der Atheismus und seine Geschichte im Abendlande*, aber auch die *Erinnerungen* wurden in den letzten Jahren im Neudruck wieder herausgegeben, und wenn es einen Ort gibt, von wo aus tote Atheisten ihre Nachwelt sehen können, dann sollte Mauthner über seinen gegenwärtigen Rang in der Republik der Buchstaben nicht eben unglücklich sein.

2. Diese Anthologie ist in vier Hauptteile gegliedert. Sie wird mit einigen Abschnitten aus Mauthners autobiographischem Werk *Erinnerungen* eröffnet und sucht dann seine Hauptideen darüber darzustellen, was eine Kritik der Sprache zu bedeuten habe. Dieser zweite Abschnitt ist in weitere Unterabschnitte gegliedert, die dem Ursprung der Sprache, ihrem Begriff, und dem Wortaberglauben, den die Sprache hervorbringt, gewidmet sind. Der dritte Hauptabschnitt befaßt sich mit Erkenntnistheorie, oder genauer, mit den erkenntnistheoretischen Konsequenzen der Sprache – unter der Voraussetzung, daß sie ist, was sie ist. Der vierte und letzte Abschnitt bringt Selektionen aus den letzten Entwicklungen von Mauthners *sprachkritischen* Analysen,

die er *Die drei Bilder der Welt* überschrieb. Dies war denn auch tatsächlich der Titel, der dem dünnen *Nachlaßband* gegeben wurde, den Monty Jacobs 1925 veröffentlicht hat.

Meine Einführung folgt der hier dargestellten Reihenfolge. Die eingeklammerten Ziffern beziehen sich auf die in diesem Band gesammelten und entsprechend numerierten Auszüge. Auf diese Weise hoffe ich, dem Leser zeigen zu können, wie ich dazu kam, Mauthner so zu lesen, wie ich ihn lese.

3. Mauthners Biographie ist in diesem Kontext in zweifacher Hinsicht bedeutend, die beide in Wechselbeziehung stehen. Erstens ist Mauthners Darstellung seiner *Jugendjahre* von eigenem Interesse. Noch interessanter jedoch ist der zweite Aspekt seiner Erinnerungen – die Art und Weise, in der seine Erfahrungen in jenen frühen Jahren zur Entwicklung seiner Gedanken über Philosophie im allgemeinen und über Sprache im besonderen beigetragen haben.

Die in Teil I veröffentlichten Auszüge zeigen uns vor allem einen sehr zornigen und dabei gründlich entfremdeten jungen Mann. Der Jude Mauthner wurde in einem Gebiet heftiger nationaler Konflikte geboren, eingeklemmt zwischen Deutschen und Tschechen. Dies ist der Stoff, der an anderen Orten (z. B. in Wilna oder in Siebenbürgen) den jüdischen Nationalismus oder Zionismus nährte. Aber die Erfahrung, zu keiner der beiden streitenden Gruppen zu gehören, machte Mauthner nicht jüdischer. Er gehörte, ganz und ohne *Residuum,* überhaupt keiner Gruppe an. Er war entschieden anti-tschechisch (5), und obwohl er von den Deutschen (6) als von *meinem Volke* sprach, blieb er sich der Tatsache schmerzlich bewußt, daß er nicht in dem einen Sinn zu dieser Nation gehörte, der seiner eigenen Überzeugung nach der tiefgründigste war – der linguistische. Deutsch war seine Sprache, aber er beherrschte keinen ihrer Dialekte. Ausführlich und mit offensichtlichem Stolz beschreibt er seine aktive Teilnahme an der Förderung der deutschen Sache (8). Dennoch zeugt sein ganzes Leben von dem schmerzlichen Bewußtsein, daß er, was immer er fühlen sollte, niemals von jenen als wahrer Deutscher akzeptiert werden würde, deren Deutschtum seiner Natur nach niemals in Frage gestellt werden konnte. All dies ist mit trauriger Schönheit in einem Gedicht zusammengefaßt, das in einem Brief vom 29. April 1906 an Frau Clara Levysohn zu finden ist:

Lied eines Juden an Deutschland:
Maimon spricht:
»Liebloses Land, ich liebe Dich!«

Nicht zuletzt war er auch dem Judentum entfremdet. Obwohl sein Buch *Der Neue Ahasver* erstaunliche Einsichten enthält – einige davon unheilvoll prophetisch –, dachte er niemals, daß er irgend etwas mit einer Sache zu tun haben könnte, die ausschließlich jüdisch war. Er berichtet (7) auf humorvolle Weise, daß man einen seltenen Moment des deutsch-tschechischen Einvernehmens, die *Schillerfeier* im Jahre 1859, mit zerbrochenen Fensterscheiben im jüdischen Viertel zelebrierte, und er fügt hinzu, daß das *eigentlich nicht böse gemeint* war.

Es ist daher sinnvoll für ihn, zu sagen (3), daß es überraschend wäre, wenn sich jemand, der unter solchen Umständen aufwächst, nicht der Sprachforschung widmete. Es ist schwierig, diese Dinge mit Bestimmtheit zu sagen, aber es kann gut sein, daß Mauthners frühes Sprachbewußtsein, das Bewußtsein, daß es verschiedene Wege gibt, eine Erfahrung sprachlich auszulegen, ja überhaupt seine eigene Fähigkeit, dies zu tun, zu jenen grundlegenden Einsichten beigetragen hat, aus denen Relativismus und folglich erkenntnistheoretischer Skeptizismus emporwachsen. Bis weit in seine späten Jahre wurde Mauthner nicht müde, zu lernen, wie die Dinge in verschiedenen Sprachen gesagt werden; offenkundig war er davon überzeugt, daß solche Untersuchungen einen Beitrag zu unserem Verständnis von der Rolle und der Bedeutung der Sprache beizusteuern haben gerade dann, wenn es um Wahrheit geht.

4. Ist Mauthner ein Sprachphilosoph? Anstatt diese Frage direkt zu beantworten, möchte ich darauf hinweisen, daß

es kein Zufall ist, daß Mauthner sein Unternehmen als *Kritik* der Sprache und nicht als Philosophie der Sprache bezeichnet hat. Der Begriff einer »Philosophie der/des...« zielt typischerweise darauf hin, die Frage »Was macht etwas zur/zum...?« zu beantworten, wobei immer notwendige und zureichende Bedingungen gemeint sind. Diese Bedingungen wiederum können nicht zufriedenstellend spezifiziert werden, ehe das Verhältnis zwischen... und »allen« anderen Dingen »der Welt« bis zu akzeptierbaren Einzelheiten hin geklärt worden ist. Daß keine Philosophie der/des... jemals vollständig sein kann, ist folglich der Unmöglichkeit zuzuschreiben, alle solche notwendigen und zureichenden Bedingungen, das heißt die vollkommene Beziehung zwischen... und der Welt, zu spezifizieren. So muß etwa die Rechts-Philosophie eine Menge über Ethik, Politik, Soziologie usw. aussagen und, zumindest in einer minimalen Weise, auch über die physische Welt, weil diese das *Forum* und die Totalität der einschränkenden Bedingungen menschlicher Handlungen verkörpert, die eben das zentrale Thema des Rechtes sind. In gleicher Weise beschäftigt sich die Philosophie der Sozialwissenschaften charakteristischerweise mit ihrer Ähnlichkeit mit und ihrer Verschiedenheit von den Naturwissenschaften und somit mit deren Wesen. Diese Erwägungen treffen in verstärktem Maße auf die Philosophie der Sprache zu, da Sprache – was immer sie sonst sein mag – ein Mittel der Bezugnahme auf Einzeldinge in der Welt ist, die bezeichnenderweise keine Einzeldinge der Sprache sind. Deshalb kann eine Philosophie der Sprache, die diesen Namen mit Recht trägt, nicht auf eine immanente Untersuchung der Sprache beschränkt werden, sondern muß ihre Aufmerksamkeit auf den metaphysischen Status der Sprache oder zumindest auf ihre erkenntnistheoretische Nützlichkeit richten. Dies war Mauthners Einstellung, und ich glaube, es ist die richtige. Aus solchen Überlegungen heraus wurde mein Lehrer, der verstorbene Gilbert Ryle, niemals müde zu erklären, warum sich die Arbeit des Philosophen so gründlich von den Bemühungen des Grammatikers, des Lexikographen usw. unterscheidet. Damit soll jedoch nicht abgestritten werden, daß nützliche, nicht-philosophische Untersuchungen zur Natur und Struktur der Sprache möglich sind. Ich behaupte nur, daß eben hier der Unterschied zwischen einer philosophischen und einer nicht-philosophischen Bearbeitung der Sprache liegt.

5. Unser nächster Schritt ist, das Konzept der Mauthnerschen Sprachkritik schärfer ins Blickfeld zu nehmen. Wir beginnen mit den Exzerpten Nr. 9, 10, 11 und 12, also mit Mauthners eigenem Bericht über den Ursprung seiner Ideen. Diese Auszüge sind über die zusätzlichen Informationen, die sie über Mauthners intellektuellen Werdegang liefern, hinaus interessant. Es wird den Leser überraschen, daß außer einer kurzen Erwähnung des Einflusses von Ernst Mach (9) die eigentlichen Ursprünge der Kritik in Persönlichkeiten zu finden sind, die nicht Philosophen vom Fach waren. Meiner Meinung nach ist Nietzsche bedeutender in der Literatur- und Kulturkritik als in der Philosophie im strengen Sinne, und Otto Ludwig und Bismarck stehen philosophischen Angelegenheiten gewiß fern. In den Exzerpten, die hier wiedergegeben werden, wird der Leser das finden, was Mauthner an deren Persönlichkeit besonders inspirierend fand. Aber es lohnt sich, gleich darauf hinzuweisen, daß es zwischen Mauthners Inspirationsquellen einen gemeinsamen Nenner gibt. Sie alle beziehen sich – wenn auch auf unterschiedliche Weise – auf Sprache als mögliches *Erkenntnismittel*. Wie Mauthner, Ludwig behandelnd, selbst sagt (10): »Die Frage nach dem Wesen der Sprache als Kunstmittel führte zu der tieferen Frage nach dem Wesen der Sprache als Erkenntniswerkzeug.« Das Ergebnis dieser Überlegungen kurz darauf war (ibd.): »Die Sprache ist ein Werkzeug, mit dem sich die Wirklichkeit nicht fassen läßt.« Ähnliche Gedanken folgen aus Mauthners Einschätzung von Nietzsche und Bismarck. Beide lehrten durch Wort oder Beispiel den Primat der Tat und des Willens als des Menschen wahres Mittel zum Kontakt mit der Wirklichkeit. Es folgt daraus, daß Worte bestenfalls – und dabei unrichtige – Schatten der wirklichen Dinge sind. »Wissen ist Wortwissen. Wir haben nur Worte, wir wissen nichts.« (12) Mauthners Ausgangspunkt war die fundamen-

tale Einsicht, daß da nicht nur ein eingewurzelter Defekt in unseren Ansprüchen auf Wissen steckt, sondern auch, daß dieser Defekt eine direkte Folge der Natur der Sprache ist. Die Kritik der Sprache, wie sie Mauthner ausgearbeitet hat, ist nichts anderes als eine Rechtfertigung dieser fundamentalen Einsicht.

6. Wir lesen zunächst Mauthners programmatische Erklärung (13) im *Vorwort* des ersten Bandes der *Beiträge*. Seine Absicht ist deutlich erkenntnistheoretischer Art. Um zu verstehen, wie Sprache unsere Bemühungen um Wissen systematisch behindert, führt Mauthner im Folgenden eine Untersuchung des Wesens der Sprache durch, aus der ich des längeren (14) zitiere. Hier wird Sprache als keine innere Einheit besitzend dargestellt, woraus folgt, daß der Begriff »Sprache« kein echter Referenzbegriff ist; Sprache wird eher als eine Art *Handeln* und *Tätigkeit* gesehen, die allein *zwischen den Menschen* existiert. Mit anderen Worten, Sprache (15) ist kein Gebrauchsgegenstand oder -instrument, sondern selbst Gebrauch. Die Abschnitte 16 und 17 illustrieren, was Mauthner damit gemeint hat: Gebrauchszeichen entstehen aus grundlegenden Erfahrungen und dienen als Erinnerungshilfen für diese Erlebnisse, aber sie stehen nicht für die Erfahrungen selbst. Deshalb sind intellektuelle Aktivitäten wie z. B. Urteile, denen zu Recht ein zentraler Status bei der Erlangung von Wahrheit eingeräumt wird, lediglich Wege, auf denen aus Begriffen das herausgenommen wird, was wir während des Prozesses der Markierung unserer Erfahrungen in sie hineingelegt haben; sie sind deshalb als Schritte in der Richtung auf Wahrheit über Objekte, die real in der Welt existieren, nutzlos. Nun kann es sehr wohl möglich sein, daß Mauthner sich hier gründlich irrt, und falls es ein fundamentales Problem in dem Projekt der *Kritik* als Ganzes geben sollte, so muß es nicht weit von hier gesucht werden. Es ist auch möglich, von hier aus eine sensualistisch-nominalistische oder funktionalistische Theorie der Wahrheit und des Wissens zu begründen, aber es ist überaus wichtig, zur Kenntnis zu nehmen, daß Mauthner von keiner derartigen Theorie ausging. Vielmehr vertrat

er die Ansicht – und erweiterte dieses Argument zu einem Hauptelement seiner intellektuellen Bemühungen –, daß, vorausgesetzt, daß Worte sind, was sie sind, und vorausgesetzt, daß Sprache ist, was sie ist, kein Wissen möglich sei. Sobald Mauthner erkannt hatte, daß translinguistische Wahrheit der Natur der Sprache zufolge nicht verfügbar war, blieb ihm keine andere Wahl, als radikal skeptische Schlüsse zu ziehen. Nicht umsonst betonte Mauthner nachdrücklich, daß *Kritik der Sprache* als *Kritik an der Sprache* zu verstehen ist, das heißt als Kritik an dem Vermögen der Sprache, Wahrheit zu liefern.

7. Mauthner war nicht nur ein nicht-akademischer Philosoph, sondern nahm auch der Tradition gegenüber eine eigentümliche Stellung ein. In der Geschichte der Philosophie können wir ihn der extremen Linken der linken Tradition des Empirizismus und Sensualismus zuzählen, obgleich seine gescheiterten Ambitionen eigentlich platonisch waren. Am deutlichsten wird dies in seinem Begriff des *Wortaberglaubens*. Im wesentlichen ist dieser Begriff gleichbedeutend mit der Ablehnung aller möglichen ontologischen Ansprüche – denn immer, wenn solche Ansprüche erhoben werden, müssen sie sich auf Worte stützen, um auf ein so »bezeichnetes« Sein hinzuweisen. Es ist dabei ohne Gewicht, ob dieses »Sein« ein materielles Objekt ist, dessen Existenz hinweisend behauptet wird, oder ob das »Sein« eine Bedeutung ist, deren Existenz sich irgendwo hinter dem Wort verborgen hält. So faßt Mauthner in dem Begriff *Wortaberglaube* eine Vielzahl von Praktiken und Theorien zusammen: von der Personifikation und Vergöttlichung von Dingen und Kräften, die ein sie anzeigendes Wort besitzen (18), bis hin zu philosophischen Theorien, wie z. B. der Lehre Platons, die der »wahren Bedeutung« von Worten Existenz zuspricht. Solche Zuschreibungen, in welcher Form auch immer sie erscheinen, sind für Mauthner nichts anderes als Zeichen einer menschlichen Schwäche, einer Art »angeborener« *geistiger Schwäche* (19). Nach Mauthners Ansicht ist dieser *Wortaberglaube* nicht nur ein Zeichen von Verdummung, sondern auch ein Mittel zur Unterdrückung:

die jeweils herrschenden Mächte stützen sich auf Kräfte, die, wenn alles gesagt und getan ist, nur in Worten existieren (»Gnade Gottes«, »Wille der Nation« usw., usw.). Darauf ist Mauthners Bestehen auf der systematischen Verbindung zwischen *Wortaberglauben* und *Wortmacht* zurückzuführen.

Nun wäre es angemessen, anzunehmen, daß Mauthner von einem solchen extremen Nominalismus zu einem praktischen Reformprogramm fortschreitet, dessen Ziel die Zerstörung dieses schädlichen *Wortaberglaubens* ist. Aber wie seine Diskussion künstlicher Sprachen mit außerordentlicher Klarheit zeigt, stand ihm das fern. Sprache ist zugestandenermaßen irreführend, aber daraus läßt sich nicht schließen, daß ein menschlicher Kunstgriff die Dinge richtigzustellen vermag. Was wir brauchen, ist keine Reform, sondern ein andauerndes philosophisches Bewußtsein, ein unaufhörliches Bemühen, uns daran zu erinnern, daß wir uns vor der Aberglauben erzeugenden Macht der Sprache in acht nehmen müssen, ohne dabei zu vergessen, daß uns die Sprache mit all ihren Täuschungen unentbehrlich ist. Mauthner lehnte ohne Zögern alle Kunstsprachen ab, besonders das *Volapük* und *Esperanto,* die er beide genauer bedacht hatte. Er sagt (20): »Ich glaube aber nicht, daß die künstlichen Universalsprachen auch nur die kleinste Hoffnung erfüllen werden, die ihre Erfinder und Anhänger auf sie setzen.« Der Grund dafür ist einfach: Sprache ist ein organisches Gewächs: »Eine Sprache muß leben zwischen den Genossen eines Volkes, zwischen den Menschen.« (20) Mit dem Ausdruck »zwischen den Menschen« sind wir nun schon bekannt: Mauthner benutzte ihn, um die »Unwirklichkeit« der Sprache auszudrücken; hier aber gebraucht er ihn, um auf die höchste Realität der Sprache, das heißt die einzige Realität, die ihr zugesprochen werden kann, hinzuweisen. Sprache wächst »zwischen den Menschen« durch die Klassifizierungsbegriffe, die von den gemeinsamen Lebenserfahrungen ausgewählt werden. Künstliche Sprachen haben keine natürlichen Sprecher, die diese Selektion für sie durchführen könnten, und Mauthner drückt den berechtigten Verdacht aus, daß Dr. Zamenhof sich das Vokabular des Esperanto ausdachte, indem er es einfach aus den Vokabularien existierender Sprachen auslas und übertrug.

Aber führt uns diese Art von Denken nicht zu einer neuen Stufe des *Wortaberglaubens*? Vielleicht ist eine solche *geistige Schwäche* unvermeidlich: jedenfalls scheint Mauthner nun selbst in diese Falle zu gehen. Wenn das natürliche Zuhause der Sprache das *Volk* ist, dann ist es vielleicht kein bloßer Wortaberglaube, wenn man diesem Begriff Wirklichkeit zuerkennt. Mauthner will jedoch von all dem nichts wissen. In den Exzerpten 21 und 22 ringt er mit diesem Problem, und der Gedanke ist nicht ganz abzuweisen, daß Mauthners Zurückführung der *Vaterlandsliebe* auf eine *Liebe zur Muttersprache* nicht erfolgreicher war als seine Reduktion des Begriffes *Volk* auf die Illusion eines kollektiven Ego. Vielleicht war mehr negative wie unvermeidliche Wahrheit in Mauthners Begriff *Wortaberglaube* zu finden, als er dachte.

Der Abschnitt 23, auf den ich hier ganz besonders aufmerksam machen will, ist als Mauthners eigene zusammenfassende Darstellung seines Begriffes *Sprachkritik* einzigartig, und er hat sie auf späteres Ersuchen hin geschrieben. Mauthner schreibt hier: »Alle kritische Philosophie ist Kritik der Sprache. Diese Kritik muß vom Sensualismus ausgehen.« Bemerkenswert ist auch das Zitat aus einem Brief von Ernst Mach an Mauthner aus dem Jahre 1902 am Ende des Abschnittes: »Ihr Werk wird langsam aber sicher seine Wirkung tun.« Mach gab ihm ein oder zwei Jahrzehnte. Es hat etwas länger gedauert, doch scheint es, daß Mach keineswegs unrecht hatte.

8. Wir beschäftigen uns nun mit der dritten und zentralen Gruppe von Texten, die den Begriff des Wissens behandeln und die neben den Erörterungen erkenntnistheoretischer Fragen eine charakteristische Probe Mauthnerscher Analysen enthält. Im Mittelpunkt steht seine vereitelte Suche nach Wissen, aber welche originellen Einsichten auch immer er aus diesem Sachverhalt gewonnen haben mag, er ist zentral genug, daß jene Einsichten nie als Antworten, sondern immer nur als Teil *der* unbeantworteten

Frage zu betrachten sind. So sind Nominalismus, Funktionalismus, Psychologismus, sein Begriff des Urteils usw. keine Zeichen des Gelingens, sondern Teil des großen Versagens. Obwohl es zutrifft, daß die zuletzt genannten Begriffe Fragen beantworten, so sind doch diese Fragen nicht jene, welche von Mauthner als die wichtigsten betrachtet wurden.

Ich habe einige Male Mauthners Sensualismus erwähnt. Seine Bedeutung tritt in den Abschnitten 24 und 25 zutage: Unsere Grundausrüstung ist die einer im Laufe der Evolution zufällig entstandenen Kreatur, deren unmittelbarer und undeutlicher Kontakt mit ihrer Umgebung durch einige wenige Sinne stattfindet, die sich zufällig während des gleichen Evolutionsprozesses entwickelt haben. Deshalb spricht Mauthner von der Gesamtheit unseres *Sensoriums* als von *Zufallssinnen* – ein Begriff, den er geprägt hat. Der Zweck dieser Betonung der Schlüsselrolle der *Zufallssinne* ist es, jeden Anspruch darauf, daß wir korrekte Informationen über das haben, was da ist, auszuschließen. Die Gründe für diesen Zug in Mauthners philosophischem Verfahren sind zweifach: Erstens haben wir nur eine ausgewählte Anzahl von Sinnen, und Mauthner schlägt das größtmögliche Kapital aus der damals sich entwickelnden Tierpsychologie, um zu zeigen, daß sogar niedrige Tiere Sinnesdaten aufnehmen können, die zu registrieren unser Aufzeichnungsapparat zu grob ist. Zweitens ist da die Tatsache, daß die Sinnesorgane selbst schon das Material prägen, so als würden wir mit einem Netz fischen, dessen Maschen eine bestimmte Größe haben, oder als ob wir eine Brille von bestimmter Färbung trügen. Sinnesempfindungen sind nicht artikuliert, und sie werden nicht *in puro* registriert. Eine *Vorstellung* ist nur dann klar und deutlich, wenn sie – und nur *sie* – durch ein Wort gekennzeichnet ist. Eine Wahrnehmung, so verstanden, ist daher nicht sehr verschieden vom Urteil (17). Indem wir einen Begriff Kants aus einem ähnlichen Kontext (*Kritik der reinen Vernunft,* B 3) benutzen, können wir sagen, daß jeder Wahrnehmung von Anfang an ein Urteil beigemischt ist. Angenommen, daß Wahrheit und Wissen in Urteilen ausgesprochen werden sollen, und ebenso angenommen, daß das Urteil nur ausgesprochene Wahrnehmung ist, so folgt daraus, daß Urteile Einzelelemente in der psychologischen Biographie wirklicher Personen sind. Ein Urteil ist für Mauthner ein geistiges Einzelelement und als solches unvermeidlich mit der privaten Natur solcher Einzelheiten behaftet. Obwohl Mauthner diese geistigen Einzelheiten über ihre private Existenz hinaus im öffentlichen Teil des menschlichen Lebens mit funktioneller Nützlichkeit ausgestattet sah, kam für ihn doch nicht in Frage, eine solche Dienlichkeit mit der Lösung eines Wissensproblems zu verwechseln; vielmehr war dies der schlagendste Beweis für ihn, daß es überhaupt kein Wissen gibt. Mauthner stellt diesen Punkt klar (32), indem er sagt, daß objektive Wahrheit nur in der Sprache gesucht werden kann, und damit ist der »gemeine« (herkömmliche) Gebrauch der Sprache gemeint.

Wahrheit ist – ideal gesprochen – Übereinstimmung mit Tatsachen. In dieser Hinsicht war Mauthner, wie wir gesehen haben, ein sehr traditioneller Philosoph. In seiner absoluten Ablehnung der Möglichkeit einer solchen Übereinstimmung entfernte er sich jedoch weit von der Tradition. Aus Gründen, die sich auf die Vergeblichkeit aller Versuche eines Brückenbaus zwischen menschlicher Beschaffenheit und Wirklichkeit beziehen, ist das, was da ist, und das, was wir über »es« aussagen, niemals ein und dasselbe. Wahrheit als »gemeiner« Sprachgebrauch ist sicher nicht identisch mit Wahrheit als Übereinstimmung mit der Wirklichkeit. Aus erkenntnistheoretischer Sicht betrachtet, sollte es nun offenbar sein, daß diese Position aussichtslos ist. Mauthners Bedeutung liegt aber nicht hier. Sein origineller Beitrag zur Philosophie ist vielmehr die Diagnose, daß der Grund unseres erkenntnistheoretischen Versagens in unserem Mangel an Aufmerksamkeit gegenüber und unserem Mißverstehen der Beschaffenheit des Berührungspunktes zwischen Mensch und Umgebung – der Sprache – liegt.

9. Mauthner nimmt sicher eine ganz eigene Haltung zu philosophischen Problemen ein, aber man kann ebenso sicher

nicht sagen, daß seine Lehre zusammenhängend wäre (»Ich bin kein Systematiker« [34]). Ungeachtet der Frage jedoch, ob System oder nicht, liegt der fundamentale Makel seiner Philosophie darin, daß er wohl die Theorie der privaten, psychologischen Tatsachen, die durch Sprache bezeichnet werden – kurz, den Sensualismus –, vertritt, aber zugleich auch eine Theorie der Öffentlichkeit der Sprache, wenn auch nur auf der Stufe ihrer rein funktionellen Verständlichkeit. Dieser Mangel erschien erstmals in der Philosophie Lockes, der niemals zufriedenstellend Rechenschaft über den Übergang von privaten Ideen zu dem Wissen von diesen Ideen abgelegt hat, nicht zu erwähnen den Übergang zu dem, was Ideen wohl zu vertreten haben und was sicherlich öffentlich ist.

Wenn wir nur Ideen kennen und wenn die Ideen privat sind, dann ist alles Wissen in ernsthaften Schwierigkeiten. Diesen Schluß zog Hume aus Lockes Privatisierung der Ideen, und dies war genau der Punkt, den Kant in der transzendentalen Deduktion zu korrigieren versuchte. Während Kant Privatisierung bis zu dem Ausmaß akzeptierte, daß er ein unzugängliches *Ding an sich* anerkannte, dachte er, daß Objektivität durch Konzentration auf die urteilfällende Fähigkeit des Verstandes und auf den Status der Urteile als Verkörperungen von Wissensansprüchen mit Gewißheit etabliert werden könne. Wenn man sagt, »Dieser Baum ist grün«, dann macht die Tatsache, daß das ein Urteil *über* den Baum ist und daher andere zur Zustimmung oder Ablehnung auffordert, dieses Urteil gänzlich verschieden von dem Bericht einer Person über Ideen in ihrem eigenen Kopf. Das Urteil ist *objektiv,* weil es ein Urteil *ist,* ungeachtet der subjektiven Basis, auf der es gefällt wird.

Mauthner glaubt nicht, daß kantianische Objektivität das ist, was Objektivität sein müßte. Damit geht er sozusagen zu Hume und sogar zu Locke zurück. Sollte von den privaten Ideen Lockes darauf geschlossen werden können, daß auch Sprache irgendwie privat sei, dann ist Mauthner bereit, mit diesem Schluß übereinzustimmen. Denn wenn wir – wie wir eigentlich müßten – akzeptieren, daß uns die Sprache sagt, was da ist, dann muß, vorausgesetzt, daß nur private Ideen da sind, auch Sprache privat sein. Mauthner übernahm von Hume auch den Gedanken, daß es bezüglich des »Dinges an sich«, der Substanz, keine Gewißheit gibt, und so wird er, eben wie Locke und Hume, mit dem unlösbaren Problem konfrontiert, wie denn etwas Privates in etwas augenscheinlich Öffentliches, nämlich die Sprache, münden kann. Von hierher rührt Mauthners Pragmatismus an die ihm zugrundeliegende Schicht tiefen, erkenntnistheoretischen Skeptizismus.

Was Mauthners Skeptizismus seine individuelle Färbung gibt, ist seine Verkettung Locke–Humescher Einsichten mit einer Untersuchung des Wesens der Sprache, vor allem der Frage, ob sie sich auf etwas bezieht. Nur wenn Bezüge und Zuschreibungen von Eigenschaften usw. der Dinge, die richtig bezeichnet sind, angemessen ausgeführt werden können, nur dann dürfte man im Sinne von Mauthners *desiderata* von Wahrheit sprechen. Das im vorhergehenden Abschnitt mit dem Hinweis auf den Text 32 kurz Berührte ist nun verständlicher. Dort zitiert Mauthner enthusiastisch den Satz von Hobbes: *»Verum et falsum attributa sunt non rerum sed orationis.«* Mauthner weist der Idee der Wahrheit als einem Kernpunkt aller möglichen Erkenntnistheorie den Platz zu, der ihm, seiner Meinung nach, eigentlich zukommt. »... Objektive Wahrheit [ist] nur in der Sprache zu suchen, warum sie eben nichts sei als der gemeine Sprachgebrauch.« (32) Die gewichtigen Fragen sind deshalb die nach dem Zustandekommen des »gemeinen« Sprachgebrauches, nach seiner eigentlichen Funktion und, vom philosophischen Blickpunkt aus gesehen wohl die interessanteste Frage, nach der sich daraus ergebenden Wahrheit über die Welt und unseren Platz darin.

Nun liegt es in der Natur der Sache, daß diese Fragen nicht sehr systematisch beantwortet werden können. Jede Erklärung über eine allgemeine Wahrheit würde mit eben dem methodologischen Prinzip in Konflikt geraten, auf das wir gerade gestoßen sind. Wenn alles, was wir haben, eine gemeinsame Gebrauchssprache ist, dann können wir sie nur innerhalb ihrer selbst untersuchen oder, um das Bild etwas zu verändern, indem wir uns von innen nach außen vorarbeiten. Eine allgemeine Behauptung über die Sprache und ihren Status in der Welt kann, falls überhaupt eine solche zum Vorschein kommen sollte, nur eine Hypothese sein, die sich am *Ende* dieser nach außen zielenden Suche ergibt. Deshalb ist Mauthner, wie auch die analytische Philosophie, deren Denkungsart mit der seinen verwandt ist, am überzeugendsten, wenn er sich mit der *Kleinarbeit* der Analyse und Kritik beschäftigt.

In diesem Zusammenhang sind die Abschnitte 34 und 35 ausgezeichnete Beispiele für Mauthners Methode. Der erste Auszug untersucht den Begriff der Schönheit. Hier entpuppt sich Mauthner als kompromißloser Kritiker nicht nur des abstrakten Begriffes der Schönheit, sondern auch der »Pseudo-Wissenschaft« genannten Ästhetik, die Kant in der berühmten Fußnote in seiner *Kritik der reinen Vernunft* (B 36) auf so elegante Weise entlarvt hat. Mauthner untersucht die Frage: Was ist wirklich an all dem dran? Und er findet, daß so, wie es ein bestimmtes menschliches Empfindungsvermögen gibt – die Fähigkeit, auf bestimmte Art auf Erfahrungsobjekte zu reagieren –, so gibt es auch eine Art von Aktivität, die die Kunst schafft; nirgendwo kann etwas gefunden werden, das auch nur im entferntesten als ein Bezugspunkt von »Schönheit« bezeichnet werden könnte. Dieses Wort ist lediglich eine künstliche Abstraktion: Nichts in der wirklichen Welt stimmt mit ihm überein, und demzufolge gibt es nichts daran zu untersuchen.

Die Methode ist der in Exzerpt 35, das das *Gotteswort* behandelt, ähnlich. Kunst und Religion, Ästhetik und Theologie erscheinen in Mauthners Philosophie durchgehend als Zwillingspaare, als Beispiele von Pseudo-Wissenschaften oder von Theorien, die eigentlich keine besonderen Gegenstände haben. Wenn Mauthner über den Begriff Gottes schreibt, geht er der Frage nach, wie der Mensch zu einer solchen – unwirklichen – Idee kam. Hier sehen wir Mauthner bei der für ihn so typischen Verknüpfung von sensualistisch-empirizistischen Einsichten mit Ergebnissen seiner umfassenden Forschungen auf dem Gebiet der Geschichte der Institutionen und dem der Geschichte der Sprache, welches die Etymologie als bedeutende Komponente mit einschließt. Im Anschluß an den Text 35 folgen zwei Abschnitte (36 und 38), die seinem monumentalen Werk *Der Atheismus und seine Geschichte im Abendlande* entnommen sind. Diese drei Abschnitte zeigen Mauthner, den Atheisten, auf einem leidenschaftlichen Höhepunkt seiner Gedankenarbeit. Er zeigt nicht nur, wie das nicht-bezeichnende, abstrakte Substantiv »Gott« zustande kam, sondern auch (und das ist wichtiger), wie dieser Begriff zur Verwirrung im menschlichen Verstand und zur Unterjochung des Menschen benutzt wurde. Die Rolle der Kritik der Sprache als befreiendes Unternehmen wird hier offenkundig. Ein vom *Wortaberglauben* befreiter Mensch wird auch von dem psychologischen Zwang befreit sein, der ihn denen unterjochen würde, die diesen Wortaberglauben zur Verfolgung eigener Interessen benützen.

10. Was ist dann wirklich? Vorausgesetzt, daß Wahrheit im »gemeinen« Sprachgebrauch liegt, ist die soeben gestellte Frage absurd, denn sie deutet an, daß wir über die Sprache hinaussteigen – der Kernpunkt der von Mauthner vorgenommenen genauen Bestimmung der Wahrheit liegt aber gerade in dieser Ablehnung allen Übersteigens als einer Unmöglichkeit. Dennoch kann die Frage nach der Wirklichkeit nicht vollkommen vermieden werden – diese Frage wird gewiß nicht verschwinden. Mauthner vollzieht da einen eindrucksvollen theoretischen Durchbruch, und zwar in seiner Theorie von den drei Welten – der adjektivischen, der verbalen und der substantivischen Welt. Die vierte und letzte Gruppe unserer ausgewählten Texte illustriert diese theoretische Stellung und das, was sich letztendlich für Mauthner daraus ergibt, nämlich ein skeptischer, gottloser Mystizismus.

Wenn Wahrheit in der Sprache, und nur in der Sprache, zu finden ist, dann, meint Mauthner, sollten die Kategorien der Sprache als Leitfaden zur Beschaffenheit der Wirklichkeit dienen. Dieser Schritt erinnert an die metaphysische Deduktion Kants. Die Kategorien, die Mauthner auf diese Art entdeckt, sind das Adjektiv, das Verbum und das Substantiv, und jeder Kategorie entspricht eine Welt: eben die adjektivische, die verbale und die substantivische, alles in allem drei Welten. Da dies den Anschein eines platonischen Mißerfolges erweckt, weist Mauthner wiederholt mit Nachdruck darauf hin, daß es natürlich nur eine Welt gibt: *Die Welt ist nur einmal da.* Wenn nun die drei Welten nicht *simpliciter* wirklich sind, so können wir fragen, ebenso wie Mauthner sich selbst gefragt hat, was denn der *Wirklichkeitsgehalt* jeder Welt sei oder, mit einem Ausdruck, der in der jüngsten Zeit durch Karl Popper populär gemacht worden ist, was der Grad der »Wirklichkeitsähnlichkeit« sei, der sich aus einer jeden dieser Welten ergibt. Die Frage, auf diese Art gestellt, macht die Beschränkungen der Erkenntnistheorie Mauthners deutlich, da die Zuschreibung von Wahrheitsgehalt oder eines Grades von Wirklichkeit mit anderen Mitteln als dem der Sprache vorgenommen werden muß, und angenommen, daß Mauthner die Möglichkeit eines Zuganges zur translinguistischen Wirklichkeit verneint, ist er zur Rückkehr zu seinem Ausgangspunkt gezwungen: der Wahrheitsgehalt wird von psychologischen Bedingungen bestimmt.

Deshalb ist die wirklichste von allen Welten die adjektivische Welt. Sie ist eine Welt, die wir unmittelbar erfahren, sowohl durch die Sinne als Sinnesdaten als auch durch Werturteile und Vorschriften, so z. B., wenn wir etwas als richtig oder schön usw. wahrnehmen. Das Charakteristikum der adjektivischen Welt ist die Tatsache, daß sie *pointilliert* ist (41), d. h. sie strukturiert sich noch nicht zu vollständigen Gestalten. In diesem Sinne ist sie eine Welt des baren Rohmaterials, während sie in einem anderen Sinne eine in Adjektiven klar aussprechbare Welt ist. Natürlich kann diese Position nicht konsequent eingehalten werden. Ich glaube, wir sollten diesen Gedanken Mauthners so verstehen: die adjektivische Welt ist von den drei Welten die am wenigsten irreführende. Wenn ich über etwas aussage, es sei rot oder hübsch, dann nähere ich mich, so weit als überhaupt möglich ist, der einzigen Realität, die ich kennen kann, nämlich jener meiner unmittelbaren Ideen – und meine Aussage über etwas, daß es rot oder hübsch sei, beschreibt so genau wie möglich, was ich tatsächlich erlebe.

Doch ist es klar, daß die adjektivische Welt nicht selbständig für sich bestehen kann, und keine Befürwortung des Funktionalismus kann diesen Punkt umgehen. Indem ich über etwas aussage, daß es rot sei, habe ich es schon mit etwas in Verbindung gebracht, das nicht bloß mein unmittelbares Erleben ist, nämlich mit dem allgemeinen Begriff von Röte. Die adjektivische Welt, wie auch die beiden anderen Welten, existiert nur, indem sie transzendiert wird.

Die zweite und wahrscheinlich die am wenigsten problematische der drei Welten ist die verbale Welt. Es ist die Welt, auf die die grammatische Kategorie des *Verbums* hinweist. Es ist die Welt der Veränderung, des *Werdens*, der Aktivität und des Handelns. Sie transzendiert sowohl die adjektivische als auch die substantivische Welt, indem sie sich mit den Beziehungen zwischen wahrgenommenen Qualitäten und deren durch Substantive »bezeichneten« Gestaltungen befaßt und sie klar ausspricht. Dies ist die Welt des täglichen Lebens, der Erfahrung und der Wissenschaft. Wenn es keine Adjektive und keine Substantive gäbe und wenn die beiden genannten Kategorien nichts zu besagen hätten, dann gäbe es auch nichts zu verbinden. Um Wechselbeziehungen und Handlungen möglich zu machen, muß es verhältnismäßig konstante Einzeldinge in unserer Erfahrung geben, die miteinander in Beziehung gebracht werden können. Diese werden von *Substantiven* angezeigt, welche Qualitäten (Adjektive) besitzen müssen, die dann untersucht und manipuliert werden können (Verben).

Die Suche nach Stabilität mündet traditionsgemäß in den Begriff der Substanz. Der Inhalt dieses Begriffes hat sich im Laufe der Philosophiegeschichte verändert, von der bloßen Idee des Seins als Sein bei Aristoteles über die ehrgeizigeren Doktrinen Descartes', Spinozas und anderer bis hin zu Kant, der die Ansicht vertrat, daß Substanz nicht mehr sei als eben ein Begriff von etwas Identifizierbarem, das in der Zeit verharrt. Mauthner übertrifft hier Kant, denn er proklamiert, daß Substanz nichts anderes sei als das Substantiv. Ohne das linguistische Mittel des Festhaltens der »Dinge« – zumindest in der Sprache – können wir in der Welt nicht zurechtkommen. So entsteht die substantivische und damit die von den drei Welten Mauthners am meisten irreführende Welt. Sie ist gänzlich irreführend, weil sie in der Kategorie der Substantive alle Arten von einfachen und zusammengesetzten Hauptwörtern benutzt, von denen die einen als Aufhänger für Adjektive und Verben notwendig sind, während die anderen reine Schöpfungen der Sprache sind. Obwohl es in gewissem Sinne unvermeidlich ist, daß wir eine Art von Rechenschaft über »den Apfel«, der rot, rund, fest usw. ist, benötigen, so fehlt doch diese Unvermeidlichkeit, wenn man sich mit »Gerechtigkeit« oder »Dreieinigkeit« konfrontiert sieht. In diesen Fällen kreiert die sprachliche Tätigkeit selbst die »Substanzen«, die die Substantive bezeichnen sollen. Sprache wird sozusagen verrückt – sie täuscht uns hinsichtlich dessen, was da ist. Wir fallen dem größten Feind des klaren Denkens, dem *Wortaberglauben,* zum Opfer. Mauthners Lehre von den drei Welten wird in den Texten 39, 40, 41, 42, 43 und 44 dargestellt. Diese Auszüge sind besonders aufschlußreiche Proben seiner philosophischen Schriften, und in einigen von ihnen, besonders in jenen, die seinem posthumen Werk *Die drei Bilder der Welt* entnommen sind, reicht Mauthners philosophische Prosa oft an die Kunst der Poesie heran.

Aber – ist Mauthners Theorie der drei Welten haltbar? Dies ist keine einfache Frage. Vielleicht würde sie haltbar sein, wenn sie bescheidener wäre. Hätte Mauthner auf rein deskriptive Art und Weise zugunsten des dreifachen Ursprungs unserer Begriffe und Ideen aus den Quellen der Grammatik argumentiert, dann könnte seine Theorie, dem Ausmaß ihrer Fruchtbarkeit angemessen, als ein Werk erklärender Psycho-Linguistik verteidigt werden. Aber so bescheiden ist Mauthner nicht. Er ist ein außerordentlich ehrgeiziger Philosoph, auf der Jagd nach Wirklichkeit und nach nichts Geringerem. Nun ist seine Lehre von den drei Welten nicht, wie uns eine rein funktionalistische Interpretation seiner Philosophie zu überzeugen sucht, eine problemlose Art, uns zu sagen, daß wir, wenn wir nur wählten, die Welt auf einem der drei Wege sehen könnten, sondern sie ist eine Methode zur Einstufung von Begriffen ihrem Wirklichkeitsgehalt nach. Wie wir gesehen haben, ist dies ein Weg zu unserer Befreiung vom *Wortaberglauben,* von *Scheinbegriffen.* Wie aber, müssen wir fragen, können wir diese irreführenden und bedrohlichen Scheinbegriffe identifizieren? Wenn wir einen Feind in einer Schlacht schlagen sollen, dann müssen wir ein Mittel haben, ihn zu erkennen, bevor wir auf ihn schießen. Und wir müssen auch in der Lage sein, unsere eigenen Truppen, die *wahren Begriffe,* zu erkennen. Nicht zufällig trugen Soldaten in den Tagen dichten Flintenrauches leuchtend rote und blaue Uniformröcke. Mauthner ist hier in großen Schwierigkeiten, und diese Schwierigkeiten reichen bis zu den Wurzeln seiner Philosophie.

Wie so oft in der Philosophie, wie auch in anderen Lebensgebieten, ist die Stärke eines Zuganges zu einem gegebenen Problem auch die Hauptquelle seiner Schwäche. Mauthners Stärke liegt in seinem Argument von der Unmöglichkeit des Begreifens der translinguistischen Wirklichkeit oder Wahrheit. Aber hier liegt auch seine Schwäche. Wenn alles *in* der Sprache ist, woher nehmen wir dann ein Kriterium zu Begriffsunterscheidungen und nennen einige Begriffe mehr *Schein* als andere? Die Gewichtigkeit dieses Einwandes wächst, wenn man sich Mauthners Identifizierung des Wortes mit dem Begriff und des Denkens mit dem Sprechen in Erinnerung ruft (26). Wenn es – nach Mauthner – ein Wort gibt, das in der öffentlichen Sprache benutzt wird, dann gibt es auch einen Begriff, der mit ihm identisch ist: Etwas zu sagen und es zu denken ist ein und dieselbe Handlung. Von diesem Blickwinkel aus gesehen, kann es keinen Unterschied geben zwischen Adjektiven wie »rot« und »graziös« oder zwischen Substantiven wie »Apfel« und »Transsubstantiation«. Es muß für jedes dieser Worte einen identischen Begriff geben, und wenn jemand eines dieser Worte benutzt, um etwas zu sagen, so denkt er, was er sagt. Es ist aber nichts vorhanden, was einem dieser Begriffe mehr oder weniger Wirklichkeitsgehalt verleihen würde. Deshalb wäre die These über Wirklichkeitsgehalt in Verbindung mit der für Mauthner im Mittelpunkt stehenden These über *Wortaberglauben* nur dann sinnvoll, wenn ein Argument möglich wäre, das darlegt, warum einige Begriffe psychologisch nicht möglich sind. Natürlich ist es nicht schwierig, hier den

Einwand vorzubringen, daß der Begriff der Transsubstantiation mit außerordentlichen Problemen verbunden ist, aber dies ist bezeichnenderweise kein linguistisches Argument, sondern ein philosophisches. Sprache funktioniert hier als Leitfaden zur Wirklichkeit, weil sie sich auf Sensualismus *qua* Metaphysik stützt, und das heißt, daß sie eigentlich kein richtiger Leitfaden ist.

Wir sollten darauf hinweisen, daß die hier von Mauthner nicht getroffene Wahl von den Vertretern der *Ordinary Language Philosophy* (Philosophie der normalen Sprache) gemacht wurde, die ihre Anhaltspunkte Wittgensteins Sprachspielen entnommen hatten. Diesen Inspirationen folgend, argumentierte etwa der verstorbene I. T. Ramsey, Professor der Religionsphilosophie und Erzbischof, daß von Transsubstantiation zu sprechen, *lediglich* heiße, ein gewisses Sprachspiel zu spielen. Es waren Doktrinen wie diese, die bis zum Äußersten gingen, indem sie Mauthners Idee der Sprache als Spiel mit eigenen Spielregeln, in dem Worte mit festgelegtem Gebrauch als Spielmarken dienen, weiterführten. Nicht Mauthner, sondern andere waren es, die seine Erkenntnisse auf die logische Spitze trieben.

Mauthner besaß als Philosoph keine ontologische Toleranz. Prof. Anscombe berichtet, daß Wittgenstein ihr einmal etwa das Folgende gesagt habe: Der Vorteil meiner Philosophie ist der, daß, wenn man Descartes oder Spinoza glaubt, dieser Glaube mit religiösem Glauben in Konflikt gerät; wenn man jedoch an meine Philosophie glaubt, so beeinträchtigt dies nicht den Glauben, den man an eine Religion haben kann. Für Wittgenstein gibt es keinen *Wortaberglauben*. Es gibt nur Worte mit mangelhaften Gebrauchsregeln. Die Regeln, die den Wortgebrauch in der Theologie regulieren, sind eben sehr streng. Dies ist die Qualifikation, die z. B. den Begriffen der Theologie erlaubt, die Barriere der Wittgensteinschen Sprachanalyse zu überqueren und innerhalb dieses eigens theologischen Sprachspieles als regelmäßige Begriffe zu erscheinen. Mauthner dagegen bleibt standhaft in seinem Entschluß, sich mit solch offenbaren *Scheinbegriffen* nicht abzugeben.

11. Mauthner konnte dem Forschen nach Wirklichkeit nicht ausweichen. In diesem Punkt hat er sich nie selbst getäuscht, und er machte sich wohlüberlegt daran, sich in alles, was jeder irgendwo – besonders in religiöser Hinsicht – glaubte, störend einzumischen. Überhaupt ist die Lehre von den Sprachspielen keineswegs eine große Hilfe für die Religion, weil die Ironie der Sache darin liegt, daß, wenn jemand wirklich – nehmen wir als Beispiel eine Religion, die die Doktrin der Transsubstantiation für wahr erklärt – an eine Religion glaubt, er sicher nicht diesen seinen Glauben als eine Angelegenheit bloßer Wahl, *einfach* gerade dieses Sprachspiel zu spielen, interpretiert zu sehen wünscht. Als Religion ist das Sprachspiel nicht gut genug – es ist gerade gut genug zum Pokerspielen.

Die Dringlichkeit der Wirklichkeitssuche Mauthners offenbart sich besonders deutlich in seiner Erörterung der Zeit (48). Wir wissen aus seiner Korrespondenz aus seinen späten Jahren, daß er dieses Problem noch im Detail zu behandeln plante. Der Anstoß dazu waren gewisse Entdeckungen, die die Naturwissenschaften im Zusammenhang mit der Entropie verbuchen konnten und die ihn zu der Annahme veranlaßten, daß es einen Kontakt mit einer translinguistischen Realität insoweit geben könnte, als die Richtung der Zeit wahrhaft wirklich sein könnte. Die Nachforschungen auf diesem Gebiet beschrieb er in einem seiner persönlichen Briefe als »viel tiefer als die Kritik der Sprache«.

Die beiden Texte 51 und 52 sind hier mit einbezogen worden, um Mauthners Haltung in bezug auf Philosophen der Vergangenheit zu illustrieren. Es ist eine zugleich amüsierte wie auch ehrfurchtsvolle Haltung – die Haltung eines Denkers, der die Leidenschaften seiner Vorgänger teilt, der sich aber auch zugleich der enttäuschenden Nutzlosigkeit dieser Leidenschaften schmerzlich bewußt ist. Das Stück über Schopenhauer zeugt – jenseits aller Übereinstimmung oder Meinungsverschiedenheit hinsichtlich doktrinärer Punkte – von der großen Zuneigung, die Mauthner sein ganzes Leben hindurch für den großen Pessimisten hegte, der, wie Mauthner selbst, wo immer es sich um »respektable« akademische Philosophie handelte, ein Außenseiter geblieben war.

Der Band schließt mit einigen Texten, die uns weniger Erklärungen über als vielmehr ein Gefühl für Mauthners *gottlose Mystik* geben – den letzten »Schluß« all seines Philosophierens. Die Botschaft dieser Texte – am prägnantesten der Abschnitt 53 – ist die, daß da irgendwo ein Rätsel ist, nur daß es nicht ausgesprochen und daß nichts Wahres darüber ausgesagt werden kann. Mauthner besitzt nicht die Nüchternheit Wittgensteins, der im *Tractatus* 6.5 sagt: *Das Rätsel gibt es nicht.* Mauthner weiß, daß das Rätsel da ist; da *sind* Fragen ohne Antwort, und das Rätsel schwebt in den Fragen selbst – in der *Sehnsucht* nach einer translinguistischen Realität, die sich überhaupt nicht als eine spezifische Frage formulieren läßt, die aber da ist, trotzdem wirklich da. Das Paradox der Erkenntnis des nicht erkennbaren *Dinges an sich* kehrt bei Mauthner als nicht-doktrinärer, entschlossen gegen das Establishment gerichteter Mystizismus wieder, der aus dem Verlangen seiner Seele nach *der* Einheit und *der* Ganzheit entsteht, deren diskursive Unerreichbarkeit er selbst bewiesen hat.

Es bleibt nichts als Schweigen. Nicht das Schweigen des Unwissenden oder das des Kleinmütigen, der sich der »Weisheit« der Autorität beugt, sondern das Schweigen des Denkers, der alles gedacht hat und der – von allem besiegt – nun weiß, wo er steht. Nachdem er die Begriffe untersucht hatte, hat Mauthner alle Begriffe als unzulänglich befunden. So fand er jenseits aller Begriffe das Schweigen, und in diesem Schweigen gelangte er zu einer unaussprechbaren Einheit, zu einer Art magischem Zustand der Gnade, in welchem der Intellekt – jenseits aller Worte – vollkommene Harmonie und vollkommenes Verstehen erfährt. Dieses Verstehen übersteigt alles begriffliche Verstehen. Dieser Zustand der Gnade darf nicht durch das Sprechen von Worten gebrochen werden. Und so schließt unser Band mit den letzten Worten aus Mauthners posthumem Buch: »Das All-Eine war nur im schweigenden Ich verbunden; beim ersten lauten Worte verschwindet herabstürzend jede Einheit, auch die des Ich. Nichts läßt sich mehr sagen.«

(Deutsch von Christa Schael
in Zusammenarbeit mit dem Verfasser)

I
Biographisches

1 Horzitz

Geboren bin ich zu Horzitz, einem kleinen Landstädtchen zwischen Königgrätz und Trautenau, nicht gar weit von der Sprachgrenze; mein Geburtsort gehört zum tschechischen Gebiete, doch war es in meiner Kindheit noch ganz selbstverständlich, daß die Honoratioren des Städtchens entweder Deutsche waren oder doch mit einigem Stolze etwas deutsch redeten. Zu den deutschen Honoratioren gehörten (damals noch selbstverständlich) die jüdischen Besitzer der kleinen mechanischen Webereien. So ein Fabrikbesitzer war auch mein Vater. Horzitz ist jetzt bekannter geworden durch die Tatsache, daß es am Tage nach der Schlacht von Königgrätz das preußische Hauptquartier war. Für uns Kinder war Sadowa einer der nächsten Ausflugsorte, Königgrätz die nächste große Stadt. Als diese Namen historische Berühmtheit erlangten, lebte ich längst nicht mehr in Horzitz.

2 Prag

Meine eigenen Schulerinnerungen nun sind leider nicht typisch für die Leiden eines begabten deutschen Knaben. Ich bin als Jude geboren und habe meine ganze Schulzeit, achtzehn Jahre, in dem schönen hunderttürmigen Prag verbracht, also in einer schon damals sehr slawischen Stadt.

3 Erste Spracherfahrungen

Bitterer wird meine Stimmung, wenn ich daran denke, was Klippschule und Gymnasium mit meinem Sinne für Sprachen angefangen haben; und auch sonst wäre mancherlei zu sagen über die besonderen Verhältnisse, die das Interesse für eine Psychologie der Sprache bei mir bis zu einer Leidenschaft steigerten. Dieses Interesse war bei mir von frühester Jugend an sehr stark, ja, ich verstehe es gar nicht, wenn ein Jude, der in einer slawischen Gegend Österreichs geboren ist, zur Sprachforschung *nicht* gedrängt wird. Er lernte damals (die Verhältnisse haben sich seitdem durch den Aufschwung der Slawen und durch die bessere Assimilierung der Juden ein wenig verschoben) genau genommen drei Sprachen zugleich verstehen: Deutsch als die Sprache der Beamten, der Bildung, der Dichtung und seines Umgangs; Tschechisch als die Sprache der Bauern und der Dienstmädchen, als die historische Sprache des glorreichen Königreichs Böhmen; ein bißchen Hebräisch als die heilige Sprache des Alten Testaments und als die Grundlage für das Mauscheldeutsch, welches er von Trödeljuden, aber gelegentlich auch von ganz gut gekleideten jüdischen Kaufleuten seines Umgangs oder gar seiner Verwandtschaft sprechen hörte. Der Jude, der in einer slawischen Gegend Österreichs geboren war, mußte gewissermaßen zugleich Deutsch, Tschechisch und Hebräisch als die Sprachen seiner »Vorfahren« verehren. Und die Mischung ganz unähnlicher Sprachen im gemeinen Kuchelböhmisch und in dem noch viel gemeineren Mauscheldeutsch mußte schon das Kind auf gewisse Sprachgesetze aufmerksam machen, auf Entlehnung und Kontamination, die in ihrer ganzen Bedeutung von der Sprachwissenschaft noch heute nicht völlig begriffen worden sind. Ich weiß es aus späteren Erzählungen meiner Mutter, daß ich schon als Kind die törichten Fragen einer veralteten Sprachphilosophie zu stellen liebte: *warum* heißt das und das Ding so und so? Im Böhmischen so, und im Deutschen so?

4 Erste Sprachstudien

Man wird mir nun glauben, daß ich als achtjähriger Junge darauf brannte, in der Schule nicht nur ein tadelloses Deutsch zu lernen, sondern auch zu erfahren, *warum* die böhmischen Deutschen so oft anders redeten, als die richtigen Deutschen in der Gartenlaube schrieben, *warum* die böhmischen Juden ein noch schlimmeres Kauderwelsch sprachen. Meine Hoffnung wurde gröblich getäuscht. Ich lernte auf der Klippschule ebensowenig Deutsch und gar Tschechisch und Hebräisch, wie ich später auf dem Gymnasium Lateinisch oder Griechisch lernte. Endlos wurden Deklinationen und Konjugationen gebüffelt und wieder gebüffelt, alle Formen der Dingwörter und der Zeitwörter im Deutschen, im Tschechischen und im Hebräischen so behandelt, als ob die lateinische Grammatik die Mustergrammatik für alle Sprachen der Welt wäre. Ich muß daran erinnern, daß meine Klippschule eine von jüdischen und slawischen Tendenzen herumgezerrte Anstalt war; ich muß vorwegnehmen, daß mein erstes Gymnasium wohl mit Recht eine besonders elende Mittelschule genannt werden konnte; aber das Wesentliche meiner Erfahrungen dürfte auch zu den Erfahrungen anderer Schüler gehören. Die geradezu idiotische Art, durch Paradigmen in die Sprachen einführen zu wollen, wird die Freude an jeder Sprache gerade dem begabten Kinde verekeln. Ich habe später oft geweint, als ich lateinische Paradigmen auswendig lernen mußte, anstatt die mit ahnungsvollem Zittern ersehnten lateinischen Autoren lesen zu dürfen. Und man weiß, wie auch heute noch und sogar auf bessern Gymnasien (nicht nur Cicero, der es verdient hat) selbst Homeros, der Köstliche, nur zu dem Zwecke gelesen wird, um an seinen Worten die grammatischen Regeln einzuüben. Neuerdings hat sich eine vernünftigere Art ausgebildet, wenigstens moderne fremde Sprachen den jungen Leuten beizubringen. Ich weiß nicht, ob in meiner Jugend die französische und die englische Sprache ebenso idiotisch gelehrt wurde wie die Muttersprache und wie die lateinische. Denn auch das muß ich gleich vorausschicken, daß auf den österreichischen Gymnasien damals kein englischer und kein französischer Sprachunterricht bestand; man konnte Französisch und Englisch, auch Italienisch treiben, wie man Tanzen oder Schwimmen lernte; verboten war es nicht. Ich habe später einige moderne Sprachen ohne Lehrerhilfe so gelernt, daß ich einen berühmten Dichter mit einem Wörterbuche in der Hand so lange langsam dechiffrierte, bis mir die Sprache geläufig wurde. Ich werde ja noch darauf zurückkommen, wie ich in all den Jahren der Volksschule und des Gymnasiums nicht ein Sterbenswörtchen über die Geschichte der deutschen Sprache und ihrer Literatur vernahm.

5 Geschichte und Religion

Die tschechische Gesinnung der Lehrer, die sich von Jahr zu Jahr offener und gehässiger äußern durfte, hatte nun wieder üble Folgen für die Behandlung der Schüler. Daß freilich die Lokalgeschichte Böhmens mit besonderer Vorliebe getrieben wurde, war ja wohl ganz in der Ordnung; die romantische Geschichte Böhmens hatte ja nicht nur die heimischen Dichter Ebert und Meißner, nicht nur den großen Österreicher Grillparzer, sondern sogar den Rheinländer Brentano zu Dichtungen begeistert; wir bemerkten es kaum, daß unser Geschichtsprofessor die Geschichte Böhmens wie eine rein slawische Geschichte darstellte und von dem mächtigen Einfluß deutscher Kunst und deutscher Kultur überhaupt wenig zu erzählen wußte. Es kommt auch anderwo vor, daß die Weltgeschichte durch eine farbige Brille gezeigt wird; auch in Preußen. Schlimmer war es schon, daß diese geistlichen Herren für alle nationalen Unternehmungen der Anhänger von Johannes Hus die wärmsten Gefühle äußerten und zu wecken suchten; am schlimmsten aber, daß die Knaben aus den rein deutsch gebliebenen Zipfeln Böhmens für ihre Unkenntnis der tschechischen Sprache bei jeder Gelegenheit gehänselt und zurückgesetzt wurden. Eine theatralische Begeisterung für die Hussitenkriege in einem katholischen Klostergymnasium, da stimmte etwas nicht. Für manchen Schüler etwa aus der Gegend von Eger, wo wieder ein unklarer Wallensteinkultus zu Hause war, hatte der Unterricht in der Religion und in der tschechischen Sprache eine gewisse Ähnlichkeit; sie lernten in beiden »Gegenständen« dogmatische Sätze auswendig, bekamen für beide Leistungen gute »Klassen« (Zensuren), verstanden aber kein Wort von der Sache. Ich werde auf meine persönliche Lehrzeit in der Religion wie in der tschechischen Sprache noch zurückkommen.

6 Deutschsprachigkeit

Ich habe vorhin darauf hingewiesen, daß ich als Jude im zweisprachigen Böhmen wie »prädestiniert« war (ich weiß besser als mancher Leser, wie dumm dieses Wort ist), der Sprache meine Aufmerksamkeit zuzuwenden; selbst der Hochmut, sich dem eigenen Lehrer im Gebrauche der Muttersprache überlegen zu fühlen, mochte früh zu mancher Beobachtung führen. Ich darf aber vielleicht ebensogut hier wie an einer andern Stelle ein Leid klagen, ein Entbehren, das mich in meiner Jugend gequält hat und mich in meinem Alter zu quälen nicht ganz aufgehört hat. Jawohl, mein Sprachgewissen, meine Sprachkritik wurde geschärft dadurch, daß ich nicht nur Deutsch, sondern auch Tschechisch und Hebräisch als die Sprachen meiner »Vorfahren« zu betrachten, daß ich also die Leichen dreier Sprachen in meinen eigenen Worten mit mir herumzutragen hatte. Jawohl, ein Sprachphilosoph konnte unter solchen psychologischen Einflüssen heranwachsen. Aber ich dachte ja in jener Zeit gar nicht an eine solche Aufgabe. Der junge Mensch war erfüllt von dichterischen Plänen. Und für die Wortkunst fehlte mir das lebendige Wort einer eigenen Mundart. Ich weiß, daß ich mit dieser Klage jedem Gegner meiner Schriften eine Waffe in die Hand gebe. Ich muß es dennoch sagen: ich besitze in meinem innern Sprachleben nicht die Kraft und die Schönheit einer Mundart. Und wenn jemand mir zuriefe: ohne Mundart sei man nicht im Besitze einer eigentlichen Muttersprache – so könnte ich vielleicht heute noch aufheulen, wie in meiner Jugend, aber ich könnte ihn nicht Lügen strafen. Die dicht beieinander wohnenden Deutschen der böhmischen Grenzgebiete, die Deutschen des nordöstlichen, des nordwestlichen und des westlichen Böhmens haben ihre lieben und echten Dialekte. Der Deutsche im Innern von Böhmen, umgeben von einer tschechischen Landbevölkerung, spricht keine deutsche Mundart, spricht ein papierenes Deutsch, wenn nicht gar Ohr und Mund sich auf die slawische Aussprache eingerichtet haben. Es mangelt an Fülle des erdgewachsenen Ausdrucks, es mangelt an Fülle der mundartlichen Formen. Die Sprache ist arm. Und mit der Fülle der Mundart ist auch die Melodie der Mundart verloren gegangen. Es ist bezeichnend dafür, daß der Mensch auch zu seiner eigenen Sprache keine Distanz hat: die Deutschböhmen bilden sich ein und sagen es bei jeder Gelegenheit, daß sie das reinste Deutsch reden. Die Ärmsten! Als ob die Mundarten unrein wären!

Wenn einem Deutschböhmen aus tschechischer oder tschechisch gewordener Gegend irgendwie die Sehnsucht nach Zugehörigkeit zu einem Volksdialekte kommt, so pflegt er gewöhnlich den behaglichen Wiener Dialekt nachzuahmen. Es gelingt ihm nur schlecht. Er hört ihn (in den alten und neuen Wiener Possen), aber er kann ihn nicht nachahmen. Ich habe wie nur einer die Sehnsucht nach der Zugehörigkeit zu einem Dialekte empfunden; aber es fiel mir niemals ein, Wienerisch zu reden. Es gehört dazu wie zu jeder vollkommenen Beherrschung einer fremden Sprache etwas Komödienspielerei, etwas Snobismus, wofür ich keine Neigung, wahrscheinlich keine Begabung habe. Mir blieb die Sehnsucht, die sich mit Verstehen und Nicht-Sprechen-Können süddeutscher Mundarten begnügen mußte. Die oberbayerische Mundart und einige alemannische Mundarten haben mich beim ersten Anhören bis zu Tränen ergriffen. Sprachkünstlerisch, aus dem Unbewußten heraus, ist meine Sprache niemals lebendig genug gewesen, und darum nicht dichterisch genug. Mögen Feinde mir es boshaft nachsprechen, was ich unter tausend Schmerzen spät genug herausgefunden habe.

Und weil ich einmal so Kritik übe an der Grundlage meines poetischen Schaffens, so sei gleich an dieser Stelle und in diesem Zusammenhange der andere Mangel beklagt, der meine dichterischen Pläne nicht zu meiner eigenen Zufriedenheit reifen ließ. Wie ich keine rechte Muttersprache besaß als Jude in einem zweisprachigen Lande, so hatte ich auch keine Mutterreligion, als Sohn einer völlig konfessionslosen Judenfamilie. Wie mir mit meinem Volke, dem deutschen, nicht die Werksteine ganz gemeinsam waren, die Worte, so war mir und ihm auch das Haus nicht gemeinsam, die Kirche. Mir waren nicht nur die Griechengötter tote Symbole, auch den christlichen Himmel lernte ich als totes

Symbol kennen, so viele Mühe ich mir auch – etwa vom 12.–15. Jahre – gab, mir den christlichen Himmel zu erobern. Es ist ein Unterschied zwischen einem christlichen Knaben, der später seinen Glauben verloren hat (etwa D. F. Strauß) und einem von Anfang an Glaubenslosen. Goethes Blasphemien sind titanisch, Heines Witze sind dagegen kalt. Gerade weil die Kirche so ganz und gar menschlich, irdisch ist, darum ist es ein dichterischer Mangel, von Anfang an nicht auf diesem gemeinsamen Boden zu stehen. Weil mein Ringen um den Glauben vielleicht nur ein unbewußtes Spiel gewesen war, darum fehlte meinem Bekenntnisse zum Atheismus am Ende das Symbol des Kampfes: der Haß. Und meiner dichterischen Sprache das Höchste und Tiefste: die Erde.

Nun aber darf ich auch sagen, daß diese Mängel mich in Erkenntnisfragen der Sprache gegenüber um so freier machten.

7 Deutschtum

Ich bin Deutsch-Böhme genug, um nur mit Zorn den Gedanken fassen zu können, daß Prag bereits heute eine slawische Stadt geworden ist, in der die Deutschen als gehaßte Fremde leben, daß ganz Böhmen in absehbarer Zeit der Herrschaft der Tschechen anheimfallen wird. Wenn nicht ein Wunder geschieht. Wenn nicht die Nationalitätsidee von der internationalen Idee des Sozialismus überwunden wird. Oder von einer Liebe zu dem österreichischen Staatsgedanken, die ich aber höchstens etwa bei Wienern angetroffen habe, niemals in genügender Stärke in den Kronländern. Sozialismus oder Staatsgedanke, jedenfalls müßte der Kerl erst geboren werden oder öffentlich auftreten, wenn er wirklich schon geboren sein sollte, der die nationale Begeisterung durch eine neue andere Begeisterung ersetzen könnte. Die Österreicher haben wahrlich Wärme genug im Leibe; sie wissen nur nicht, wofür sie sich just begeistern könnten.

Ein Tag allgemeiner deutscher Begeisterung war wohl sicher der letzte, an welchem in Prag Deutsche und Tschechen sich verstanden und in Reih und Glied marschierten. Es war der Tag der großen Schillerfeier von 1859; wenn man es nicht sonst wüßte, daß diese Feier zumeist aus einer politischen, aus einer freiheitlichen Stimmung und Sehnsucht hervorging, man hätte es sicher aus der Beteiligung der Tschechen erraten können. Ich glaube den gewaltigen Fackelzug noch zu sehen, wie er langsam sein rotgelbes Licht über die alte Nepomukbrücke hinwälzte und wie die Flammen sich in den Wellen der Moldau spiegelten. Von den Fenstern der Eltern eines Schulkameraden, die wenige hundert Schritte vom Altstädter Brückenturm entfernt wohnten, durfte ich das Schauspiel betrachten; ich war ziemlich genau zehn Jahre alt, kannte gar viele Gedichte Schillers sehr genau und ahnte noch nicht, daß in naher Zukunft für und gegen Schiller gekämpft werden würde; auch die Tschechen dachten nicht an so etwas, waren ganz bei der Sache und warfen gegen Mitternacht, weil es doch ein Festtag war, in der Judenstadt einige Fenster ein. Und das war eigentlich nicht böse gemeint.

8 Politische Erlebnisse

Zu Beginn des Wintersemesters, im Oktober 1871, folgte der Fall Krainc; über diese Geschichte kann ich gut berichten, ganz genau eigentlich ich allein, wenn anders meine Erinnerung in mehr als vierzig Jahren nicht gefälscht worden ist. Aber auch ich weiß über die Vorgeschichte nichts zu sagen, als was wir jungen Leute damals über die österreichischen Verhältnisse dachten. Das deutschliberale Bürgerministerium war schon vor dem Deutsch-Französischen Kriege gestürzt worden. Bismarck erreichte es zwar, von den Magyaren unterstützt, daß Österreich (gegen den Willen der katholischen, deutschfeindlichen Hofpartei) während des Krieges neutral blieb; aber unmittelbar nach dem Kriege setzte die Slawisierung Österreichs ein. Man nannte das: Versöhnung der nichtdeutschen Völkerschaften. Im Frühjahr 1871 wurde ein konservativ-slawisches Ministerium ernannt, in welchem der Tscheche Jiretschek das

Unterrichtsministerium innehatte. Das Konkordat mit Rom war zwar nach dem Vatikanum aufgehoben worden, aber mit um so größerem Zorn wurde dieses Ministerium, wurde von den Deutschen dieses Ministerium Hohenwart–Habietinek–Jiretschek als junkerlich, tschechisch und pfäffisch im allgemeinen verurteilt. Doch machte es auf uns keinen besonderen Eindruck, als der neue Unterrichtsminister unsern alten Zivilrechtslehrer Schneider pensionierte und an seine Stelle den Professor Krainc setzte, der ein Slowene war oder doch dafür galt. Man hat es später so dargestellt, als ob wir deutschen Studenten zu unserer schrecklichen Tat von unsern politischen Führern angestiftet worden wären; ich weiß am besten, daß dem nicht so war. Weder diese Herren noch auch unser bewährter Freund Karl Thomas Richter wußten irgend etwas vor geschehener Tat; erst nachher hielten sie ihre schützende Hand über uns.

Ich habe schon erzählt, wie mir damals nach dem Staatsexamen und der Erkrankung zumute war, wie ich dichtete und die Juristerei an den Nagel gehängt hatte. Außerdem war ich in jenen Tagen gerade steinunglücklich. Man errät, worüber ein dichtender Jurist von noch nicht zweiundzwanzig Jahren steinunglücklich ist: sie war wunderbar schön, sie achtete mich, aber erwiderte meine Liebe nicht. In dieser Stimmung saß ich unter zwei- bis dreihundert Kollegen, welche sich die Antrittsvorlesung des neuen Professors anhörten. Neben mir mein lieber Freund Viktor Lenk. Der Professor hielt seine Rede in recht mangelhaftem Deutsch, langweilig, geistlos, schulmeisterlich. Ich habe mir später sagen lassen, Krainc sei ein ganz tüchtiger Fachmann gewesen; davon ahnten wir damals nichts. Er schloß seinen Vortrag mit den nicht eben begeisternden Worten: »Also schreiben Sie nur fleißig mit, meine Herren!« Die nach Form und Inhalt elende Rede konnte wirklich nur Mitleid erregen, der pennälerhafte Schluß die studentische Entrüstung.

Ich hatte nur mit halbem Ohr zugehört und war im allgemeinen zu unglücklich, um über diese Antrittsvorlesung selbst in Zorn zu geraten. Da steht alles auf und mein

Freund sagt zu mir: »Das ist wirklich ein Skandal!« Ein Ventil für meinen Jammer. Ich schreie in Gegenwart des Professors und Rektors, die einige Höflichkeiten austauschen, meinen Kommilitonen zu: »Das ist ein Skandal!« Man ist der gleichen Meinung, man schüttelt mir die Hände. Jetzt muß etwas geschehen. Wir überlegen nicht lang. Schnurstracks marschieren wir, acht oder zehn deutsche Juristen, nach dem Franzenskai, nach der Wohnung des pensionierten Lehrers, der uns vorher der gleichgültigste Mensch gewesen war, und fordern ihn auf, seine Vorlesungen einfach wieder aufzunehmen; der Slowene wäre gar zu dumm und könnte nicht Deutsch. Der deutsche alte Herr war natürlich sehr überrascht; er weinte vor Freude, und das ist mir die liebste Erinnerung an die ganze Heldentat. Dann setzte er uns aber auseinander, er wäre entlassen und dürfte nicht so ohne weiteres lesen; er brauchte dazu ein Wort des Ministers. Die Antwort auf eine Eingabe würde auf sich warten lassen. Wir aber konnten nicht warten; wir mußten uns inskribieren lassen und wollten das bei dem Slowenen nicht tun. Da warf der alte Professor Schneider in seiner Herzenseinfalt selbst das Wort hin, wir könnten ja auch telegraphieren. Wir drückten ihm feurig die Hand und gingen telegraphieren. Das ist der wahrheitsgetreue Verlauf des ersten Aktes einer Geschichte, hinter der man eine wohlvorbereitete politische Intrige gesucht hat. In Wirklichkeit war es die Improvisation politisch erregter Studenten unter Führung eines verliebten Jünglings von der traurigen Gestalt.

Ich sehe noch heute kein Arg darin, daß wir unserer Unzufriedenheit Ausdruck gaben, daß wir uns im fünften Semester nicht mehr wie Schulbuben belehren lassen wollten. Schlimm wurde die Sache erst gerade dadurch, daß wir keinen unserer unparteiischen deutschen Professoren um Rat fragten und das Telegramm in unschicklichen Ausdrükken abfaßten. Nach meiner Erinnerung hatte es folgenden Wortlaut: »An den Herrn Unterrichtsminister in Wien. Wir ersuchen um sofortige Rehabilitierung unseres verehrten Professors Schneider, da Ihr Schützling (oder: Ihr Professor) Krainc unsere Wissenschaft und unsere deutsche Muttersprache in Gefahr bringt. Im Namen der deutschen Juristen Prags.« Es folgten unsere Unterschriften, die Namen von uns acht oder zehn Burschen, die wir losgegangen waren. Das Telegramm war abgeschickt, bevor noch eine Stunde nach dem Schlusse der Antrittsvorlesung vergangen war. Dieses niedliche Telegramm hatte ich aufgesetzt; ich hafte aber nicht für die Richtigkeit jeder Silbe. Ich besitze kein Archiv meines Lebens; auch bin ich nicht ganz sicher, ob nicht auf dem Telegraphenamte irgendein kleines Amendement vorgeschlagen und angenommen wurde.

Nachträglich fiel einem von uns ein – ich war nicht so besonnen –, daß es nicht gut anginge, im Namen der deutschen Rechtshörer zu handeln, ohne uns ihrer Zustimmung versichert zu haben. Die wurde rasch nachgeholt. Wir beriefen eine Versammlung in der Halle ein und legten der Korona noch am gleichen Tage unser Telegramm vor. Als es nicht sofort gutgeheißen wurde, als ängstliche oder vernünftige Kollegen den Wortlaut tadelten, da blieb uns nichts anderes übrig, als ein Geständnis abzulegen. Daß wir nämlich das Telegramm schon abgeschickt hätten. Die Korona ließ uns nicht im Stich; uns wurde Indemnität erteilt, das Telegramm wurde anerkannt. Und das war gut. Denn schon am nächsten Morgen wurden wir Rädelsführer vor den Dekan unserer Fakultät zitiert, um uns zu verantworten. Der freundliche Dekan, der vorzügliche Pandektist Karl von Czyhlarz, ein fester Deutschböhme, fragte uns nicht allzustreng, ob wir wirklich diese Eingabe an den Herrn Minister verfaßt und unterschrieben hätten. Das Telegramm lag zerknittert auf dem Tische; wir sahen ordentlich oder glaubten zu sehen, mit welcher Wut der hochmögende Herr Minister das Blatt zusammengeknüllt hatte. Auf eine weitere Frage des Dekans konnten wir bestätigen, daß alle deutschen Juristen Prags hinter uns stünden.

Über die Folgen unseres jugendlichen Streichs blieben wir etwa zwei Monate im ungewissen, weil über unsere Bestrafung sich ein Kompetenzkonflikt erhob. Der Minister verlangte unsere Verurteilung durch den ordentlichen Strafrichter, was uns vielleicht übel bekommen wäre; die Universität bestand darauf, uns vor ihr Disziplinargericht zu ziehen. Ich war immer sehr genau davon unterrichtet, wohin in diesem Kompetenzkonflikte just das Zünglein an der Waage neigte. Die reichsdeutschen Professoren gaben mir ihr Wohlwollen deutlich zu erkennen. Einer von ihnen, der heute noch in Deutschland viel genannt wird, der von mir besonders hochgeschätzte Strafrechtler und Rechtsphilosoph Adolf Merkel, kam öfter zu mir auf meine Bude, ließ sich alles genau erzählen, sprach schmunzelnd von »starkem Tobak« und davon, was mit uns geschehen müßte. Dem Richter würden wir nicht ausgeliefert werden; aber das Universitätsgericht würde zwei von uns relegieren müssen, mich und einen meiner Freunde, der bei dem Verhör seine Mitschuld ein wenig vergrößert hatte. Auch ein Deutschösterreicher, eben Karl Thomas Richter, versicherte mich unter kräftigen Händedrücken, er würde für meine Relegation stimmen. Und die wärmsten Empfehlungen für deutsche Universitäten wurden mir versprochen, nach Jena, Heidelberg oder Marburg. Ich durfte das Gefühl haben, den deutschen Professoren eine diebische Freude bereitet zu haben. Ich sah meiner Relegation mit Vergnügen entgegen, aber doch eigentlich ohne Begeisterung. »Sie« erwiderte meine Liebe immer noch nicht, und da war ja alles übrige gleichgültig.

Im November lasen wir eines Tages in der Zeitung, das Ministerium Hohenwart–Habietinek–Jiretschek wäre gestürzt. Wenige Tage später wurden wir Missetäter abermals vom Pedell zum Herrn Dekan zitiert. Wir wußten schon, es würde uns nicht an den Kragen gehen. Der Dekan setzte zwar seine Amtsmiene auf und verdonnerte uns ein bißchen, dann aber teilte er uns mit, der akademische Senat wäre übereingekommen, es bei einer Rüge bewenden zu lassen; und damit keiner von uns in seiner Laufbahn geschädigt würde, sollte diese mündliche Rüge in unser Absolutorium schriftlich nicht eingetragen werden. Er reichte jedem von uns die Hand und sagte urgemütlich: »Nicht wahr, solange ich Dekan bin, tun Sie so etwas nicht wieder! Ich habe zu viel Ärger davon gehabt.« Wir verließen das Universitätsgebäude mit dem stolzen Gefühle, zum Sturze eines Ministeriums etwas beigetragen zu haben. Wir tranken viel an diesem Tage. Wir haben es gut gemeint. Sie haben es auch gut gemeint, die den Slowenen nachher recht schlecht behandelten, es sogar zu Realinjurien kommen ließen; ich glaube jetzt, wir können es doch nicht verantworten, wie wir dem armen Krainc weh getan haben.

Vielleicht habe ich es meiner entscheidenden Anteilnahme an der Affäre Krainc zu verdanken, daß ich von dem dritten Ereignis meiner Universitätszeit als von dem größten Erlebnisse meiner Schulzeit reden darf. Die Gründung der Straßburger Universität sollte am 1. Mai 1872 gefeiert werden. Auch Prag war eingeladen. Die älteste deutsche Universität sollte der jung-jüngsten Schwester ihre Glückwünsche überbringen. Und in mir jubelt heute noch etwas auf, wenn ich daran denke, daß ich in die Deputation der deutschen Studentenschaft Prags gewählt wurde. Schwer war's freilich, das bißchen Reisegeld aufzutreiben. Schwer war's, unsern Rector magnificus mitzuschleppen, mehr fast durch Gewalt als durch Überredung; er war Deutscher, aber ein katholischer Herr.* Schwer war's, meine Mutter zu beruhigen, als die tschechischen Zeitungen jeden sehr ernsthaft bedrohten, der nach Straßburg mitginge, als die tschechischen Studenten in einem Telegramm an Gambetta wieder unter Drohungen gegen die Vertretung Prags in Straßburg protestierten. Schwer war manche ganz lächerliche Kleinigkeit, die meiner unvergeßlichen Frühlingsfahrt hindernd in den Weg treten wollte. Aber was tat's? Ich bin doch dabei gewesen.

Wie mir in diesen Tagen einer immerwährenden Bezechtheit und anderer seligerer Räusche zum ersten Male die Gestalt Bismarcks aufging und wie sich damals schon, besonders während der Heimkehr auf einsamen Wanderungen am Rhein und am Neckar, die Ideen zu kristallisieren begannen, denen ich erst mehr als zwanzig Jahre später meine beste Arbeitskraft widmen sollte, werde ich noch berichten. Keinem Teilnehmer kann die Erinnerung an diese Feste geschwunden sein; mir waren sie wie eine Taufe des heiligen Geistes.

* Es war der Historiker Konstantin von Höfler, ein Bayer, der seine Münchener Professur verloren hatte, als er sich 1847 der Bewegung gegen die Tänzerin Lola Montez anschloß; er war 1851 nach Prag berufen worden.

II
Sprachkritik

9 Anfänge der Sprachkritik

Ich habe wenige Jahre nach dem Erscheinen meiner Sprachkritik, durch Anfragen angeregt und durch mancherlei bösen Willen gereizt, Rechenschaft darüber zu geben versucht, wie entscheidend drei Männer, Otto Ludwig, Nietzsche und Bismarck, auf die Ausbildung meiner Ideen eingewirkt hatten: in einem Briefe an Maximilian Harden; dieser Rechenschaftsbericht ist unter dem Titel »Die Herkunft des sprachkritischen Gedankens« am 2. April 1904 in der »Zukunft« erschienen. Bevor ich diesen Brief hier noch einmal abdrucke, möchte ich noch einen vierten Namen nennen, den von Ernst Mach. Mach selbst hat mich vor einigen Jahren – er gab mir wieder einen Beweis seines erstaunlichen Gedächtnisses – daran erinnert, daß ich als junger Student in Prag einen seiner öffentlichen Vorträge angehört und nach der physikalischen Darlegung die Erlaubnis erbeten hatte, ihm einige begriffliche Bedenken vorlegen zu dürfen. In dem gleichen Jahre 1872 ließ mich Mach seinen Vortrag über »Die Erhaltung der Arbeit« lesen und ich erhielt, so wenig ich damals von mathematischer Mechanik verstand, einen Anstoß, der ohne mein Wissen durch Jahrzehnte fortgedauert haben muß. Denn als ich fast dreißig Jahre später diesen Vortrag las, ohne mich der ersten Lektüre zu erinnern, war ich über die sprachkritischen Ahnungen erstaunt und hatte plötzlich die entschiedene Vorstellung, alle diese schlagkräftigen Formulierungen schon einmal in mich aufgenommen zu haben. Machs erkenntnistheoretischer Positivismus – der die metaphysischen Worte nicht, wie Auguste Comte, haßt, sondern psychologisch beschreibt, also erklärt – hatte in meinem Unterbewußtsein nachgewirkt.

Mein Bericht über die Herkunft des sprachkritischen Gedankens aber lautete:

»Lieber Freund.

Sie kennen die beiden Finten, die nacheinander gegen eine neue Lehre von unehrlichen Gegnern angewandt werden. Zuerst wird das Neue, weil es gegen die allgemeine Meinung verstößt, also in wörtlichem Sinne paradox ist, für widersinnig erklärt, für unsinnig, für paradox im schlechten Sinn. Vor ihrer Anerkennung ist jede Wahrheit paradox. Pythagoras opferte hundert Ochsen, da er seinen Lehrsatz gefunden hatte; seitdem zittern alle Ochsen, nach dem geistreichen Worte Börnes (oder vielmehr Kästners), wenn eine neue Wahrheit gefunden wird. Die zweite Finte ist perfider, weil sie weniger dumm ist. Man sagt von der neuen Wahrheit, wenn sie sich durchzusetzen beginnt, daß sie uralt sei. Und da alles Gescheite schon einmal gedacht worden ist, so ist dieses Vorgehen der Verkleinerungssucht niemals völlig falsch. Alles ist schon einmal dagewesen. Rabbi Akiba hat recht. Nur wird bei dieser zweiten Finte eine häßliche Unredlichkeit geübt, die selbst Schopenhauer in seiner grimmigen Schrift gegen die Philosophieprofessoren der Professorenphilosophie übersehen hat. Der Verfasser des Werkes hat natürlicher- oder törichterweise sehr viel gelesen und gewissenhaft und freudig all die Stellen zitiert, an denen ältere Selbstdenker sich seinem neuen Gedanken nähern oder ihn auch schon halb aussprechen, ohne seine Wichtigkeit zu ahnen. Die Gegner tun nun so, als hätten sie all diese versteckten Stellen selbst schon beachtet und gesammelt, und halten mit fälschender Übertreibung dem Verfasser die von ihm selbst zitierten Anklänge entgegen, die ihn während der Arbeit erfreut und ermutigt haben. Die Torheit solcher Angreifer ist aber vielleicht noch größer als ihre Unehrlichkeit ...«

10 Die »schöne Sprache«

Die Jugend von heute kann sich keine Vorstellung davon machen, eine wie tiefe Wirkung Otto Ludwigs »Shakespeare-Studien« auf die Jugend von vor dreißig Jahren ausübten. Wer damals etwa im vierundzwanzigsten Jahr stand, hatte als zehnjähriger Knabe das lodernde Aufflammen der Schillerbegeisterung bei der Schillerfeier von 1859 mit erlebt, hatte den Fackelzug geschaut, hatte die politische Bedeutung der Feier nicht geahnt und vermeintlich für Lebenszeit die Vorstellung gewonnen: wie im Dichter überhaupt alle Menschengröße, so sei in Schiller alle Dichtergröße vereint. Der Naturalismus war noch nicht neu benannt. Was damals in der deutschen Literatur realistisch hieß, die ersten Romane von Freytag und die hübschen alten Novellen von Auerbach, das dachte selbst nicht daran, sich dem unsterblichen Schiller gegenüberzustellen. Schiller war ein dichterischer Nationalheiliger. Eigentlich der einzige. Der Goethekultus, abgesehen von einzelnen Gemeinden des Urgoethetums, war erst im Entstehen.

Und nun erfuhren wir aus Ludwigs »Shakespeare-Studien«, daß einer aus dem Kreis der bescheidenen Realisten sein ganzes Leben und sein halbes Schaffen scharfsinnigen Untersuchungen über die poetischen Sünden Schillers geopfert hatte. Die Wirkung war zuerst eine Verblüffung und dann eine förmliche Revolution in den ästhetischen Überzeugungen. Der spätere Naturalismus hatte im Vergleich dazu nur die Bedeutung einer Revolte. Wir müssen heute sagen: Otto Ludwig war mit seiner Schillerkritik im Recht, ganz gewiß subjektiv, weil er ernst und ehrlich war, gewiß aber auch objektiv, wenn das neue deutsche Drama füglich die Wege Heinrichs von Kleist gegangen ist. Wir können Schiller lieben, ohne ihn als Vorbild gelten zu lassen. Wir können heute übrigens auch das Einseitige und allzu Schematische in den Shakespeare-Studien wahrnehmen. Damals fühlten wir nur das eine: der Mann hat recht. Wir sahen in Otto Ludwig den Verkünder einer neuen Zeit, den Johannes eines neuen dramatischen Messias, auf den Christen und Juden bekanntlich immer noch warten.

Wer nun selbst zum Grübeln veranlagt war, wer besonders mit dem Geheimnis der Sprache in Liebe und Haß nicht fertig werden konnte, der war geneigt, den Faden der Shakespeare-Studien weiterzuspinnen. Was mehr als zwei Menschenalter hindurch die Deutschen entzückt hatte, Schillers schöne Sprache, wurde vom Shakespeare-Enthusiasten getadelt. »Schönheit der Sprache am unrechten Ort wird zum Fehler und damit zur Unschönheit.«

Das wollten wir nicht für Schiller allein gelten lassen. Jede Zeit hat ihre eigene »schöne Sprache«. Niemals ist von den Zeitgenossen das Beste an einem Dichter »schöne Sprache« genannt worden. Das Ungeheure an Shakespeare, sein harter Blick in die Wirklichkeitswelt und seine dämonische Charakterisierungskraft: das lobte niemand als schöne Sprache. Worin aber Shakespeare der Sklave seiner Zeit war, sein Spielen mit Antithesen, Wortanklängen und toten Symbolen aus der antiken Mythologie: all diese Schönheitsfehler gerade mußten seiner Zeit als schöne Sprache erscheinen. Schön ist den Zeitgenossen in der Sprache immer nur eigentlich der Gedankeninhalt; und der wieder nur, wenn er mit glatter Banalität der Weltanschauung der Zeitgenossen entspricht, sei nun diese Weltanschauung eine neue Mode oder eine neue Philosophie.

War nun »Schönheit der Sprache« nicht das richtige Kunstmittel, sollte die Sprache als Werkzeug der Poesie untersucht werden, so mußten wir radikaler sein als Otto Ludwig. Der hatte für die praktischen Zwecke seines dramatischen Handwerkes Schiller und Shakespeare verglichen. Wollten wir das Geheimnis der Sprache als Kunstmittel erforschen, so mußte Schiller gegen einen Näheren gehalten werden, der Dichter der schönen Sprache gegen den Dichter an sich, gegen Goethe. Was da an liebloser Kritik namentlich der Gedichte Schillers und an liebevollem Verstehen des ganzen Goetheschen Wesens herauskam, das ließ bald die bloß ästhetischen Anregungen Ludwigs weit hinter sich. Die Frage nach dem Wesen der Sprache als Kunstmittel führte zu der tieferen Frage nach dem Wesen der Sprache als Erkenntniswerkzeug. Goethe führte unmittelbar in den sprachkritischen Gedanken hinein. Den Sprachbeherrscher ohnegleichen begleitete von der Jugend bis ins höchste Alter ein Mißtrauen – um nicht zu sagen: ein Haß – gegen die Sprache. Ein solcher Haß gegen das beste Mittel des eigenen Schaffens ist immer aus Liebe geboren. So mag ein genialer Maler die realen, im Laden käuflichen Farben verfluchen, die sich schwer zur Darstellung seiner Künstlerträume verschmelzen lassen. So wurden Friedrich der Große und Bismarck Verächter der Menschen, die ihnen zu neuen Zielen nicht schnell genug gehorchten. Goethe nannte sich einmal selbst den Todfeind von Wortschällen. Und bei Gelegenheit von Hamann, dem Magus des Nordens, der den sprachkritischen Gedanken bei Goethe und anderen wie kein zweiter Deutscher gefördert hatte, spricht Goethe die entscheidende Wahrheit aus: Alles Vereinzelte sei verwerflich; bei jeder Überlieferung durchs Wort jedoch, die nicht gerade poetisch ist, finde sich eine große Schwierigkeit. Denn das Wort müsse sich ablösen, es müsse sich vereinzeln, um etwas zu sagen, zu bedeuten. Der Mensch, indem er spricht, müsse für den Augenblick einseitig werden. Da war bei Goethe, dem Poeten und dem Weisen, zusammengedacht, was uns bisher in zwei verschiedenen Denkreihen auseinandergefallen war. Die Sprache als Werkzeug der Poesie war das edelste Kunstmittel, erhob für uns die Poesie über alle anderen Künste. Dieselbe Sprache war ein unbrauchbares, ein elendes Werkzeug der Erkenntnis. Dieser Widerspruch – Widersprüche gibt es nur in der Sprache oder im Denken des Menschen, nicht in der Wirklichkeitswelt – dieser scheinbare Widerspruch wurde nicht nur aufgelöst, sondern als notwendig erkannt, wenn erst das Wesen des Wortes ein wenig aufgehellt war und dann die Beziehungen des Wortes zur Poesie oder Wortkunst auf der einen, zur Welterkenntnis oder Philosophie auf der anderen Seite. Die Poesie ist ein Sinnenreiz durch Worte. Aber die Worte geben keine Anschauung, weder in der Poesie noch in der Wissenschaft. »Jedes einzelne Wort ist geschwängert von seiner eigenen Geschichte, jedes einzelne Wort trägt in sich eine endlose Entwicklung von Metapher zu Metapher.« Daher kommt es, daß die Worte unserer Sprache nur in den seltensten Fällen den Begriffen entsprechen, mit denen die Schullogik arbeitet, daß die Begriffe oder Worte keinen starren Umfang und keinen definierten Inhalt haben, daß vielmehr ein zitteriger Umfang, ein nebelhafter Inhalt die Worte der lebendigen Sprache mindert oder erhöht, wie man's nimmt. Dieses Schweben und Weben in den einzelnen Worten kann keine Anschauung geben, nur Assoziationen kann es wecken, Assoziationen und Erinnerungen. Und weil die menschliche Sprache nichts ist als die Gesamtheit der menschheitlichen Entwicklung, als die ererbte und erworbene Erinnerung des Menschengeistes, darum sind die Worte reicher an Assoziationen als die Töne der Musik oder als die Farben der Malerei. Und weil die Bilder des Dichters nicht die Wirklichkeit wiedergeben, sondern des Dichters Stimmungen und Gefühle gegenüber der Wirklichkeit, darum ist das Schwebende in den Begriffen, der Gefühlswert in den Worten ein so ausgezeichnetes Mittel der Wortkunst. Lange bevor es in der Malerei eine impressionistische Technik gab, war in der Poesie diese Übung zu Hause. Diese Worte haben immer zitterige Umrisse gehabt, die Sprache ist immer impressionistisch gewesen. Eine Wortanalyse der schönsten Gedichte Goethes machte diese Wahrheit deutlich. Erst die Stimmung, die vom Dichter zum Leser oder Hörer übergeht, vereint die zitternden Worte wieder zu dem Bilde, das der Dichter mitteilen wollte.

Dieses Schweben und Zittern um die Worte macht aber dieselbe Sprache unlogisch, unpräzis, macht sie zu einem schlechten Werkzeug der Wissenschaft, macht sie vor allem ganz unfähig, aus Worten Welterkenntnis oder Philosophie herauszuspinnen. Die Sprache ist ein Werkzeug, mit dem sich die Wirklichkeit nicht fassen läßt. Im besten Fall sind die Worte orientierende Erinnerungen an Sinneseindrücke. Darum ist die Sprache in ihrem Wesen materialistisch, kann bestenfalls in den einzelnen Naturwissenschaften dem Ordnungstrieb der Menschen dienen, kann bestenfalls der Weltanschauung des Materialismus genügen, kann aber über den Materialismus hinaus dem unausrottbaren metaphysischen Bedürfnis nicht helfen. Weil unser Denken nur Sprechen ist, darum müssen wir uns in allen Wissenschaften auf das Beschreiben beschränken und gelangen nicht zum Erklären. Auf diesem Wege ungefähr führte bereits die ästhetische Sprachkritik Ludwigs zu einer erkenntnistheoretischen Sprachkritik hinüber.

11 Nietzsche

Heute haben wir aus den Notizen des zweiten Bandes von Nietzsches Nachlaßschriften erfahren, wie scharf sich Nietzsche in seiner zweiten Unzeitgemäßen gerade gegen Hegels Geschichtsphilosophie wenden wollte. Hegel finde die Vernunft in der Geschichte selbstverständlich, wie schon Kinder zu den Erzählungen einen Zweck, eine Moral fordern. »Aber wir fordern gar keine Erzählungen vom Weltprozeß, weil wir es für Schwindel halten, davon zu reden.« In der damals allein vorliegenden zweiten Unzeitgemäßen griff Nietzsche besonders hart den neusten philosophischen Vertreter der Weltprozeßideen an, den Philosophen des Unbewußten, gegen den er Grobheiten aus der Rüstkammer Schopenhauers heranholt. Doch eigentlich gilt der Kampf dem Historismus Hegels. »Wer erst gelernt hat, vor der ›Macht der Geschichte‹ den Rücken zu krümmen und den Kopf zu beugen, der nickt zuletzt chinesenhaft-mechanisch sein ›Ja‹ zu jeder Macht, sei dies nun eine Regierung oder eine öffentliche Meinung oder eine Zahlenmajorität, und bewegt seine Glieder genau in dem Takt, in welchem irgendeine ›Macht‹ am Faden zieht.«

So packte uns die Schrift Nietzsches zunächst bei unserem Interesse für das öffentliche Leben. Und wir deutschen Studenten der Prager Universität standen durch den unablässigen Kampf mit den tschechischen Kommilitonen gar sehr im öffentlichen Leben, mehr, als es sonst gern gesehen wird. Doch darüber hinaus meldeten sich Fragen von entscheidender Bedeutung. War die Historie noch eine Wissenschaft im strengsten Sinn, wenn die Erzählung keine Moral hatte, wenn keine Vernunft in der Geschichte war, wenn es keine historischen Gesetze gab? Nietzsche hat den Satz damals nicht ganz klar formuliert, aber seine Meinung ist deutlich genug ausgesprochen. In anderen Wissenschaften seien die Allgemeinheiten das Wichtigste, insofern sie die Gesetze enthalten; nicht so in der Geschichte. Und viel stärker noch: »Wie, die Statistik bewiese, daß es Gesetze in der Geschichte gäbe? Gesetze? Ja, sie beweist, wie gemein und ekelhaft uniform die Masse ist: soll man die Wirkung der Schwerkräfte Dummheit, Nachäfferei, Liebe und Hunger Gesetze nennen? Nun, wir wollen es zugeben, aber damit steht dann auch der Satz fest: soweit es Gesetze in der Geschichte gibt, sind die Gesetze nichts wert und ist die Geschichte nichts wert.«

Da hatten wir also mit einem Schlagwort das Gegengift

gegen die historische Krankheit. Die Geschichte der Menschheit ist unvernünftig oder irrational, ist eine Zufallsgeschichte; es gibt keine historischen Gesetze.

12 Bismarck

Hier liegt das furchtbare Dilemma für den, der Weltanschauungsfragen ernst nimmt. Hier kam Bismarck zu Hilfe, ein Chirurg, der nicht naiv war und dennoch zum Messer griff. Sie müssen mir glauben, daß in langen und schweren Seelenkämpfen die Gedankengänge sich öffneten, die ich hier als beinahe wilde Assoziationen nebeneinanderstelle. Der Anschluß an die Einflüsse von Philosophie und Dichtung ergab sich von selbst. Nietzsche war ja ohnehin – wider Willen – ein Produkt der Bismarckzeit. Bismarck war mehr als Schopenhauer oder Wagner der Übermensch in Nietzsches aristokratischem Geniekultus. Jedenfalls war uns Bismarck der große Unhistorische. Ebenso nah sahen wir Bismarck in seiner Begriffsverachtung dem Goethe, den der Sprachkritiker auch als den Feind aller Wortschälle verehrte. Jetzt verstanden wir das Lachen Bismarcks über die Wortmachereien der Parlamente, der Bezirksvereine und der regierenden Herren. Der Mann der Tat verhöhnte die Schreiber als Menschen, die ihren Beruf verfehlt hätten. Handeln ist Menschenberuf. »Nicht durch Reden und Majoritätsbeschlüsse werden die großen Fragen der Zeit entschieden, sondern durch Eisen und Blut.« Der starke Chirurg Deutschlands beugte sich auch nicht vor den Wortgebäuden der Wissenschaft. Wurde er selber krank, so war ihm der Heilkünstler lieber als der »Gelehrte«, Schweninger lieber als ein ordentlicher Professor. Der sprachkritische Gedanke lernte von Bismarck dasselbe, was er von Goethe gelernt hatte: im Anfang war nicht das Wort, im Anfang war die Tat. Wissen ist Wortwissen. Wir haben nur Worte, wir wissen nichts.

13 Programm der Sprachkritik

Gewiß, ich bin nicht Fachmann in den vielen Wissenschaften, die ich zur Begründung und zur Exemplifizierung meiner Gedanken heranziehen mußte. Ich bin kein Fachmann auf dem Gebiete der Logik, Mathematik, Mechanik, Akustik, Optik, Astronomie, Pflanzenbiologie, Tierphysiologie, Geschichte, Psychologie, Grammatik, indischer, romanischer, germanischer, slawischer Sprachwissenschaft usw. usw. Ich habe vor vielen Jahren einen Überschlag gemacht. Ich brauchte für meine Arbeit Kenntnisse aus 50 bis 60 Disziplinen, in welche gegenwärtig Welterkenntnis auseinanderfällt. Für jede dieser Disziplinen braucht ein fähiger Kopf mindestens 5 Jahre, um sich auch nur die Grundlagen fachmännischen Wissens anzueignen. Ich hätte also etwa 300 Jahre rastloser Arbeit nötig gehabt, bevor ich mit der Niederschrift meiner eigenen Gedanken beginnen durfte; denn meine Gedanken haben die Unbequemlichkeit, daß sie die Möglichkeit von Welterkenntnis nicht durch das Mikroskop einer einzigen Disziplin betrachten. Ich bin nicht arbeitscheu. Ich hätte ja gern die 300 Jahre darangesetzt, wie man denn bei einer Aufgabe von solcher Größe das Maß des menschlichen Lebens nicht in Betracht zu ziehen pflegt. Aber ich sagte mir: Es ist das Schicksal wissenschaftlicher Disziplinen – einige wenige ausgenommen –, daß ihre Sätze und Wahrheiten selbst nicht 300 Jahre alt werden, daß ich also nach 300jähriger Arbeit immer nur in der zuletzt studierten Disziplin Fachmann gewesen wäre, ein Dilettant in den Disziplinen, deren Studium auch nur 10 oder 20 Jahre zurücklag, ein Ignorant in allen übrigen. So mußte ich mich entschließen, auf Fachmännischkeit in allen Hilfswissenschaften meiner Arbeit zu verzichten; mußte mich bescheiden, in dreimal neun schweren Jahren aus allen diesen Hilfswissenschaften eben nur so viel Kenntnisse anzueignen, als mir gerade für die Erreichung meiner Aufgabe nötig schien.

Meiner Aufgabe. Ich hatte eine. Ich bin kein Fachmann. Eine selbstgestellte, große neue Aufgabe, die Kritik der Sprache. Und ich steige in meiner Antwort wieder etwas höher und will ganz ernsthaft sein. Wollte ich meinen Gedanken, daß Welterkenntnis durch die Sprache unmöglich sei, daß eine Wissenschaft von der Welt nicht sei, daß Sprache ein untaugliches Werkzeug sei für die Erkenntnis – wollte ich diesen Gedanken, erschöpfend und überzeugend, klar und lebendig, nicht logisch und wortspielerisch, wachsen lassen und darstellen, so mußte ich als Kritiker der Sprache eben diese Sprache kennen in ihren Tiefen und Höhen, mußte dem Volke aufs Maul sehen können und den Forschern folgen können in ihr Ringen um die wissenschaftlichen Begriffe. Auf allen Gebieten wissenschaftlicher Arbeit mußte ich die Prinzipien der Arbeit, der Methode, die besondere Logik oder Sprache verstehen lernen. Und keiner der kleinen Kärrner auf irgend einem der beschränkten Arbeitsgebiete hat in seiner Gottähnlichkeit vielleicht so stark wie ich das Gefühl empfunden: Die Prinzipien und die besondere Sprache jeder Disziplin sind nicht völlig zu verstehen ohne Durcharbeitung des gesamten Schutt- und Arbeitsfeldes. Nicht mehr lachend, in bitterster Resignation mußte ich mir jeden Tag sagen, daß ich nicht gern bei den Prinzipien stehen blieb, daß ich gern weiter gedrungen wäre, nicht bloß ein Spaziergänger in den Wissenschaften. Aber ich durfte nicht verweilen, wenn ich meine Arbeit leisten wollte. Bei keiner Disziplin durfte ich als Fachmann verweilen. Ich habe keine Rechenschaft darüber zu geben, ob mir das leicht fiel oder schwer.

14 Wesen der Sprache

Indem ich mich also anschicke, eine Kritik der menschlichen Sprache zu geben, muß ich – eben weil der Gegenstand meiner Untersuchung mit dem Mittel der Untersuchung gleich bezeichnet wird, durch das Wort »Sprache« nämlich – noch viel genauer, als das anderswo geschieht, die Begriffe prüfen. Mit dem Begriff »Kritik« freilich brauche ich mich nicht lange aufzuhalten. Kritik heißt von altersher die scheidende oder unterscheidende Tätigkeit des menschlichen Verstands; das aufmerksame Beobachten zweier ähnlicher Tatsachen muß notwendig zur Beachtung ihrer unterscheidenden Merkmale führen, wenn der Unterschied für unsere Organe groß genug ist; denn es gibt keine identischen Tatsachen. Wer also die Kritik einer Erscheinung verspricht, verspricht nicht mehr und nicht weniger als eine gewissenhafte Beobachtung oder Untersuchung dieser Erscheinung. Das kann jedermann mit gutem Gewissen tun, und das Ergebnis seiner Untersuchung hängt nachher nicht von seinem Willen ab, sondern von der beobachteten Wirklichkeit und von der Schärfe seiner Sinnesorgane.

Was aber ist die Sprache, die aufmerksam zu beobachten ich mir vorgenommen und den Lesern versprochen habe? Ich will ja nicht wie der Verfasser eines Wörterbuchs auf die einzelnen Worte einer bestimmten Sprache achten; ich will nicht wie ein Grammatiker die verschiedenen Formen einer einzelnen Sprache gruppenweise zusammenstellen. Aber auch die Geschichte einer einzelnen Sprache will ich nicht schreiben, ebensowenig die Geschichte einer Sprachfamilie, wie sich das die vergleichende Sprachwissenschaft, zuerst für unsere eigene »Sprachfamilie« und dann für alle Sprachen der Erde, zur unlösbaren Aufgabe gestellt hat. Ich will doch offenbar dasjenige untersuchen, was den Sprachen der Menschen gemeinsam ist, was man hübsch abstrakt etwa das Wesen der Sprache nennen kann. Da fällt es zuerst auf, daß »die Sprache« in diesem Sinne etwas ganz anderes bedeutet als »eine Sprache« oder »die Sprachen«, wobei man schließlich zur Not an etwas Wirkliches denken kann, wenn dieses Wirkliche auch nur, weil es ein flüchtiger Schall ist, kaum zu den materiellen Dingen gerechnet werden darf. Doch welches Wirkliche wäre am Ende mehr als flüchtige Form? Ich lasse mich dabei auf gar keine Spitzfindigkeiten ein. Wenn man die architektonischen Denkmäler und die versteinerten Überreste der Urwelt eine Sprache genannt hat, in welcher die Vorzeit der Kultur oder der Natur zu uns spricht, so ist das ein bildlicher Ausdruck. Wenn man an die Hieroglyphen und an die Keilschrift erinnert, wo irgend ein altes Volk nur noch durch Schriftzeichen, also nur durch sichtbare Zeichen zu uns zu reden sucht, so würde doch jeder solchen Sprache, falls sie wirklich enträtselt wäre, eine gesprochene Sprache zu Grunde liegen. Selbst die sichtbare Fingersprache unserer Taubstummen ist ja doch nur eine den Verhältnissen angepaßte sichtbare Fixierung einer Volkssprache und weist auf eine gesprochene Sprache ebenso zurück wie unsere gewöhnliche Schrift. Es gehört in einen anderen Gedankengang – was freilich die Zusammengehörigkeit der Tatsachen nicht ausschließt –, daß wir Büchermenschen durch unaufhörliche Übung des Lesens es so weit bringen können, die gesprochene Sprache in unserem Bewußtsein auszuschalten; unbewußt arbeitet jedoch das sogenannte Zentrum der hörbaren Sprache auch beim Lesen des Büchermenschen mit.

Die einzelnen Sprachen sind also die außerordentlich komplizierten Lautgruppen, durch welche sich Menschengruppen miteinander verständigen. Was aber ist »*die* Sprache«, mit der ich es zu tun habe? Was ist das Wesen der Sprache? In welcher Beziehung steht »die Sprache« zu den Sprachen?

Die einfachste Antwort wäre: »*die* Sprache« gibt es nicht; das Wort ist ein so blasses Abstraktum, daß ihm kaum mehr etwas Wirkliches entspricht. Und wenn die menschliche Sprache als »Werkzeug« der Erkenntnis, wenn insbesondere meine Muttersprache als Werkzeug auch zuverlässig wäre, so müßte ich den Versuch dieser Kritik von vornherein aufgeben, weil dann der Gegenstand der Untersuchung ein Abstraktum, ein unwirklicher und unfaßbarer Begriff ist. Damit stehe ich vor dem ersten betrübenden Dilemma. Nur wenn die menschliche Sprache und insbesondere meine Muttersprache nicht zuverlässig und nicht logisch ist, nur dann werde ich hinter dem äußersten Abstraktum »die Sprache« noch etwas Wirkliches entdecken; dann aber werde ich wegen der Unzuverlässigkeit des Werkzeugs die Untersuchung nicht so gründlich vornehmen können, wie ich möchte. Da ich aber diese Eingangssätze nicht tatsächlich am Anfang meiner Beobachtung abfasse, sondern nach jahrelangen Mühen, so weiß ich schon, daß dieses betrübende Dilemma mich von Schritt zu Schritt verfolgen wird.

Welchen Sinn das Abstraktum »die Sprache« habe, das wird etwas deutlicher werden, wenn wir vorerst erfahren haben, wie abstrakt und unwirklich eigentlich dasjenige ist, was wir eben vorläufig mit gutem Glauben als etwas Wirkliches hingenommen haben: die Einzelsprachen. Was sind diese Einzelsprachen, die das Objekt der Sprachwissenschaft abgeben, der blutjungen Wissenschaft, die in diesem Jahre (1896) 80 Jahre alt geworden ist? Wenn man bedenkt, daß diese Wissenschaft es sich zur Aufgabe gestellt hat, die verschiedenen Sprachen der Menschen nach Stämmen, Völkern und dann wieder nach Mundarten usw. zu sondern, so muß man anerkennen, daß die Sprachwissenschaft nur vorläufig und mit Vorbehalt von den Einzelsprachen ausgehen darf. Ihr Gegenstand ist vielmehr die ungeheure Masse aller menschlichen Laute, die jemals irgendwo auf der Erde von Menschen zum Zwecke der Verständigung gesprochen oder geschrieben worden sind. Die Sprachwissenschaft hat sich die Aufgabe gestellt, diesen ungeheuren Vorrat nach Worten und nach Bildungsformen, sodann oder vorher nach näherer und weiterer »Verwandtschaft« zu ordnen. Die volkstümliche Abgrenzung nach Volkssprachen und nach Mundarten dient, wie gesagt, nur zur vorläufigen Orientierung. Es kann eines Tages entdeckt werden, daß die Sprache der alten Inder der unseren nahe »verwandt« ist; es kann wieder einmal entdeckt werden, daß die niederdeutsche Mundart der hochdeutschen Sprache ferner steht, als der plattdeutsch redende Mecklenburger wohl glaubt. Auf dem Gebiete der ostasiatischen Sprachen gehören solche Überraschungen zu den alltäglichen Ereignissen.

Aus dieser Lage der Sprachwissenschaft wird klar, daß ihre einzelnen Sprachen nicht so sicher definierbare Einheiten sind, wie man wohl glauben möchte. In Wirklichkeit ist auch der Begriff der Einzelsprache nur ein Abstraktum für die Fülle von Ähnlichkeiten, von allerdings sehr großen Ähnlichkeiten, welche die Individualsprachen einer Menschengruppe bieten, eines sogenannten Volkes. Natura sane nationes non creat sed individua. (Spinoza, Tract. theol.-pol. XVII.) Das gilt für Recht, Gesetz und Sitte wie für die Sprache. Wir müssen hier gleich festhalten, was sich später übersichtlicher ergeben wird, daß die Individualsprache eines Menschen niemals der irgend eines anderen Menschen vollkommen gleich ist, und daß ein und derselbe Mensch in verschiedenen Lebensaltern nicht die gleiche Sprache redet, auch wenn man von den Besonderheiten seiner Kindersprache absieht. Die Ungleichheit der Individualsprachen ist bei einiger Aufmerksamkeit gar nicht zu übersehen. Jeder charaktervolle Schriftsteller ist an seiner charakteristischen Individualsprache zu erkennen. Auf hundert Schritte. Wie das Bild eines charaktervollen Malers. Wer seinen eigenen Stil nicht hat, ist kein geborener Schriftsteller. Nur Gott hat (in der Bibel) keinen eigenen Stil. Spinoza hat uns das lachend gesagt (Tract. theol.-pol. II.): »Deum nullum habere stylum peculiarem dicendi, sed tantum pro eruditione et capacitate Prophetae eatenus esse elegantem, compendiosum, severum, rudem, prolixum et obscurum.« Wie ein Journalist also, gefällig gegen sein Publikum. Beim großen Schriftsteller ist nur die Erscheinung der Individualsprache besonders augenfällig. Aber auch die Ungleichheit einer Individualsprache in verschiedenen Lebensperioden ist größer, als man wohl glauben möchte. Man kann allgemein annehmen, daß der einzelne Mensch im ganzen und großen die Sprachentwicklung der durchlebten Zeit mitmacht, wenn auch viele Gewohnheiten seiner Jugend ebenso haften bleiben werden, wie in der Fremde die Gewohnheiten seiner heimatlichen Mundart. Stelle man sich einen deutschen Mann vor, der im selben Jahre mit Walther von der Vogelweide geboren worden wäre und nun noch, etwas mehr als 700 Jahre alt, in voller Frische des Geistes und Körpers leben würde. Manche nüchtern wissenschaftliche Hypothese unserer Sprachforscher setzt mehr Phantasie voraus. Wie wir nun heute die Gedichte Walthers erst mit Hilfe eines mittelhochdeutschen Lexikons verstehen, wie Walther selbst unsere Romane und Zeitungsartikel erst nach viel anstrengenderen Studien (weil er viel mehr Tatsächliches hinzuzulernen hätte) verstehen könnte, so behaupte ich: mein Siebenhundertjähriger würde im ganzen und großen die Sprache unserer Tage reden, würde bei der Lektüre von Lessing z. B. freundlich angemutet werden von den Gewohnheiten des 18. Jahrhunderts, seinen Jugendgenossen Walther aber würde er ebensowenig ohne wissenschaftliche Hilfe lesen können wie wir. Begegnete er sich mit Walther, sie würden einander nicht mehr verstehen.

Wir können also sagen, daß die Einzelsprachen, mit welchen die Sprachwissenschaft sich wie mit wirklichen Dingen abzugeben gewohnt ist, Strömen gleichen, in welchen an jedem einzelnen Punkte der Wassertropfen zeitlich unaufhörlich von anderen Wassertropfen abgelöst wird, räumlich in der Mitte von anderen Wassertropfen dahinfließt. Der alte griechische Satz »man kann nicht zweimal in denselben Fluß hinabsteigen« gilt auch für die Sprache. Ihre Worte und Formen haben sich unaufhörlich verändert. Wenn unser »Helm« wirklich von dem alten indischen çarman herkommt (gotisch hilms), so ist die Veränderung in unscheinbaren Abschattierungen der Laute ganz allmählich vor sich gegangen; aber je unbedeutender die Lautveränderungen von Geschlecht zu Geschlecht vor sich gehen, je sicherer jedes Geschlecht glaubt und hofft, das ererbte Wort unverfälscht weiter zu geben, desto unaufhörlicher muß der Fluß dieser Veränderungen sein, damit aus carman Helm werde. Hundert Jahre bedeuten da so wenig, daß »Helm« z. B. noch ganz mundgerecht war, als die preußischen Heeresorganisatoren zu Anfang des 19. Jahrhunderts das Wort (mit der Sache) wieder einführten, nachdem es gegen zweihundert Jahre lang in bloß poetisch-historischem Gebrauche geruht hatte. Auch die Mühlen der Sprache mahlen langsam, aber sicher. So ist – um beim Bilde vom Strome zu bleiben – jeder folgende Tropfen dem vorangegangenen so ähnlich, daß kein Mikroskop einen Unterschied herausfinden könnte; und doch ist es nicht ausgeschlossen, daß das Wasser eines Stromes im Laufe der Jahrhunderte die in ihm aufgelösten Bestandteile ändert, weil durchflossene Minerallager erschöpft worden sind oder weil irgend ein Gebirge durch Abholzung rascher überflutet wird oder weil Bodenveränderungen stattgefunden haben usw. Was beim Strome eine wenig beachtete Möglichkeit oder Wahrscheinlichkeit ist, das ist in der Sprache zuverlässig Wirklichkeit. Unablässig wandeln die Sprachen die Bedeutung ihrer Worte und bei dem unübersehbaren Verkehr des letzten Jahrhunderts, bei dem starken Aufwand an neuen Begriffen kann die

Sprache dem Bedürfnis an Bedeutungswandel kaum nachkommen. So hat sich z. B. der Bedeutungswandel der Worte innerhalb der großen Gruppe der Eisenbahnbegriffe bis heute nicht vollständig vollzogen. Man denke an »Platz« in »Platzkarte«. Oder an den Begriff »Stunde« beim Berliner (»Nach Hamburg sind es vier Stunden«) und beim Gebirgsbewohner (»Gute vier Stund' bis hinauf«). Unablässig geht auf der anderen Seite der Lautwandel vor sich, der sich in der Hauptsache auf das einzige Bedürfnis der physiologischen Bequemlichkeit zurückführen läßt. Denn wenn einerseits allgemein anerkannt wird, daß der Lautwandel zum großen Teile vorgenommen wird, um den Sprachorganen Arbeit zu ersparen, so ist doch auch derjenige Wandel in den Bildungsformen, der auf Erweiterung und neuerungssüchtige Ausdehnung der Analogien hinausläuft (z. B. im Deutschen das Ersetzen der starken Konjugation durch die schwache, wie backte statt buk, ähnlich wie in der Kindersprache trinkte statt trank), eine Bequemlichkeit für die Nervenbahnen. Beispiele sind beinahe überflüssig. Im Deutschen ist aus dem spätlateinischen merkwürdigen Worte paraverêdus schließlich »Pferd« geworden, das überdies vielfach »Ferd« ausgesprochen wird, so daß eine künftige Orthographie das p vielleicht weglassen wird. Aus dem griechischen Worte eleémosyne (deutsch Almosen) ist das englische alms geworden, das ams ausgesprochen wird. Wir können diese heimliche Tätigkeit zu Gunsten einer bequemeren Aussprache mitunter bei der Arbeit beobachten. So schreibt heute noch jeder Schulmeister und jeder Dorfschüler »sehen« und »gehen«. Schauspieler, Kanzelredner und ihresgleichen bemühen sich, das stumme e deutlich auszusprechen. In der Umgangssprache wird aber dieses stumme e, welches im Gotischen ein a (saihwan), nicht mehr gesprochen, und die Sprachmeister sind in Verlegenheit, welche Regel sie aufstellen sollen. Noch vor wenigen Jahren schrieb ein Sprachforscher, die Weglassung des e in der Endsilbe en (gesehn) sei vulgär. Seitdem habe ich diese Weglassung sehr häufig gesehn.

Ist nun die zeitliche Veränderung der Worte schon vielseitiger und feiner, als wie die Verschiedenheit der aufeinanderfolgenden Wassertropfen bisher gekennzeichnet worden ist, so ist offenbar die Verschiedenheit der Wassertropfen, die im Strombett nebeneinander fließen, auch nicht so groß wie die Verschiedenheit der Individualsprachen unter Volksgenossen. Habe ich also die Einzelsprache mit dem ewig veränderlichen Flusse verglichen, so ist die Strömung der Sprache zwar eine langsamere, aber, worauf es ankommt, die Unfaßbarkeit und Flüchtigkeit des einzelnen Moments scheint mir bei der Sprache noch größer zu sein. Wir kämen weiter, wenn wir zur Vergleichung an regelmäßige Luftströme und Luftstrombette denken dürften. Will man also die Einzelsprache nicht als ein unwirkliches Abstraktum anerkennen, so wird nichts übrig bleiben, als das Strombett selbst, die sich gleichbleibende Form mit der Einzelsprache zu vergleichen, weil das Strombett sich denn doch langsam genug verändert.

Habe ich es mir nun zur Aufgabe gestellt, nicht die Form und die Geschichte der Einzelsprachen zu verfolgen, sondern dasjenige zu beobachten, was den Einzelsprachen gemeinsam ist, so werde ich Ähnlichkeiten zwischen ihnen auffinden müssen. Ist zwischen den Einzelsprachen keine andere Ähnlichkeit vorhanden als die in der Definition liegende, daß sie nämlich zur Verständigung zwischen den Menschen dienen, so wird meine Untersuchung bald zu Ende sein oder doch kein positives Ergebnis liefern. Doch auch dann wäre es nützlich, manchen Aberglauben zu zerstören, den Grammatik und Logik an die Sprache geknüpft haben. Ich hoffe aber, noch um einen kleinen Schritt weiter kommen zu können. Vergleicht man die einzelnen Sprachen miteinander etwa so, wie die Erdbeschreibung die einzelnen Strombette miteinander vergleicht, nach ihrer Lage, ihren Linien und dergleichen, so scheint mir dabei nur eine überflüssige Wissenschaft herauszukommen. Es wäre aber auch möglich, bei sehr genauer Beachtung und vollständiger Kenntnis aller Begleitumstände, jedes einzelne Strombett als die Wirkung seiner eigenen Wassermassen bis ins kleinste zu erklären. Die bekannten physikalischen und chemischen Eigenschaften des Wassers sind die alleinige Ursache der gegenwärtigen Strombette, die dann freilich wieder den neuen Wassermassen ihren Weg weisen. Diese Weisheiten sind so wohlfeil wie Brombeeren. Jeder Schafhirt versteht sie und kennt sie auch ungefragt. Dennoch gab es eine Zeit, in welcher die Menschheit unter dem Zwang eines lebhafteren mythologischen Bedürfnisses sich irgend einen Gott, ein Mannsbild oder ein Frauenzimmer, am Ursprung eines Flusses sitzend dachte, welcher Gott nach geheimnisvollen Absichten viel oder weniger Wasser, warmes oder kaltes Wasser, gutes oder schlechtes Wasser in das Strombett oder aus der Quelle fließen ließ. Eine Nachwirkung dieser Mythologie finden wir heute noch in Ausdrücken wie Vater Rhein oder auch in den lächerlichen Frauenzimmern, welche auf lächerlichen Denkmälern mit unpraktischen griechischen Krügen in der Hand deutsche Flüsse darstellen. Wir dachten uns nichts dabei, sagen die Leute zur Entschuldigung.

In den Geisteswissenschaften, namentlich in den Anschauungen von der menschlichen Sprache, ist aber dieses mythologische Bedürfnis noch ungeschwächt vorhanden. Was nicht allein Pfaffe und Pöbel von der Sprache behauptet, was fast alle Sprachforscher – einer dem anderen – nachschreiben, daß nämlich die Sprache ein Werkzeug unseres Denkens sei (ein bewunderungswürdiges Werkzeug noch dazu), das erscheint mir als eine Mythologie. Nach dieser Vorstellung, welche heute noch von allen Köpfen geteilt wird, sitzt irgendwo am Strombett der Sprache eine Gottheit, Mannsbild oder Frauenzimmer, das sogenannte Denken, und herrscht unter den Einflüsterungen einer ähnlichen Gottheit, der Logik, über die menschliche Sprache mit Hilfe einer dritten dienenden Gottheit, der Grammatik. Ich würde es für das stolzeste Ergebnis meiner Untersuchung halten, wenn ich die Menschen von der Unwirklichkeit, von der Wertlosigkeit dieser dreieinigen Göttinnen überzeugen könnte, denn der Dienst unwirklicher Götter ist immer opfervoll, also immer schädlich.

Ich vermute, daß »die Sprache«, die Sprache im allgemeinen oder das Wesen der Sprache, bei genauer Betrachtung nichts mehr von der Herrschaft des Denkens, der Logik und der Grammatik wird wissen wollen. »Die Sprache« wird sich größtenteils als ein leeres Abstraktum herausstellen; wo wir aber dennoch zwischen den Einzelsprachen, die freilich selbst Abstraktionen sind, tatsächliche Ähnlichkeit wahrnehmen werden, wo »die Sprache« uns eine Bezeichnung werden wird für eine wirkliche Art des menschlichen *Handelns,* da werden wir niemals nötig haben, auf Denken, auf Logik oder Grammatik als den Ursprung zurückzugehen. Vielmehr werden wir wohl finden, daß Denken, Logik und Grammatik Merkmale der Sprache sind, gewissermaßen in der Sprache drinstecken und nur von müßigen Ordnungsfanatikern herausgezogen worden sind. So gibt es in der Natur kein anderes Blau als an blauen Erscheinungen. Es wäre auch da, wenn die Sprache das Adjektivum blau zu abstrahieren sich nicht die Mühe genommen hätte. Wie die Elektrizität da war, bevor man sie entdeckte, d. h. ihre Wirkungen unseren Sinnen wahrnehmbar machte. Wie in der Natur alle die Elemente schon da sind, die wir noch nicht kennen.

Am Ende wird aber auch diese Kritik nur wollen, was alle Sprachwissenschaft von jeher wollte: die Erscheinung der Sprache erklären.

Die Sprache erklären! Schon die naiven Griechen versuchten so etwas, als sie darüber stritten, ob die Sprache durch die Natur oder durch einen Gesetzgeber entstanden sei. Die Entstehung durch einen Gesetzgeber muß die älteste, die theologische Antwort gewesen sein. Diese Antwort wurde übrigens von den wenig dogmatischen Griechen noch etwas vernünftiger gegeben als von den Christen des Mittelalters; die Griechen dachten doch halbwegs an einen menschlichen Gesetzgeber, einen Heros, einen Erfinder, wie sie denn in ihren Göttern gern die Erfinder wichtiger Kulturarbeiten verehrten. Auch darin waren sie den Christen vorzuziehen, daß sie bei der Sprache an etwas Konkretes dachten, nämlich an ihre eigene Landessprache, an Griechisch. Die Christen – um unter diesem Namen die Völker der neueren abendländischen Entwicklung zusammenzufassen – gelangten sehr früh zu dem Bewußtsein, daß es viele und gleichberechtigte Sprachen gebe, und faßten so zuerst »die Sprache« als ein Abstraktum, das ungefähr den

Sinn von »Sprachvermögen« enthielt, wenn davon die Rede war, daß Gott den Menschen die Sprache verliehen habe. Dieser für uns fast monströse Gedanke findet sich noch ganz ungeschwächt und pfäffisch in einem sonst so vorzüglichen Überblick über die bisherigen Ergebnisse der Sprachwissenschaft, wie es die Vorlesungen von Whitney sind. Es heißt da (»Die Sprachwissenschaft«, bearbeitet von Jolly, 1874, Seite 555): »Der göttliche Ursprung der Sprache ist in dem Sinne aufrecht zu erhalten, in welchem die Menschennatur überhaupt mitsamt all ihren *angeborenen und angenommenen Gaben* Gottes Werk ist.« Solche Komplimente für den lieben Gott können bewußte Heuchelei sein (woran ich an ähnlichen Stellen aus M. Müllers »Einleitung in die vergleichende Religionswissenschaft« nicht gern glauben möchte); sie können aber auch unbewußte Höflichkeit sein, Anpassung an die Volksgemeinschaft; und dann gehören sie schon selbst dem Gebiete des Bedeutungswandels an.

Wir müssen uns aber natürlich davor hüten zu glauben, alle diese Sätze, Fragen und Antworten hätten zu allen Zeiten den gleichen Sinn gehabt. Zu der Entwicklung der Sprache gehört es als ein begleitender Nebenumstand, daß die Worte auch da einen Bedeutungswandel erfahren, wo wir es nicht wissen. Und wo wir es wissen, bleiben wir uns des Wandels nicht immer bewußt.

So verbanden die Griechen ganz gewiß mit dem Gedanken, daß ein Gesetzgeber die Sprache gemacht habe, die kindliche Vorstellung, daß dieser Gesetzgeber die einzig richtige Sprache gemacht habe, natürlich die griechische. Ein Pferd hieß nicht nur ἵππος, es war auch ein ἵππος. Darin nun waren ihnen die Christen wieder überlegen, daß in ihrer Lehre von dem göttlichen Ursprung der Sprache ebenso gewiß die Vorstellung von einer gewissen Willkür steckte. Gottes Wille ist eo ipso Zufall. Es war Gottes Wille, daß es mehrere Sprachen gab; aber es gab doch mehrere gleichberechtigte Sprachen. Nationaler Dünkel mußte der internationalen Christenheit ursprünglich fremd sein. Auf den närrischen Einfall, die Sprachen etymologisch vom Hebräischen abzuleiten, kam man erst später, auf philologischem Wege. Es war kein theologisches Dogma.

Als nun dem Satze, die Sprache sei ϑεσει (durch einen Gesetzgeber) entstanden, die neue Lehre entgegengestellt wurde, sie sei φυσει (natürlich) entstanden, waren ebenso naive Vorstellungen mit dem richtigen Gedanken verbunden. Es wäre darum ganz falsch, die gegenwärtige Auffassung von einer natürlichen Entwicklung der Sprache schon den Nachfolgern des Herakleitos zuzutrauen. Wir können uns eben kaum mehr in das Gehirn von Leuten hineindenken, welche die künstliche Sprachschöpfung leugneten, aber das Unbewußte des Vorgangs nicht ahnten und noch dazu von Natur eine »richtige« Sprache entstehen ließen. Die die Entstehung φυσει lehrten, fragten dabei immer noch nach dem Ursprung der griechischen Sprache. Unsere Sprachforscher lehren ebenfalls die Entwicklung auf natürlichem Wege; aber sie kennen seit Leibniz das Unbewußte der menschlichen Tätigkeit, die solche Wirkung erzeugt, und sie nehmen die einzelnen Sprachen als Tatsachen hin. Ihre Frage geht darum nicht mehr nach dem Ursprung der einzig richtigen Sprache, auch nicht einmal mehr nach dem Ursprung der Sprache überhaupt. Ihre Frage lautet vielmehr ganz bescheiden etwa so: durch welche historische Entwicklung ist es gekommen, daß wir (z. B. die Einwohner eines Fleckens in der Altmark) so sprechen, wie wir sprechen, daß die heutigen Bantuneger wiederum so sprechen, wie sie sprechen?

Diese Frage läßt sich teilweise beantworten; bald auf zwei oder drei, bald auf fünfzig, ja bis auf hundert Generationen zurück. Wie es Familien gibt, welche höchstens noch wissen, wie der Großvater geheißen hat und was er trieb, wie es andere, stolzere Familien gibt, die noch Nachrichten von ihrem Urahn besitzen, so gibt es junge und alte Sprachgeschichten. Hinter diesen beglaubigten Entwicklungen liegt aber jedesmal die Paläontologie der Sprache. Und die Frage der modernen Sprachwissenschaft ist darum so bescheiden, weil sie sich mit so dürftigen Nachrichten begnügt, und die vagen Hypothesen, welche die Vorgeschichte aufhellen sollen, noch dankbar mit in Kauf nimmt.

Während also die Alten das Abstraktum »die Sprache« nicht so wie wir fassen konnten, weil sie über ihre eigene

Landessprache (wozu die Römer noch Griechisch trieben) nicht hinausdachten, konnten sie doch wieder nicht das Konkrete an der Sprache so erfassen, wie unsere Forscher, die wirklich bis zum Konkretesten, den Schallwellen, beinahe vorgedrungen sind. Die Sprachlaute werden als bewegte Luft zwar nicht mathematisch bestimmt, aber wohl physikalisch begriffen.

Doch die Götzendienerei ist dem Menschen angeboren. Immer wieder versucht er den Sprung von den drei bis hundert Generationen, die er kennt, zurück zu den unzähligen, die er nicht kennt; immer wieder fragt er nach dem Ursprung »der« Sprache. Da er nämlich, wenn er ein besonnener Sprachforscher ist, wirklich nicht nach dem Ursprung eines jetzt gesprochenen Sprachstamms fragen dürfte, da die Frage nach dem Ursprung z. B. der Sanskrit-Wurzeln, mit welchen unsere indo-europäischen Sprachen begonnen haben sollen, wirklich nur wie ein kindischer Scherz klingt, so ist jede Untersuchung über den Ursprung der Sprache nicht mehr eine Beschäftigung mit irgend etwas Konkretem, sondern – was nur noch nicht in die Köpfe eingegangen ist – eine Rückkehr zu dem Abstraktum: »die« Sprache. In diesem Sinne ist also »*die* Sprache« ungefähr dasselbe wie das, was die ältere Psychologie »das Sprachvermögen« genannt hat. Es würde demnach die Frage nach dem Ursprung der Sprache, das heißt doch nach der ersten Betätigung des Sprachvermögens, identisch sein mit der Frage nach dem Ursprung des Sprachvermögens. Was ein Unsinn zu sein scheint.

Nur scheint. Wir müssen eben die Sprache unter die übrigen Tätigkeiten des Menschen rechnen alswie das Gehen, das Atmen. Da ist es für einen Biologen gar kein unsinniger Gedanke, daß der Mensch nicht geht, weil er Beine hat, sondern daß er Beine hat, weil er geht; daß der Mensch nicht atmet, weil er eine Lunge hat, sondern daß er eine Lunge hat, weil er atmet.

Richtiger: die Entwicklung des Werkzeugs und die Steigerung der Tätigkeit gehen parallel nebeneinander her. Nehmen wir nun das wirkliche Sprachwerkzeug (unter Sprachwerkzeug verstehe ich außer dem Tonapparat auch alle ihm dienenden oder befehlenden Muskeln und Nerven) als den tatsächlichen Ausdruck für ein geträumtes Sprachvermögen, so ist es allerdings möglich, daß die Entwicklung der menschlichen Sprache neben der Entwicklung der menschlichen Sprachorgane einhergegangen sei.

Fassen wir diesen Gedanken ganz scharf ins Auge, so sehen wir hoffentlich, daß – in wie unendliche Zeiträume wir auch den Ursprung der Sprache zurückverfolgen mögen – wir doch niemals an einen Moment gelangen, wo wir die Vorstellung konkreter Sprachlaute verlassen müßten, wo wir nach dem Ursprung des Abstraktums Sprache fragen müßten.

Der Wert dieses Gesichtspunktes scheint mir darin zu bestehen, daß wieder einige Abstrakta aus dem wissenschaftlichen Gebrauche hinausgeworfen wurden. »Sprachvermögen« oder »die Gabe der Sprache« wird definitiv überflüssig, wenn klar erkannt wird, daß der Sprachgebrauch, d. h. hier die Ausübung der Sprachtätigkeit, sich erst das Sprachwerkzeug ausgebildet hat. Man wird dann den Begriff »Sprachvermögen« ebenso absurd finden, als etwa ein besonderes »Gehvermögen« oder ein besonderes »Atmungsvermögen«. Gewiß liegt im selbsttätigen Fortbewegen des Tieres gegenüber dem Abwarten der Pflanze die Möglichkeit höheren Komforts; doch hat sich das Bewegungswerkzeug durch Gehen erst entwickelt. Ebenso ist das Atmen der Luft durch Lungen wahrscheinlich komfortabler, als die Benützung der Luft im Wasser durch die Kiemenatmer; doch wird kein Mensch die allmähliche »Entwicklung« dieser »Gabe« übersehen können, da jeder Frosch ein Beispiel bietet.

Die Ähnlichkeit zwischen Gehen usw. und Sprechen würde heller werden, wenn wir schon hier mit klarer Einsicht das Abstraktum »Sprache« immer durch das Tätigkeitswort »Sprechen« ersetzen dürften.

Unser Gesichtspunkt ist weiter darin wertvoll, daß die Frage nach dem Ursprung »der« Sprache ihren alten Sinn verliert. Der Ursprung muß immer weiter und weiter zurückverlegt werden und die Untersuchung der Sanskritwurzeln sinkt zu einer Sprachgeschichte des gestrigen Tages herab. Wo ich selbst – dem unbesiegbaren Sprachgebrauche folgend – ebenfalls von einem Ursprung der Sprache rede, denke ich darum nicht an den wirklichen unnahbaren Ursprung, sondern an einen irgendwo weit zurückliegenden Punkt des Stromlaufs, an einen Ruhepunkt, der aber nur in meiner Vorstellung existiert.

Die zweckmäßigen Bewegungen, welche wir unter dem Namen Sprache zusammenfassen, oder besser unter dem Verbum »Sprechen« (jedes Verbum ein Ordnungsbegriff unter dem menschlichen Gesichtspunkte eines Zwecks), machen den allgemeinen Weg von der unbewußten Bewegung durch das bewußte Wollen zum Unbewußten zurück, und zwar sowohl in der allgemeinen Sprachentwicklung wie in der Sprache des Individuums. Die Äußerungen des Schmerzes und der Freude gehen noch aus keinem bewußten Willen hervor; sie kommen, um den Sprachgebrauch französischer Psychologen anzuwenden, aus Volitionen, nicht aus der volonté. Das Sprechenlernen des Kindes ist mit Bewußtsein verbunden wie das Gehenlernen; auch in der genetischen Entwicklung der Sprache müssen wir behaupten, daß jede Bereicherung, jede neue kühne Metapher, mit Bewußtsein verbunden war. Am Ende wird aber das gewöhnliche Sprechen so automatisch, daß es dem Laien zuerst schwer fällt, nur in den Bewegungen das Wirkliche der Sprache zu sehen. Denn er achtet zuletzt nur noch auf die Ergebnisse der Bewegungen, die Töne, und nicht auf die Bewegungen selbst. Mit dem bewußten oder unbewußten Wollen bleibt das Sprechen oder Denken, bleibt alles Erkennen immer verbunden, weil alles Erkennen zuletzt auf die durch das Individualinteresse erweckte Aufmerksamkeit und die durch das Vorfahreninteresse ererbte Aufmerksamkeit zurückgeht.

Hätten die Menschen nicht sprechen gelernt, und nur ein einzelner unter ihnen würde sprechen, so wäre es dem Beobachter natürlich, die Erscheinung als eine Reihe von Bewegungen aufzufassen, und es würde ihm kaum einfallen, diesen Bewegungen einen Gesamtnamen zu geben. So fällt dem Kinde an dem brüllenden Ochsen sehr deutlich die Anstrengung auf, die das Tier macht. Die Sprachbewegungen des unter sprachlosen Mitmenschen allein redenden Individuums wären aber gar nicht Sprache. Ein einzig sprechender Mensch unter sprachlosen Volksgenossen ist ebensowenig vorstellbar wie ein redender Gott, der den Menschen die Sprache erst schenkte. Oder er wäre wie der Teilnehmer an einem ausgedehnten Telephonnetze, das keinen zweiten Teilnehmer hätte. Seine Zweckbewegungen wären nicht Sprache. Sprache werden diese Bewegungen erst durch ihre über das Individuum und über die Wirklichkeit hinausgehende Eigentümlichkeit, daß sie bei einer Gruppe von Menschen die gleichen, daß sie dadurch verständlich, daß sie nützlich sind. Als sozialer Faktor erst wird die Sprache, die vor Erfindung der Buchdruckerkunst noch nicht einmal in einem Wörterbuch beisammen war, etwas Wirkliches. Eine soziale Wirklichkeit ist sie; abgesehen davon, ist sie nur eine Abstraktion von bestimmten Bewegungen.

Ich brauche nicht erst hinzuzufügen, daß die gebrauchten Begriffe Volitionen und Wollen selbst wieder Abstraktionen sind, denen nichts Wirkliches entspricht. So führt man die Sprachbewegungen zuletzt auf einen Mitteilungstrieb zurück, der neben dem Atmungstrieb, dem Ernährungstrieb (wovon der Atmungstrieb doch nur eine Unterart wäre), dem Geschlechtstrieb (wovon der Ernährungstrieb wieder nur ein Diener wäre), dem Spieltrieb und dem Wahrnehmungstrieb sauber aufgezählt wird. Der Wahrnehmungstrieb ließe sich ebensogut in einen Sehtrieb, einen Hörtrieb usw. zerlegen. Aber alle diese Triebe sind doch nur entstanden durch den menschlichen Klassifikationstrieb, der ihrer würdig ist, d. h. durch die Ökonomie des menschlichen Gedächtnisses; in der psychologischen Wirklichkeit kann es auch keinen Trieb geben außer dem individuellen Willen zum Leben, für den sich dann natürlich die Bezeichnung Selbsterhaltungstrieb findet.

Es gibt nicht zwei Menschen, die die gleiche Sprache reden. In Augenblicken tiefster Verstimmung wird jedermann einmal das gedacht haben, daß nämlich kein anderer seine besondere Sprache verstehe. Bildlich wird den Satz jedermann begreifen. Nicht leicht aber wird man zugeben, daß er eine nüchterne wissenschaftliche Wahrheit enthalte. Eine Wahrheit, die sich auch so ausdrücken ließe: daß ein jeder einen anderen Ausschnitt aus der gemeinsamen Muttersprache »beherrsche«. Dies letzte Wort zu wählen wird mir schwer. Denn der Fall ist doch alltäglich, daß wir einen anderen, größeren Ausschnitt aus unserer Muttersprache verstehen, einen anderen, kleineren aber sprechen können, wie wir doch auch gewöhnlich manche Nachbarmundart noch verstehen, nur die eigene aber reden.

Dieser Überlegung liegt der Begriff einer einem Volke gemeinsamen Sprache, der Muttersprache, zu Grunde. Wo ist diese Sprache Wirklichkeit? Wo in aller Welt? Nicht im einzelnen. Denn der versteht nur einen Teil des Wort- und Formenschatzes, gebraucht nur einen kleinen Bruchteil dessen, was er versteht. Nicht in Büchern. Denn sonst hätte es vor Erfindung der Schrift keine Sprache gegeben. Auch gibt es in Büchern überall nur höchstens Sammlungen von Worten und Regeln, sodann die zufällig entstandenen Literaturen, nirgends aber auch nur die Möglichkeit einer gesammelten Sprache. Wo ist also das Abstraktum »Sprache« Wirklichkeit? *In der Luft.* Im Volke, *zwischen den Menschen.*

Es kann sich also niemand rühmen, daß er auch nur seine Muttersprache kenne. Jakob Grimm hat seine eigenen Regeln nicht immer beobachtet. Ein Goethe gebraucht manche Worte unsicher, macht »Sprachfehler«. Kurz, so genau kennt niemand die deutsche Sprache, daß er jeder Gebrauchsform sicher wäre, daß er nicht von Zeit zu Zeit Worte fände, die er noch nie gebraucht und noch nie gehört oder gelesen hat. So oft drei Deutsche aus verschiedenen Landschaften, von nur wenig verschiedenen Bildungsgraden oder Bildungsgängen (man könnte auch solche von drei möglichst verschiedenen Alterstufen hinzurechnen) beisammen sind, wird der eine bald ein Wort oder eine Form aussprechen, die die anderen nicht verstehen, oder die der zweite versteht, aber nicht der dritte. Das kann so weit gehen, daß die Gemeinsamkeit des gesprochenen oder des verstandenen Sprachmaterials aufhört (oder beider); die

Gleichheit oder Beschränktheit der drei Menschen kann aber auch so groß sein, daß ihre Sprachen nur in Nuancen auseinandergehen. Aber wir wissen, was das für eine Gemeinsamkeit ist, die doch das Kennzeichen der Sprache ausmachen soll. Gemeinsam ist die Muttersprache etwa, wie der Horizont gemeinsam ist; es gibt keine zwei Menschen mit gleichem Horizont, jeder ist der Mittelpunkt seines eigenen.

15 Sprache und Sozialismus

Das nun aber ist gerade das ungeheure Gaukelspiel der Sprache, daß der Grund und das Zeichen ihrer kläglichen Armut für maßlosen Reichtum gehalten wird, und von den Menschenmassen und Massenmenschen mit Recht dafür gehalten wird: weil die Sprache ein Gebrauchsgegenstand ist, der durch die Ausbreitung des Gebrauchs an Wert gewinnt. Das Wunder ist leicht aufzuklären. Alle anderen Gebrauchsgegenstände werden durch den Gebrauch entweder vernichtet wie die Nahrungsmittel, oder verschlechtert wie Werkzeuge und Maschinen. Wäre die Sprache ein Werkzeug, so würde auch die Sprache verschlechtert und verbraucht werden. Nur Worte werden aber verbraucht, verschlissen, entwertet. Werden aber dadurch erst recht wertvoll für die Masse. Die Sprache ist aber kein Gegenstand des Gebrauchs, auch kein Werkzeug, sie ist überhaupt kein Gegenstand, sie ist gar nichts anderes als ihr Gebrauch. Sprache ist Sprachgebrauch. Da ist es doch kein Wunder mehr, wenn der Gebrauch mit dem Gebrauche sich steigert.

Diese Tatsache, welche ja nicht ganz übersehen werden konnte, hat man seit Hegel so zu verdrehen gesucht, daß man die Sprache mit der Kunst, der Religion und den Staatseinrichtungen zu den Schöpfungen des sogenannten objektiven Geistes rechnete. Eigentlich ist Geist das Subjektive im Menschen; indem man nun dieses Subjektive über den Einzelmenschen hinausschleudert und es objektiv nennt, schafft man sich einen neuen Gott, mit dem sich die Sozialdemokraten abfinden sollten. Denn dieser objektive

Geist denkt und will und tut, was die Masse denkt und will und tut. In Wahrheit ist die Tatsache, welche so großwortig als objektiver Geist auftritt, nichts anderes als die Abhängigkeit des Einzelmenschen von der Sprache, die er von den aufeinander folgenden Massen seiner Volksvorfahren geerbt hat, und die nur darum einen Gebrauchswert für ihn besitzt, weil sie Gemeineigentum aller Volksgenossen ist. Gebrauchsgegenstände bleiben unverändert, wenn weder menschlicher Gebrauch noch ihr ungewollter Verbrauch durch die Naturkräfte sie verzehrt. Die Sprache dagegen, weil sie kein Gebrauchsgegenstand, sondern selbst Gebrauch ist, stirbt ohne Gebrauch. Und da ist es nun von ausschlaggebender Wichtigkeit, daß alle Teile der Sprache irgendwo im Volke immer im Gebrauch sind. Der Einzelmensch gebraucht vielleicht jahrelang kaum den zehnten Teil der Worte, die die Sprache ihm zur Verfügung stellt, und nur einen winzigen Bruchteil der Kombinationen dieser Worte. Der einzelne beherrscht seine Muttersprache nicht – wie gesagt. Anderswo jedoch ist wieder ein anderes Zehntel im Gebrauch, und an das Ohr des Einzelmenschen schlagen von Zeit zu Zeit von den ungebrauchten Zehnteln so viele Assoziationszentren der Sprache, daß schließlich ein weit größerer Teil der Gesamtsprache durch passive Einübung in steter Bereitschaft steht.

Der Kommunismus hat auf dem Gebiete der Sprache Wirklichkeit werden können, weil die Sprache nichts ist, woran Eigentum behauptet werden kann; der gemeinsame Besitz ist ohne Störung möglich, weil die Sprache nichts anderes ist als eben die Gemeinsamkeit oder die Gemeinheit der Weltanschauung. Die Menschenmassen und die Massenmenschen freuen sich staunend dieses Besitzes und ahnen nicht, daß er eine Selbsttäuschung ist. Licht und Luft sind auch gemeinsam, aber sie sind etwas, und jeder Wärmestrahl, jedes Luftatom, das der eine verbraucht, wird dem anderen entzogen. Licht und Luft sind noch Werte. Der Städter muß sie teuer bezahlen. Die Sprache ist nur ein Scheinwert wie eine Spielregel, die auch umso zwingender wird, je mehr Mitspieler sich ihr unterwerfen, die aber die Wirklichkeitswelt weder ändern noch begreifen will. In dem weltumspannenden und fast majestätischen Gesellschaftsspiel der Sprache erfreut es den einzelnen, wenn er nach der gleichen Spielregel mit Millionen zusammen denkt, wenn er z. B. für alte Rätselfragen die neue Antwort »Entwicklung« nachsprechen gelernt hat, wenn das Wort Naturalismus Mode geworden ist, oder wenn die Worte Freiheit, Fortschritt ihn regimenterweise aufregen. Von starken Naturen, welche den Menschenmassen in diesem Weltgesellschaftsspiel die Worte zurufen, wird Geschichte gemacht. Sie passen in die Welt. Die geistige Geschichte wird von Ausnahmsmenschen gemacht, welche nicht in die Welt passen, welche abseits vom Spiele die Welt anders betrachten, als die Vorgängermassen sie betrachtet haben und als die ererbte Sprache es verlangt, von Menschen, welche, erblos und eigen, die Welt neu zu erkennen glauben und sich's kaum eingestehen dürfen, daß auch sie mit Aufopferung ihres Lebens nichts weiter ersonnen haben als nur kleine Abänderungen der Spielregeln für das Gesellschaftsspiel der Welt. Man kann sie auch betrachten als zufällige Variationen, welche die feste Erblichkeit der Art durchbrechen und vielleicht zu einer leisen Abänderung der Art beitragen werden. Sie wissen wenig anzufangen mit dem Gemeineigentum der Sprache, und die Gesellschaft, die Gemeine, weiß nicht viel mit ihnen anzufangen.

Man hat die Sprache so oft ein bewunderungswürdiges Kunstwerk genannt, daß die meisten Menschen diese schwebende Nebelmasse in einem verfließenden Begriffe wirklich für ein Kunstwerk halten. Nur daß der eine dieselbe Bildung für eine Wiesenfläche, der zweite sie für einen alten Tempel und der dritte sie für das Porträt seines Großvaters hält.

Ein Kunstwerk kann die Sprache schon darum nicht sein, weil sie nicht die Schöpfung eines einzigen ist. Ich kann es mir (wie gesagt) nicht eigentlich vorstellen, aber ich kann es mit Worten denken, daß die Menschheit wortlos und begrifflos jahrtausendelang dahin gelebt hätte, zweifellos und lügenlos wie die Tierwelt, und dann einmal plötzlich ein Riesenmensch entstanden wäre, ein Klaftermensch unter Ellenmenschen. Und der wäre ein Dichter gewesen. Weil die Sprache nie ein Kunstwerk war, aber immer das Kunstmittel der Poesie. Er hätte sich, er für sich ganz allein, als ob er in einem Donner die Spannung hätte entladen wollen, die Sprache ersehnt, erfunden und ausgebaut. Das wäre dann ein Kunstwerk geworden. Das Werk *Eines*. Aber auch ein Monolog. Die Ellenmenschen hätten ihn nicht verstanden. Die Sprache aus dem Donnerbedürfnis hätte ein Kunstwerk werden können. Die Sprache aus dem gemeinen Mitteilungstrieb ist schlechte Fabrikarbeit, zusammengestoppelt von Milliarden von Tagelöhnern.

Wie aber die Sprache kein Kunstwerk sein kann, weil nicht ein einziger sie geschaffen hat, so ist sie auch kein Kunstwerk, weil sie nicht gemacht ist für das große Bedürfnis der Klaftermenschen, sondern für die kleinen Bedürfnisse aller. Die Sprache ist geworden wie eine große Stadt. Kammer an Kammer, Fenster an Fenster, Wohnung an Wohnung, Haus an Haus, Straße an Straße, Viertel an Viertel, und das alles ist ineinander geschachtelt, miteinander verbunden, durcheinander geschmiert, durch Röhren und Gräben, und wenn man einen Botokuden davorstellt und ihm sagt, das sei ein Kunstwerk, so glaubt es der Esel und hat doch zu Hause die eigene Hütte, rund und frei.

Ist die Sprache aber kein Kunstwerk, so ist sie dafür bis heute die einzige Einrichtung der Gesellschaft, die wirklich schon auf sozialistischer Grundlage beruht. Zwar hat auch die Stadt wie die Sprache ihre Gasröhren, die ein vergiftetes Licht in alle Kammern treiben, die Bleiröhren, die ein verseuchtes Wasser in alle Küchen liefern, die Kanäle, die den Unrat der Million in schöner Symmetrie zu dem oberirdischen Leben munter unter der Erde weiterplätschern lassen nach neuen Gebieten der kommenden Menschheit, den Rieselfeldern. Aber Kohlendunst, Sumpfwasser und Dünger sind noch nicht überall Gemeingut. Der Steuerexekutor steht am Hahn und verlangt Geld. Da ist die Sprache eine weit lustigere Sache. Um es grell auszudrücken: In ihren verrosteten Röhren fließt durcheinander Licht und Gift, Wasser und Seuche und spritzt umsonst überall aus den Fugen, mitten unter den Menschen; die ganze Gesellschaft ist nichts als eine ungeheure Gratiswasserkunst für dieses Gemengsel, jeder einzelne ist ein Wasserspeier, und von

Mund zu Mund speit sich der trübe Quell entgegen und vermischt sich trächtig und ansteckend, aber unfruchtbar und niederträchtig, und da gibt es kein Eigentum und kein Recht und keine Macht. Die Sprache ist Gemeineigentum. Alles gehört allen, alle baden darin, alle saufen es, und alle geben es von sich.

Utopisten hoffen und lehren, die ganze Natur werde einmal so gemein werden wie die Sprache, wenn erst alles Eigentum gemeinsam und wohlfeil sein wird wie die Sprache.

Man hat viel Mißbrauch getrieben mit dem Bilde, die Sprache sei ein Organismus. Sie kann gar nicht ein Organismus sein, denn wenn dieses Wort überhaupt einen Sinn haben soll, so müßte doch, was ein Organismus sein will, eine Einheit sein, die durch sich selbst, die allein leben kann.

Die Sprache existiert aber niemals für sich allein, sondern immer nur zwischen den Menschen. Sie ist für die Menschen, was der sagenhafte Äther für die gravitierenden, elektrischen oder leuchtenden Körper. Etwas, was die Schwingungen schwingen läßt, die Gehirnschwingungen von einem zum anderen.

Da zur Sprache immer mindestens zwei gehören, so könnte man daran denken, daß sie die Menschen verbinde, wie die Begattung, und daß sie so wenigstens die Verbindung zweier Organismen, den Akt der geistigen Zeugung, darstelle.

Der Organismus ist fruchtbar, fortzeugend. Die Sprache aber ist unfruchtbar. Sie trägt nur die tauben Nüsse der Tautologie. Sie zeugt nicht und leistet höchstens Hebammendienste. Und hat sie unreine Finger, so bringt sie die Wöchnerin um.

Seitdem man gelernt hat, die Sprache wie alle Volkspsychologie als etwas zu betrachten, was nicht in meinem und nicht in deinem Kopfe vorgeht, sondern was zwischen den Menschen schwebt wie der Äther, seitdem hätte man auch die Logik der Volkspsychologie zuweisen und auch das Denken als etwas erkennen müssen, was als fließendes Gewässer die Menschen trennt, oder als federnde Brücke hinüberführt, was aber niemals dem festen Lande gleicht.

Insofern freilich das Denken oder die Sprache etwas Selbsterzeugtes ist, eine Sammlung von Erinnerungszeichen, um sich in der Fülle der Eindrücke nicht zu verirren, haftet die Sprache allerdings am Individuum, an meinem und deinem Gehirn. Das ist aber der kleinste Teil der Sprache, der wertvollste für die Persönlichkeit, der wertloseste auf der Börse des menschlichen Verkehrs; denn dieser Teil ist nicht verkäuflich, ist nicht übertragbar, ist unverständlich, unmitteilsam.

Insofern jedoch der einzelne fertige Wortzeichen für fertige Begriffe von der Amme, vom Lehrer, von seiner Zeitung ins Gehirn gedrückt bekommt, ist die Sprache (die eben Denken genannt wird, sobald sie in Bewegung gerät) zwar durch solche Zeichen leise mit allen Einzelgehirnen in Kontakt gebracht, aber zitternd und flimmernd lebt sie ihr eigentliches Leben zwischen den Menschen. Aus der Tradition holt sie ihre Begriffe, auf der Börse des Verkehrs läßt sie ihre Werte prägen.

Wer darum vermessen genug wäre, sich aus diesem umstrickenden Verbindungsnetze der gemeinsamen Sprache zu lösen, um mit seinem einzelnen Gehirn nicht anschauend, sondern denkend oder sprechend über den Abgrund unseres Nichtwissens zu kommen, der würde sich gewiß vermessen in der Weite des Sprungs. Zum Glück für ihn kann er sich gar nicht loslösen von der gemeinsamen Sprache; auch ihm sind die gemeinsamen Zeichen eingedrückt worden, auch er denkt sein lautes Denken gewissermaßen außer seinem Kopfe zwischen den Menschen. Und wie die sympathischen Nerven, die das unbewußte Leben der Atmung und Verdauung bedienen, dennoch mit dem Zentralnervensystem in Verbindung stehen, so hängt auch der einsamste Mensch, sobald er spricht, eben von *der* Sprache ab, die zwischen den Menschen entstanden ist.

16 Grammatik und Logik

Es liegt die Tatsache vor, daß einerseits das Denken sich in den Formen der Grammatik bewegt (natürlich, da Sprache Denken ist und die jeweilige Sprachform einer Menschengruppe auch ihre Denkform sein muß), daß anderseits dasselbe Denken nach dem Glauben der Logiker die logischen Formen annehmen muß, um bestehen zu können. Daher die immer gestellte und immer noch nicht beantwortete Frage: wie sich Logik und Grammatik zu einander verhalten.

Die Alten konnten diese Frage so scharf noch gar nicht fassen, weil sie ihre Logik (eben die Formen ihrer Sprache) fertig hatten, bevor sie anfingen, eine bescheidene Grammatik aufzubauen. Daher das Vorrecht der Logik, welches auch darauf zurückzuführen ist, daß die Philosophie in ihrer Kindheit die abstraktesten Fragen zuerst und am liebsten aufgriff; dieses Vorrecht der Logik hat zur Folge gehabt, daß man bis auf unsere Zeit die Frage immer so stellt: Wie verhält sich die Grammatik zur Logik, etwa das Zufällige zum Absoluten? Für etwas Absolutes, für ein metaphysisches Himmelsgeschenk wurde die Logik ja von allen Aristotelikern gehalten, dieser Menschenbau, der sich von anderen Menschenbauten nicht einmal durch seine Beständigkeit unterscheidet.

Gegenüber den vielfachen Versuchen, die Grammatik nun dadurch zu heben, daß man in ihr dieselben göttlichen Qualitäten wie in der Logik suchte und fand, war eine Reaktion unvermeidlich. Gegenwärtig behauptet man nicht mehr eine Identität der (niederen) Grammatik und der (höheren) Logik; man begnügt sich damit, etwa einige vermeintlich göttliche Spuren der Logik in der Grammatik nachzuweisen. Und ein besonders kritischer Forscher wie Steinthal wollte erkennen (Abr. d. Spr. I 62), daß die Sprache unabhängig von der Logik ihre Formen in vollster Autonomie schüfe. Diese Erkenntnis mußte sich ihm aufdrängen, wenn er die Fülle der verschiedenartigen Sprachformen mit der (auch von ihm geglaubten) heiligen Einheit der Logik verglich.

Sehen wir aber in der überlieferten Logik nichts als eine höchst scharfsinnige Auseinandersetzung zwischen Aristoteles, dem ordnungsliebenden Klassifikator, und seiner griechischen Gemeinsprache, so wird der Satz Steinthals etwas bescheidener also zu lauten haben: die modernen Sprachen schaffen sich ihre Formen in vollster Autonomie, (beinahe) unabhängig von den griechischen Formen. Man kann es ebenso als etwas Neues verkünden: die griechische Mythologie oder aber der Mohammedanismus habe sich unabhängig von der Theologie des heiligen Augustinus entwickelt.

Nun ist es – und das ist wieder einmal ein hübsches Beispiel für die Unzulänglichkeit der Sprache und der Logik – etwas ganz anderes, ob man behauptet, Grammatik sei mit der Logik, oder ob man sagt, Logik sei mit der Grammatik identisch. Ich meine mit diesen Worten natürlich: es sei ganz was anderes, ob man die Grammatik zum Range der Gottheit Logik erheben wolle oder ob man die Logik zum Range der Dienstmagd Grammatik erniedrige.

Die Sprache ist, wie ich nicht müde werden darf zu wiederholen, nichts als das mangelhafte Mittel der Menschen, sich in ihrer Erinnerungswelt zurechtzufinden, das Gedächtnis, das heißt ihre eigene Erfahrung und die ihrer Ahnen, auszunützen, mit aller Wahrscheinlichkeit, daß diese Erinnerungswelt der Wirklichkeitswelt ähnlich sein werde. Die Grammatik jeder Sprache ging von der Wirklichkeitswelt aus, schuf aber dann in der Erinnerungswelt selbständige Bequemlichkeiten, Omnibusse, Assoziationen, Gleise. Die Logik hatte nichts als die grammatikalische Sprache, um sich daran zu halten; aber die Logik ist doch nur ein Sammelname für die Bemühung, in der Erinnerungswelt den Lageplan der Wirklichkeitswelt nicht zu verlieren oder vielmehr ihn zu finden. Grammatik und Logik sind also nur verschiedene Seiten der gleichen Menschensprache. Grammatikalisch gut heißt die Sprache, wenn sie zum Austausch der Erinnerungswerte bequem, glatt, leicht ist; logisch gut heißt sie, wenn die Erinnerungswerte den Wirklichkeitswerten nicht zu fern sind. Es ist wie auf einem großen Bahnhof. Es ist wünschenswert, daß die Schienen im richtigen Abstand, im richtigen Profil, nicht verrostet usw., also durchaus grammatikalisch seien; es ist auch wünschenswert, daß die Schienen mit allen Weichen jedesmal den allein wirklichen Bewegungen der Eisenbahnzüge entsprechen, daß sie logisch geordnet seien. Ein Unglück kann sowohl durch Holprigkeit der Schienen wie durch falsche Weichenstellung entstehen; falsche Grammatik und falsche Logik sind gleich gefährlich. Gewöhnlich aber werden holprige Schienen nur als unangenehm empfunden, unrichtige Anordnungen erst erzeugen sicher Katastrophen.

So ist es zu erklären, daß die Sprache einen richtigen Gedanken, wenn er ungrammatikalisch ausgedrückt wird, wie z. B. »eine Kreis sind runde«, unangenehm empfindet; über einen Unsinn jedoch, wenn er sich grammatikalisch ausweisen kann, wie z. B. »der Kreis ist eckig« (unter Umständen ein Unsinn), mit einer gewissen Ruhe hinübergleitet. Die Katastrophe kommt nachher, nicht durch die Logik, nicht durch falsche Schlüsse, sondern durch die ganze Gleisanlage, die sich in dem grammatikalisch richtig ausgedrückten logischen Unsinn eben nur verrät.

17 Urteil und Urteilen

Die Schullogik verlangt von einem gesunden Urteil oder Satze, daß es oder er gewiß, unveränderlich sei, daß mein Selbstbewußtsein mich versichere, ich, der Herr Ich, werde niemals anders urteilen. Über den Hinweis auf die Identität meines Ich kommt die Logik nicht hinaus, und Sigwart setzt die Identität des Ich sogar »*vor* alle Notwendigkeit«, wobei sich sein Ich wahrscheinlich etwas denkt.

Es gibt aber weder eine absolute Identität der Objekte, noch eine des Ichs. Ich war vielleicht vor zwanzig Jahren leichtsinnig und bin jetzt geizig. Ich war vielleicht . . . Doch wozu das Bekannte wiederholen. Vor zwanzig Jahren war mir der Satz: »Ich spreche hier von Berlin mündlich mit meinem Bruder in Wien« – da war mir dieser Satz ein unmögliches Urteil. Jetzt ist er alltägliche Wahrheit. Es braucht sich aber nicht um so krasse Fälle zu handeln. Unaufhörlich wechseln die Objekte ihre Eigenschaften, unaufhörlich wechseln meine Begriffe ihren Umfang und damit leise fließend ihren Inhalt. Während ich den Satz ausspreche oder denke oder höre: »Metall ist schwer«, fällt mir ein, daß unter »Metall« heute weit mehr Elemente verstanden werden als zu meiner Schulzeit, daß »schwer« ein relativer Begriff ist und daß einzelne Metalle leichter sind als Wasser, und wie mir das einfällt, zum erstenmal vielleicht ins Bewußtsein fällt, wird eben durch das Denken und im Denken dieses Satzes die Fülle meines Bewußtseins vergrößert, mein Ich verändert, und der den Satz zu Ende spricht, ist ein anderer, als der ihn angefangen.

Wer die unveränderliche Gültigkeit der Urteile für unser Denken strikte verlangt, der kann freilich nicht behaupten, daß er denke. Denn er muß ja zugeben, daß alle Gewißheit, und gerade die Dauer jedes Satzes am sprachlichen Ausdruck hafte. Unsere Worte aber sind in ihrem Sinne so wenig konstant, daß wir deutsche Schriften aus dem 15. Jahrhundert ohne Unterricht kaum mehr verstehen können. Bekannt ist, daß viele Worte sich in »verwandten« Sprachen, mitunter auch in einer und derselben Sprache in ihren Gegensinn verkehrt haben (kalt – caldo), was etwas anderes ist als der »Gegensinn der Urworte«. Selbst ein einzelner Mensch kann das Fließen der Wortbedeutungen bei Lebzeiten beobachten. Da ist so wenig Konstanz wie in den Objekten selbst, und wir können froh sein, wenn wir als schlechte Schützen so ungefähr die Sache treffen, wenn wir à-peu-près irgendwo tappend mit den Fingerspitzen auf das Gesuchte stoßen. Ein konstantes Wort für einen konstanten Begriff gibt es so wenig wie eine mathematische Linie.

Über das Urteil, wie vorher über den Begriff und nachher über den Schluß, wäre anstatt einiger Bemerkungen ein ganzes Buch notwendig gewesen, wenn ich den erkenntnistheoretischen Standpunkt der Sprachkritik hätte vergessen wollen. Mir muß es genügen, an einzelnen Eigenheiten der Begriffsfunktion dargetan zu haben, daß das Urteil aus der logischen Disziplin auszuscheiden hat, wie das für den Begriff schon von Schuppe (Logik S. 123) gesagt worden ist. Das lebendige Urteilen ist fremd in der toten Logik. Eine sprachlich und logisch brauchbare Definition des Begriffs »Urteil« ist so wenig zu finden, als das lebendige Denken sich vom Sprechen abgrenzen läßt. Womöglich noch unfruchtbarer waren und mußten sein alle Versuche, Begriff und Urteil logisch sauber voneinander zu scheiden. Der

Begriff ist früher da als das Urteil, wenigstens in dem Sinne, wie im Schulunterricht und beim Schwätzen das Wort früher ist als der Satz. Aber wie bei der Sprachentstehung sicherlich der Satz seiner Analyse in Worten vorausging, so kann kein Begriff entstanden sein, wenn er nicht als Niederschlag von Urteilen entstand. Ich möchte das jetzt so ausdrücken: das Urteil besteht sprachlich aus Begriffen, der Begriff entsteht psychologisch aus Urteilen. Natürlich wechseln in diesem Satz Begriff und Urteil je nach dem allgemein psychologischen und nach dem besonders sprachlichen Gesichtspunkte sofort ihre Bedeutung. Und die Unsagbarkeit des Gedankens steigert sich noch, wenn wir uns darauf besinnen, daß es eine psychologische Wissenschaft anderswie als in Sprache nicht gibt, daß eben »psychologisch« kaum etwas anderes ausdrücken konnte als eine Beziehung zum lebendigen tatsächlichen Denken, zu der psychischen Tätigkeit des Denkens. Freilich hat ein seltsamer Reformator der Logik beklagt, daß die Schullogik sich »*nur* mit dem tatsächlichen Denken« befasse; ich meine aber, das nicht tatsächliche Denken gehöre weder zur materiellen noch zur psychischen Welt.

Die Undefinierbarkeit des Urteilsbegriffs hat nicht erst in den letzten Jahrzehnten dazu geführt, aus dem Urteil einen besonderen Akt des Beurteilens herauszudestillieren, der als Bejahung oder Anerkennung wieder aus der Logik herausfällt, weil Wahrheit ein unlogischer Begriff ist. Schon Occam läßt dem gesprochenen Urteile ein Mentalurteil vorausgehen, welches nullius idiomatis est. Dann findet sich schon bei Spinoza die Behauptung, daß ein Urteil mit jeder Wahrnehmung verbunden sei, was Helvetius zu der Phrase vergröbert: Juger est sentir. Und Hume sieht in der Energie der Wahrnehmung, und wohl darum im Glauben, the first act of the judgment.

Sowie wir aber den Zweck aller Logik, die Beziehung zur Wahrheit, an den Urteilsbegriff heran bringen, wird das Urteil noch problematischer. Logik wird zu einer ethischen Wissenschaft, die ein Sollen vorschreibt. Ein Sollen gibt es aber nicht in der Wirklichkeitswelt, sondern nur im Urteilen oder im Sprechen. Die sprachlosen Kreaturen sollen nichts. In der Welt des Besitzes steht dem Haben ein Soll gegenüber. In der interesselosen Welt des Seins steht dem Sein kein Sollen gegenüber. Nur weil wir etwas wie ein Sollen in unsere Urteile hineinlegen, darum ist das Gefühl der Erwartung, die Zuversicht auf die Wahrheit, so oft mit der Tätigkeit des Urteilens verbunden. Und weil somit das Urteil sich immer mehr von der Logik entfernt, je genauer man es betrachtet, darum hat Schopenhauer doppelt recht mit seinem Worte: »Schließen ist leicht, urteilen schwer.« Schwer ist eben nur das Urteilen vor dem Begriff; das Urteilen aus dem Begriff ist so leicht wie das Schließen.

18 Kategorie des Wortes

Der Wortaberglaube ist ganz gewiß eine notwendige Folge der menschlichen Denkweise. Tiefer als die anderen Kategorien des Verstandes, durch welche wir nach Kant die Welt zu betrachten gezwungen sind, steckt im menschlichen Gehirn, was ich die Kategorie des Wortes nennen möchte. Denn das sogenannte Denken ist an das Wort, als das einzige Merkzeichen aller Erinnerungen, unlöslich gebunden.

Der Wortaberglaube ist unausrottbar. Der Beweis dafür ist leicht zu führen. Die Kraft eines einzelnen Menschen reicht nicht aus, um die vielen Tausende von Worten *nachzuprüfen,* in denen er sein geistiges Erbe, den Schatz aller Erinnerungen seiner Vorfahren, das heißt die zusammenfassenden Merkzeichen von Billionen von Empfindungen empfangen hat. Was der einzelne aber nicht selbst, das heißt an seinen eigenen Empfindungen nachgeprüft hat, das nimmt er auf Treu und Glauben hin; er muß also damit rechnen, daß er ungezählten Aberglauben mit in Kauf genommen hat. Auch der freieste Forscher kann sich vom Wortaberglauben nicht befreien, weil er nur auf dem engen Gebiete seiner eigenen Beobachtungen von seiner Sprache sagen kann, daß sie *seine* Sprache sei. Dieses ganze Buch ist der Befreiung vom Wortaberglauben gewidmet, und dennoch wimmelt es ganz gewiß von Wortgespenstern, an deren relativen Wert ich irrtümlich geglaubt habe.

Viel brutaler und naiver noch ist der religiöse Aberglaube an die Macht des Wortes, wie er noch heute in den Besprechungen der Kurpfuscher und der Gesundbeter nachweisbar ist. Die Inder waren darin noch konsequenter, da sie im Worte (vâk, lat. vox) eine Gottheit erblickten. Der Donner (das Wort oder die Stimme κατ' ἐξοχην) war die Ursache des Regens. Es finden sich in den indischen Liturgien Stellen, aus denen der vielgedeutete, eigentlich bedeutungslose Anfang des Johannesevangeliums »Im Anfang war das Wort« einfach herübergenommen zu sein scheint.

Die Personifikationslust der Inder blieb bei der Vergöttlichung des Wortes nicht stehen. Auch die Bedeutung des Wortes, der Gedanke (manîshâ), wurde zur Gottheit, wobei freilich nicht zu vergessen ist, daß die Alten, Inder wie Griechen, noch nicht abgerichtet waren, ihre Götter immer feierlich zu denken. Und wenn die griechische μουσα wirklich identisch ist mit dem manîshâ, wenn musa Gedanke oder Lied bedeutet, so wäre es ganz hübsch anzunehmen, daß Homeros noch eine ganz realistische, unheilige Nebenvorstellung dabei hatte, wenn er sein Gedicht anfing: »Nenne den Mann mir, mein Lied.«

19 Wortaberglaube

Platon und andere gute Philosophen des Altertums berufen sich oft auf Verse des Homeros, als wenn der Dichter eine Autorität für die Wirklichkeit wäre. Die Verse sind ihnen nicht schmückende Zitate, auch nicht moralische Stützen ihres Beweises, sondern wirklich etwas wie Lehrsätze. Man ist heute feiner geworden. Aber die Worte, die das Volk sich in seiner Not oder in seinem Aberglauben erfunden hat, werden immer noch so behandelt, als ob das Dasein eines Worts ein Beweis für die Wirklichkeit dessen wäre, was es bezeichnet.

Wie eine Parodie auf die Entstehung der Sprache mutet uns das Allerweltswort »bedeuten« an. Von dem ursprünglichen Sinne »durch Hindeutung etwas veranlassen«, z. B. einem etwas zu tun bedeuten, ist es mit der Zeit eine Bezeichnung geworden für alle Fälle, in denen auf etwas anderes, Fremdes, Ungenaues hingedeutet wird. Durch Metaphern hat sich die Sprache entwickelt, dadurch also, daß ein Wort gelegentlich etwas anderes bedeutete, als es bedeutete. Jetzt versteht man unter »bedeutend«, was von Wichtigkeit ist; noch Goethe, der das Wort sehr liebte, versteht unter bedeutend etwa so viel wie bezeichnend, charakteristisch. Es wäre gut, das viel mißbrauchte Wort auf Erklärung von Metaphern einzuschränken; in dem Satze z. B. »sie zählte siebzehn Lenze« bedeutet Lenze Jahre.

Der menschliche Aberglaube besaß aber an »bedeuten« ein vortreffliches Wort für dies Hindeuten eines Zeichens auf ein künftiges Ereignis oder auf eine verborgene Tatsache; und weil er das Wort hatte, so gebrauchte er es. Versteckte sich doch hinter den Naturerscheinungen die Macht von Göttern, welche mit Zeichen und Wundern Künftiges und Verborgenes mitteilten, so wie die Priester durch Worte Künftiges und Verborgenes enthüllen. Man fragte also: Was bedeutet dieses Erdbeben? Was bedeutet diese Mißgeburt? Was bedeutet dieser Komet?

Heute ist man furchtbar aufgeklärt und überläßt Erdbeben, Mißgeburten und Kometen der Naturforschung. Findet man aber irgendwo im Sprachgebrauche ein altersschwaches Wort, das man nicht mehr versteht, so fragt man mit dem gleichen Aberglauben: Was bedeutet Seele? Was bedeutet Vernunft? Was bedeutet Stoff? Als die Geologie noch lehrte, Gott habe die Felsen geschaffen und die Abdrücke von Pflanzen und Tieren gleich mit hineingeschaffen, da fragte man: Was bedeuten diese Naturwunder? Jetzt erklärt man die Abdrücke von Pflanzen und Tieren aus der Entstehung der Erde und der Entwicklungsgeschichte der Arten und fragt: Was bedeutet Entwicklung?

Die meisten Menschen leiden an dieser geistigen Schwäche, zu glauben, weil ein Wort da sei, müsse es auch das Wort für etwas sein; weil ein Wort da sei, müsse dem Worte etwas Wirkliches entsprechen. Wie wenn jede Verwitterung in einem Steine der Abdruck einer Pflanze sein müßte! Oder wie wenn zufällig von einem Narren hingekritzelte Linien immer ein auflösbares Rebus sein müßten!

Ja es wird die Sprache allgemein so gebraucht. Nicht nur gemeine Leute und die – wie man sagt – Halbgebildeten schnappen unverstandene neue oder fremde Worte auf, um sie beim Sticken ihrer Geschwätzmuster ziervoll oder geziert anzubringen, sondern auch Gelehrte und Forscher und Denker haben seit jeher an alten, verwitterten Wortlauten herumgedeutelt, um ein Rätsel zu lösen, das sie hineinfragten. Man hat einst in den Zeichnungen einzelner Blüten wie in den Skeletten von Fischköpfen Rebusse zu finden und zu lösen geglaubt. Das waren aber doch noch halbbewußte Spielereien. Man hat uramerikanische Zieratlinien mit Hilfe hebräischer Charaktere deuten wollen. Das waren Narreteien. Man hat aber von jeher – und man tut es noch – das angestrengteste Denken lebendiger Menschen, d. h. die Assoziationen ihrer lebendigen Erfahrungen, angewandt auf längst verklungene Wortreste verstorbener Geschlechter, man hat von jeher mit den Säften lebendiger Verdauungsorgane die Exkremente der Ahnen zu neuer Nahrung verwandeln wollen. Und da tut man doch nichts anderes, als wenn man durchaus einen Rebus lösen wollte, der gar keiner ist, oder dessen Sprache man nicht versteht. Wie z. B. wenn ganz moderne Forscher immer noch die Seele, den Zweck, den Organismus, das Leben, den Tod, oder aber die Sprache, die Kategorien, die Wurzeln zu definieren suchen, bloß weil die Worte vorhanden sind.

Übrigens muß ein ausgemachter Tor gewesen sein, wer das Spielzeug der Rebusse in unsere Unterhaltungsblätter einführte. Schön wäre es freilich, mit Tatsachen zu reden anstatt mit Worten, rebus anstatt verbis. Aber der Rebusrater versimpelt nur die bequeme Buchstabenschrift. Ich glaube im Ernste, daß es Geisteskranke sein müssen, die unsere entsetzlichen Rebusse (Scherze ausgenommen) verfassen; und daß es nur Kinder sind, welche – nach alter Zusammengehörigkeit – sich mit den Werken dieser Narren abgeben.

Noch weit mehr als im gemeinen Sprachgebrauch wird in den Wissenschaften ein Fetischismus mit Worten getrieben; wie denn auch der Theologe, der aus dem Gespenst des

Volksaberglaubens ein System baut oder es auch nur weiter trägt, ärgeren Fetischismus treibt, als der einfache Bauer, der bloß an das Gespenst glaubt.

Wie wir nun leichter geneigt sind, die Theologen des Mittelalters oder die Theologen der Menschenfresser für Systematiker toten Wissens zu halten, als etwa die gegenwärtigen Professoren der Theologie, so sehen wir auch deutlich, daß in der Geschichte der Wissenschaften mit jetzt veralteten Begriffen Schwindel und Götzendienst getrieben worden ist, wollen aber nicht leicht dasselbe von den höchsten Begriffen der augenblicklichen Wissenschaft annehmen. Und doch ist die Personifikation oder Deifikation heute dieselbe wie zu alten Zeiten. Die einzelnen »Kräfte« spielen heute dieselbe Rolle, wie einst die qualitates occultae. Und wenn die Gelehrten auch, mit der Nase darauf gestoßen, den Fehler der Personifikation leugnen, so denken sie doch, sobald sie sich unbeobachtet glauben, in dieser kindlichen Weise weiter. Für den Arzt sind die einzelnen Krankheiten persönliche Kräfte, trotz Virchow, Personifikationen, die er bekämpft. Für den Naturforscher werden die Arten zu Personifikationen, trotz Darwin, wenn man es auch nicht zugeben will. Noch sichtbarer wird der Fehler da, wo die Selbstwahrnehmung unkontrollierbar die Grundvorstellungen abgibt. In der Psychologie wimmelt es von Personifikationen. Der menschlichen Seele werden z. B. drei Personifikationen unterschoben: der Verstand, die Vernunft und die Phantasie. Auch sonst freie Köpfe können sich – trotz ihrer eigenen besseren Einsicht, die im Einleitungs- oder im Schlußkapitel oder sonst an einer schicklichen Stelle kund gegeben wird – nicht leicht von dem Bilde frei machen, daß jede dieser Untergottheiten einer bestimmten Tätigkeit der Seele vorstehe, wie ein Abteilungsvorstand im Ministerium. Es ist genau derselbe Prozeß, wie etwa die Griechen für die großen Gebiete des Lebens sich besondere Schutzgottheiten deifizierten und wie sie dann für kleinere Abteilungen Spezialnymphen, wie Dryaden und Oreaden, personifizierten.

Der Begriff eines pantheistischen Gottes ist um nichts metaphorischer als der Begriff eines monotheistischen oder eines polytheistischen Gottes. So hat im Volksleben der Begriff der Souveränität sich zuerst das Oberhaupt des Stammes, dann den König der Volksgenossenschaft und dann die Gesamtheit des Volkes selbst zum Träger ausgesucht; die Souveränität war aber doch nur das Bedürfnis aller, sich gegen die Bestialität des einzelnen zu schützen. Patriarchie, Monarchie und Demokratie (Panarchie) waren verschiedene Formen des gleichen Bedürfnisses. Der große Irrtum des Anarchismus besteht darin, daß er die Bestialität der Menschen nicht sieht, daß er das Bedürfnis des Zwangs leugnet, daß er dieses Bedürfnis darum überwunden zu haben glaubt, weil er die logischen Grundlagen und die Legitimität der einzelnen Herrschaftsformen erschüttert hat. In der ersten modernen Demokratie (Panarchie) kam auch der systematische Pantheismus auf.

20 Künstliche Sprachen

Bald sind fünfunddreißig Jahre vergangen, seitdem der Schweizer Pfarrer Schleyer das Volapük erfand, die neue Universalsprache, die dem kleinen praktischen Verkehre der Völker bequem dienen und nebenbei so ungefähr den ewigen Frieden auf Erden herstellen sollte. In der Öffentlichkeit beschäftigte man sich mit dieser Utopie lebhafter als jemals vorher mit dem Traumbuche einer Weltsprache. Fanatische Bewunderer betrieben die Propaganda, und der Spott der Witzblätter hielt die Propaganda nicht auf. Nach Art pietistischer Konventikel entstanden viele Volapükvereine, seltsamerweise am häufigsten unter den Franzosen, die doch sonst keine Neigung zeigen, fremde Sprachen zu lernen. Vielleicht imponierte ihnen die revolutionäre Schmucklosigkeit. Dabei war das Volapük beinahe zur Hälfte, unerkennbar und ungeschickt genug, dem englischen Sprachschatze entnommen. So sollte zum Beispiel der Name Volapük selbst den beiden englischen Worten world und speak entsprechen und darum »Weltsprache« bedeuten. Genug, in den romanischen Ländern fanden sich viele idealistische Handlungsjünger, die einige Wochen an das Studium der künstlichen Sprache wandten, und zehn Jahre nach der Erfindung sollen (den Angaben von Enthusiasten ist selten zu trauen) 13 000 Personen sich des Volapük in einer internationalen Handelskorrespondenz bedient haben. Heute ist von der ganzen Bewegung kaum mehr übrig geblieben als das Wort oder die Lautgruppe »Volapük«. Unzählige Menschen, die vorher und nachher niemals eine Nachricht vom Traume einer Universalsprache erhalten haben, kennen das Wort Volapük und stellen sich darunter etwa den Einfall eines Narren vor, der die gewordenen und gewachsenen Kultursprachen der Menschheit durch ein elendes Surrogat eigener Mache verdrängen wolle.

Ganz so einfach närrisch liegt die Sache nicht. Es steht um die Universalsprache genau so wie um andere Utopien, wie um den ewigen Frieden der Frau v. Suttner, wie um den Zukunftsstaat von Bellamy, wie um die Mondreise von Cyrano de Bergerac. Immer ist das letzte Ziel schön und preisenswert; immer ist die Kritik der bestehenden Zustände berechtigt. Nur eine Kleinigkeit steht in Frage: ob es einen gangbaren Weg zum Ziele gibt, ob die Strecke zwischen Erde und Mond passierbar ist. Im allgemeinen kann man wohl sagen, daß es die besseren Menschen sind, die Glaubenskraft genug besitzen, um an die Verwirklichung des vernünftigen Zukunftstaates und des ewigen Friedens, an die Mondreise und an die Herrschaft einer Universalsprache zu glauben. Zu diesen besseren Menschen zähle ich leider nicht.

Ich muß noch Schlimmeres bekennen. Ich glaube an Verbesserungen der gegenwärtigen Zustände, an wertvollere oder wertlosere Annäherungen zum vernünftigen Zukunftstaate, ich glaube an kriegsfeindliche Einrichtungen unter einigen abendländischen Völkern, ich glaube an ein Luftschiff der Zukunft, das sich lenkbar dem Monde um tausend Meter oder etwas mehr nähern wird. Ich glaube aber nicht, daß die künstlichen Universalsprachen auch nur die kleinste Hoffnung erfüllen werden, die ihre Erfinder und Anhänger auf sie setzen. Ich glaube weder an Volapük noch an *Esperanto* (noch an Ido, das verbesserte Esperanto), weder an Pfarrer Schleyer noch an Doktor Samenhof. Die Fanatiker der Universalsprache üben eine berechtigte Kritik an den vorhandenen Volksprachen, und der Gedanke an eine gemeinsame Sprache aller Menschen darf sich mit Recht ein Ideal nennen; nur daß weder die Kritik noch das letzte Ziel sich an Wert oder Bedeutung mit sozialer Kritik, mit sozialen Idealen vergleichen dürfen. Ich will das an je einem Punkte klar zu machen suchen und hoffe, jeden zu überzeugen, der kein Fanatiker ist.

Die Kritik der bestehenden Volksprachen ist längst von der Sprachwissenschaft selbst geübt worden. Alle Menschensprachen, die Kultursprachen sowohl wie die Sprachen der sogenannten Wilden, haben sich irrationell, unvernünftig entwickelt. Der Wortvorrat bildet bei keinem Volke einen übersichtlichen wissenschaftlichen Bau; das Wörterbuch deckt sich nicht mit der wissenschaftlichen Erkenntnis der Wirklichkeit. So lassen sich zum Beispiel die Pflanzennamen der Volksprachen nicht für eine systematische Botanik, die Namen der Gesteine nicht für eine systematische Mineralogie, die Namen der Stoffe schon gar nicht für eine systematische Chemie verwenden. Darum hat man auf diesen Gebieten künstliche internationale Sprachen schaffen müssen; man hat entweder die tote lateinische Sprache weiter gebildet oder eine neue Zeichensprache erfunden. Ebensowenig deckt sich die Formenlehre der bestehenden Sprachen, die Grammatik, irgendwo mit den Forderungen einer philosophischen Formenlehre. Die eine Sprache ist mit überflüssigen Geschlechtsunterschieden belastet, die andere besitzt überflüssige Beugungsformen des Hauptworts und des Zeitworts, die dritte kann wichtige Beziehungen gar nicht besonders ausdrücken; und alle Sprachen ohne Ausnahme haben in ihren Formen Ungleichheiten und Unregelmäßigkeiten, die das Erlernen so ungemein erschweren. Das scheint mir aber gerade der Punkt zu sein, der die Fehler der Sprachen von den Fehlern unserer sozialen Zustände wesentlich unterscheidet. Unter gesellschaftlichen Mißständen leiden unzählige Menschen, unter der Mangelhaftigkeit der Sprachen leiden nur Sprachphilosophen. Es gibt auf der Welt mehr Arme als Sprachforscher. Darum ist eine Gesundung der Grammatik keine so dringende Aufgabe wie etwa eine gute Fabrikgesetzgebung.

Noch weniger dringend ist die Aufgabe, allen Menschen eine gemeinsame Sprache zu geben. Wir empfinden nicht mehr so kosmopolitisch, wie man an der Wende vom achtzehnten zum neunzehnten Jahrhundert empfand. Selbst Bebel hat schon vor manchen Jahren die Sehnsucht nach einem allgemeinen Völkerbrei deutlich als einen Irrtum bezeichnet. Wir denken nicht mehr zunächst an die Menschenrechte, wenn wir es mit Chinesen oder mit Hereros zu tun haben. Die Menschenverbrüderung ist seit hundert Jahren immer unklarer geworden, der Begriffswert des Wortes ist zurückgegangen. Und damit mußte natürlich auch das Ansehen einer Weltsprache als eines Mittels zur Menschenverbrüderung beträchtlich sinken. Es war kein rechter Zweck mehr da, das Mittel zu heiligen. Dazu kam noch eins. Wie der Kosmopolitismus sich abschwächte, erstarkte die Nationalitätsidee. Die Liebe zur eigenen Heimat, die Liebe zum eigenen Volke ist aber wesentlich auch Liebe zur Muttersprache. Wir lieben unsere Muttersprache, deren Erlernung uns nicht schwer geworden ist, deren Mängel wir nicht sehen und hören. Wir lieben sie viel leidenschaftlicher als wir gewöhnlich wissen. Wir lieben sie mit Sehnsucht und Eifersucht. Die bequeme und leichte Universalsprache können wir achten, würdigen, aber wir können sie ebensowenig lieben, wie wir ein sauberes Skelett zu umarmen wünschen.

Der Erfinder des neuen Volapük, des Esperanto, war oder ist ein kluger Mann. Er wußte, was man der Einführung einer Weltsprache entgegenhalten konnte, und nannte darum sein Kunstprodukt bescheidentlich eine »internationale Hilfsprache«. Die bestehenden Volksprachen sollen nicht abgeschafft werden. Doktor Samenhof ist ein gnädiger Herr. Der Deutsche, der Franzose, der Engländer usw. soll in seinem Lande die Muttersprache weiter reden dürfen. Aber der Kaufmann, der Gelehrte soll nicht mehr nötig haben, drei, vier oder mehr Kultursprachen neben seiner Muttersprache zu verstehen. Jedes Volk lernt neben seiner Muttersprache nur noch das neue Volapük des Doktors Samenhof und allen ist geholfen. Die Literatur jedes Volkes wird in das neue Volapük übersetzt (später vielleicht im neuen Volapük geschrieben) und jeder Gelehrte in Frankreich und Deutschland, in Rußland und Japan, in Indien und in Amerika beherrscht alle Literaturen der Erde mit Hilfe des kinderleichten Volapük. Das ist so einfach wie die Kunst, eine Grube zu graben. Der andere braucht nur hineinzufallen.

Das Esperanto des Doktors Samenhof ist auch sonst verführerischer als das Volapük des Pfarrers Schleyer. Volapük sah keiner Menschensprache ähnlich. Esperanto klingt an die bekanntesten Sprachen an. Wortstämme und Bildungssilben sind verbreiteten Kultursprachen entlehnt, und die Worte, die den Europäern ohnehin gemeinsam sind, werden einfach herübergenommen, weil sie ja doch den Beginn einer Universalsprache darstellen. Aus diesem Grunde ist es keine Flunkerei, wenn die Prediger des Esperanto behaupten, man lerne es in der kürzesten Zeit verstehen. Wer einfache Esperantosätze ganz unvorbereitet zur Hand nimmt, glaubt eine verrückt gewordene romanische Sprache vor sich zu haben und errät auf den ersten Blick, um was es sich ungefähr handelt. Eine Stunde genügt, um die primitive Grammatik – für eine Stunde – im Gedächtnis zu behalten. So ist es in der Tat möglich, ohne die Anstrengung, die das Erlernen einer lebenden Sprache erfordert, zum Verständnis des Esperanto zu gelangen. Ich bilde mir gar nichts darauf ein, daß ich nach wenigen Stunden imstande war, einen kleinen Aufsatz einer esperantistischen Zeitschrift zu lesen und zu verstehen. Unsere Schulkinder bringen das mit ihren Geheimsprachen ebensogut fertig. Die Frage ist nur, ob der Schüler beim Erlernen des Esperanto weiter so fortschreiten kann wie in den ersten Stunden.

Eine Antwort ist gar nicht nötig, weil zwei noch ernstere Fragen die erste überflüssig machen. Verdient das Esperanto überhaupt den Namen einer Sprache? Und hat das Esperanto, wenn es überhaupt eine Sprache ist, irgendwelche Aussicht, zur internationalen Hilfsprache oder zur Universalsprache zu werden? Man wird mir zugeben, daß auch die geringste Mühe Zeitverschwendung wäre, wenn sie einer verlorenen Sache gälte. Und so muß ich hart und scharf meine Überzeugung aussprechen, daß das Esperanto eigentlich gar keine Sprache ist, und daß eine künstliche Sprache niemals fähig sein wird, die gewordenen Sprachen zu ersetzen.

Esperanto ist ebensowenig wie Volapük eine vollkommene, eine philosophische Sprache, die ja auch einmal von einem englischen Bischof wirklich erfunden und von Leibniz gelobt worden ist. Eine solch vollkommene Sprache ist unmöglich. Ich möchte nicht die Aufgabe lösen, diese Unmöglichkeit mit wenigen Zeilen beweisen zu sollen. Aber Esperanto ist ebensowenig wie Volapük überhaupt eine Sprache. Eine Sprache muß leben zwischen den Genossen eines Volkes, zwischen den Menschen. Ein Volk braucht noch keine 13000 Seelen zu zählen und kann dennoch eine eigene Sprache besitzen. Gewiß! Die fleißigen Herren jedoch, die den Sport erfunden haben, einander volapükische oder esperantische Briefe zu schreiben, sprechen keine neue Sprache. Nur Spielregeln für ein neues Schreibespiel haben sie erfunden. Der Einfall, aus diesem Schreibespiel eine Weltliteratur von Übersetzungen hervorgehen zu lassen, ist abenteuerlich. Um nur das Tollste herauszuheben: Es lebt außer dem Erfinder niemand auf der Welt, bei dem man anfragen könnte, wie das oder jenes in Esperanto auszudrücken wäre. Ein großes Wörterbuch Esperanto–Deutsch ist erst in Vorbereitung; ebenso ein Wörterbuch Französisch–Esperanto. Wie mag da wohl die angezeigte esperantische Hamlet-Übersetzung zustande gekommen sein? Ein großes Wörterbuch Englisch–Esperanto finde ich nirgends erwähnt. Ich werde den skurrilen Verdacht nicht los, daß Dr. Samenhof während des Übersetzens den nötigen Vorrat an Worten erst erfunden haben mag. Und nachher sollen diese Zufallsworte des Augenblicks Bestandteile einer Weltsprache der Zukunft bilden!

Und weil Esperanto überhaupt keine Sprache ist, darum werden sich immer nur Sonderlinge, nicht aber ganze Völker bereit finden, es als zweite Sprache anzuerkennen und es in den Schulen lehren zu lassen. Sollte sich irgendwo ein Unterrichtsminister finden, revolutionär genug, das unverbesserliche Esperanto oder das verbesserte oder das ältere Volapük in den Volksschulen einzuführen, so proklamiere ich für die gesamte Schuljugend dieses Staates das Recht auf Revolution.

21 Sprache und Volk

Ist nun also die Forderung einer künstlichen Weltsprache ein unerfüllbarer und wüster Traum, ist dagegen durch die unabsehbare Übersetzungstätigkeit (unübersehbar in den Büchern, zehnmal unübersehbarer in den Zeitungen) wirklich eine gemeinsame Seelensituation der Kulturvölker, und oft weit über die hinaus, im Entstehen und im Wachsen begriffen; darf ich die Schlagworte dieser Weltseelensituation als Elemente einer heimlichen Weltsprache auffassen: so ist dabei des wichtigsten Umstandes noch gar nicht gedacht, einer Tatsache, über die der Fuß des wandernden Forschers unaufhörlich schreitet und stolpert, an der die Wissenschaft der Forscher trotzdem blind oder teilnahmslos vorübergegangen ist. Ich meine die Tatsache: daß jetzt nur schnell geschieht, was einst langsam geschah, daß ein Volk vom andern nur verhältnismäßig wenige Namen und Dingworte unverändert bezieht, als sog. Fremdwörter, die allmählich zu Lehnwörtern werden können, daß aber die gemeinsame Seelensituation der Kulturvölker, insoweit sie trotz Mord und Krieg vorhanden ist, herbeigeführt worden ist durch den gemeinsamen Besitz von Erfindungen und Entdeckungen, von Kenntnissen und von Scheinkenntnissen, von Ideen, Abstraktionen, Göttern und Fetischen. Durch den gemeinsamen Besitz von Begriffen, die gemeinsam sind wie die chinesischen Schriftzeichen, auch wenn sie bei verschiedenen Völkern an verschiedene Lautgruppen geknüpft sind. Die gemeinsamer Besitz geworden sind durch das weltumspannende Netz einer Bande, die endlos Diebstahl und Entlehnung treibt. Einer Bande von ehrlichen und unehrlichen Leuten, von genialen Erfindern und gierigen Marodeurs, von ganz großen Philosophen und ganz kleinen Zeitungsschreibern, einer Bande, von deren Mitgliedern ein jedes sein winziges Gewerbe treibt, durch Ideen- und Worthandel sein armes Dasein fristet, einzig und allein an die Verwandlung von Ideen und Worten in Nahrungsmittel denkt, von einer Bedeutung der Sprache für soziale Zwecke oder gar für internationale Zwecke nichts träumt und nichts ahnt, dennoch aber ahnungslos und schlafbefangen mitarbeitet an dem großen Werke, an der Herstellung einer internationalen Seelensituation, an der Befreiung des einzelnen von dem Egoismus der Völker.

Wer erkennen will, wie stark diese meine Lehre von dem abweicht, was auf den meisten Hochschulen Europas von hundert Kathedern gelehrt wird, der achte freundlichst auf eine Kleinigkeit. Man spricht vom Volke, sehr viel sogar. Nicht nur in der Politik, sondern auch in der Wissenschaft. Was aber das Volk oder ein Volk sei, darüber gehen die Wortdefinitionen gar sehr auseinander, die seit Kants Anthropologie immer volkshöflicher, aber nicht besser geworden sind. So ungefähr wird freilich allgemein behauptet: Volk sei eine durch gemeinsame Abstammung, Sprache und Sitte vereinigte Menschenmenge. Ich will mich mit dem Lachen über die versteckten Tautologien dieses Satzes nicht aufhalten. Der Satz, den man so oder ähnlich überall lesen kann, enthält einen viel gröberen logischen Schnitzer. Der ehrwürdige Kant, der auch als Greis noch lange ein Meister der Kritik blieb, sagt vorsichtig, leider freilich auch tautologisch genug: »Unter dem Wort *Volk* versteht man die in einem Landstrich vereinigte *Menge* Menschen, insofern sie ein *Ganzes* ausmacht« (Werke A. d. Akad. Bd. VII, S. 314). Köstlich, dieses »insofern«. Kant hütet sich, die schon damals landläufigen Kennzeichen zu wiederholen, an denen man das Volktum der Menge, ihre Einheitlichkeit erkennen könnte. »Gemeinsame Abstammung, Sprache und Sitte.« Das klingt selbstverständlich, zweifellos und logisch. Die Deutschen bilden ein deutsches Volk, weil alle deutschen Menschen gemeinsame Abstammung, Sprache und Sitte haben. Aus dem gleichen Grunde bilden die Franzosen das französische Volk, die Engländer das englische Volk. Man braucht nicht eben tiefe historische Studien gemacht zu haben, um zu wissen, daß das mit der gemeinsamen Abstammung der Volksgenossen einfach unwahr ist, das von der gemeinsamen Sitte mindestens zweifelhaft. Ich verzichte darauf, erst noch beweisen zu wollen, was jedermann weiß, der noch so kurz sich mit der Geschichte des deutschen, des französischen, des englischen Volkes beschäftigt hat, der noch so kurzsichtig eines der Länder zwischen Süden und Norden bereist hat. Ganz vortrefflich hat, trotzdem eine Tendenz ihn leitet, Jean Finot die Legende von der Abstammungs-Psychologie bekämpft in seinem Buche »Das Rassenvorurteil«.

»Volk« bezeichnete wohl ursprünglich, jetzt noch in mancher dichterischen Verwendung, eine Kriegerschar. »Jünger ist die uns jetzt als eigentliche Bedeutung erscheinende Verwendung für einen politischen Verband, noch jünger die für eine durch Gemeinsamkeit der Sprache zusammengehaltene Gruppe.« (Paul, Deutsches Wörterbuch.) Mich will bedünken, daß dieser jüngste Bedeutungswandel des jungen Wortes recht allgemeine Ausbreitung gefunden hat. Wenn es jetzt als ein Synonymum von Nation auftritt, so ist das nur eine Folge der neuesten politischen Umwälzungen. Bis zum Jahre 1870 konnte man unter dem deutschen Volke gar nichts anderes verstehen als die Menge mit gemeinsamer deutscher Sprache. Ganz leise haftet dem Worte übrigens die levis macula des »niederen« Volkes an, vielleicht doch eine Erinnerung an vulgus. Nation ist vornehmer, ist überdies international. Und wenn die Abkunft »Volk von vulgus« unsicher ist, so ist es um so gewisser, daß natio von nascor herkommt, zuerst die Geburt oder Abstammung bedeutete, dann die angeborene Art, den Schlag von Mensch oder Vieh und endlich das Volk von gemeinsamer Abstammung, Sprache und Sitte. So weit reicht der Glaube zurück, daß ein Volk einen gemeinsamen Stammvater haben müsse.

Aber der logische Schnitzer in der landläufigen Definition sagt noch mehr aus als diesen Irrtum. Abstammung, Sprache und Sitte werden da einfach koordiniert, als ob es gar nicht anders sein könnte, als ob eine besondere Göttin Natio, die Cicero einmal genannt hat, es den Völkern als ein Schicksal auferlegt hätte, gemeinsame Abstammung, Sprache und Sitte zu haben. Der gefährliche logische Schnitzer steckt nun darin, daß die Koordination von Abstammung, Sprache und Sitte auch dann noch überall beibehalten wurde, als die lange Arbeit der Geschichte, Philologie und Sprachwissenschaft die Koordination in eine Subsumption umgewandelt hatte, als von allen Lehrstühlen das Dogma verkündet wurde, die Gemeinsamkeit von Sprache und Sitte sei eine Folge der gemeinsamen Abstammung.

Zum Dogma wurde diese Lehre, die als unwissenschaftliche Wahrscheinlichkeit eigentlich immer beim »gemeinsam abstammenden« Volke geherrscht hatte – zum Dogma wurde diese Lehre doch erst durch das viel umfassendere Dogma von der Abstammung der Sprachen, von der Sprachverwandtschaft. Nach diesem weitern Dogma läßt eine auffallende Ähnlichkeit verschiedener Sprachen auf gemeinsame Abstammung dieser Sprachen schließen (was nur ein Bild ist) und auf gemeinsame Abstammung der Völker (was kein Bild ist).

22 Muttersprache und Vaterland

Wir haben gelernt, daß die Sprache eines Volkes sein Sensorium ist, wie das Gehirn das Sensorium eines Individuums. Wir haben eingesehen, daß ein künstliches Sensorium zwischen den Völkern, eine künstliche Weltsprache nicht möglich ist; wir haben aber, meine ich, nun doch erfahren, daß die gemeinsame Seelensituation der Kulturvölker durch die gemeinsame Weltanschauung der Kultursprachen (die sich in einem ungeheuern Netze von Lehnwörtern und Lehnübersetzungen äußert) doch auch ein soziales Band zwischen den Völkern herstellt. So haben wir viel gewonnen für die Beziehung von Sprache und Sozialpsychologie; wenn wir aber jetzt zur Volksprache zurückkehren, so glauben wir plötzlich, etwas Kostbares verloren zu haben: die Eigenheit, die Einzigkeit, die Unvergleichlichkeit unserer lieben Muttersprache. Auf die Abstammung von einem gemeinsamen Stammvater, auf Bluteinheit und Blutreinheit als Quelle unserer stärksten sozialen Triebe (Patriotismus von pater) haben wir verzichten müssen. Ein Volk ist nur noch, was eine gemeinsame Sprache spricht.

Mit dem Staate hat ja unsere Untersuchung nichts zu schaffen. Der Staat mag verschiedene Sprachvölker vereinigen, mag Sprachvölker auseinanderreißen. Er ist ein künstliches Gebilde, wenn er nicht genau mit den Grenzen eines Volkes zusammenfällt. Auch dann ein künstliches Gebilde, wenn er ein so erfreuliches Gebilde ist wie die Schweiz. Was im Volke ein gemeinsames Sensorium hat, das ist sozial. Die Raison des Staates ist nicht sozial. Wenn der Staat vor hundert Jahren die Dummheit begangen hat, einen Teil eines fremden Volksstammes zu unterwerfen (es war eine Dummheit vom Staate, auch wenn es ein Machtzuwachs für die Dynastie war), so wird diese Dummheit hundert Jahre später zur Raison, zur Raison des Staates. Nur in diesem Sinne hat Hegel recht mit seinem berühmten Satze, der sonst entweder die Wirklichkeit oder die Vernunft schänden würde: Was wirklich ist, das ist vernünftig. Der Staat ist sittenlos, weil er keine Sprache hat. Der Staat ist nur wirklich, nur vernünftig. Es gibt auch kein Wort »Staatsliebe«. Patriotismus oder Vaterlandsliebe ist die Liebe zum eigenen Volke, ist die Liebe zur eigenen Muttersprache.

Nun aber haben wir erfahren, daß die Muttersprache eines Volkes, die Gemeinsprache, nicht so entstanden ist, wie der einfache Landmann sich das vorstellt: »die Italiener sagen cavallo, wir aber sagen Pferd, und es ist auch ein Pferd«. Auch nicht so entstanden, wie die Poeten der Sprachwissenschaft es hundert Jahre lang geträumt haben, durch wurzelreine Abstammung von einer Ahnensprache. Daß die Weltanschauung, welche in der Volksprache niedergelegt ist, zusammengerafft und zusammengeborgt worden ist von allen Erdenvölkern, die im Laufe der Jahrtausende an dem gearbeitet haben, was jede Gegenwart für den Gipfel der Kultur hielt, was auch unsere Gegenwart Kultur nennt. Etwas Kostbares ist verloren gegangen: der Glaube an die Eigenheit, an die Persönlichkeit, an das Ich der Muttersprache. Die Frage stellt sich von selbst: wie kann der einzelne noch Gut und Blut hingeben aus Vaterlandsliebe, die nur Liebe zur Muttersprache ist, wenn nur der Körper dieser Sprache Eigenbesitz des Volkes ist, nur der Laut, wenn die ungeheure Summe der Vorstellungen von Kunst und Wissenschaft, von Sitte und Recht zusammengeholt ist aus dem herrenlos gewordenen Eigenbesitz fremder, barbarischer, tyrannischer, gehaßter oder verachteter Völker?

Ich sehe da eine Antinomie, der ich um so weniger eine Lösung weiß, als ich in mir selbst besonders stark das Bewußtsein finde von der Zufallsgeschichte meiner Sprache und zugleich besonders stark die Liebe zu dieser Muttersprache.

Eine Lösung, eine Antwort weiß ich nicht. Vielleicht aber eine Mahnung, die den nicht erschrecken wird, der sich freikämpfen möchte nicht nur von den einzelnen Worten seiner Sprache, sondern von der Sprache selbst. Es ist nicht Ängstlichkeit, wenn ich mich vorher auf Lessings unpatriotisch »weltbürgerliches« Wort berufe, daß ihm »Liebe des Vaterlandes aufs höchste eine heroische Schwachheit scheine, die er recht gern entbehre«. (An Gleim, 14. 2. 1759.)

Ich habe in meiner »Kritik der Sprache« nachzuweisen gesucht, daß auch das individuelle Ich eine Illusion ist, daß das Ichgefühl eine Täuschung ist. Ich füge übrigens jetzt hinzu, daß diese Vorstellung nicht so ganz neu war, wie ich glaubte. Die Lehre des Buddha kannte sie schon. In der Milindapanha wird an dem einfachen Beispiel eines Wagens gezeigt, daß das Wesen, das Selbst, das Ich nichts Bleibendes sei. Doch mit einem ungleich schöneren Gleichnis wird in demselben Buche das Ichgefühl für eine Täuschung erklärt. »Ist, o Großkönig Milinda, die Flamme in der ersten Nachtwache dieselbe wie in der zweiten?« Ich finde das Gleichnis von der Lampe herrlich. Der Mensch lebt wie die Lampe brennt. Ist aber die Flamme der ersten Nachtwache dieselbe wie die der zweiten?

23 Zusammenfassung der Sprachkritik

Sicherlich muß ich in dieser Niederschrift auch das Wagnis unternehmen, die Grundgedanken meiner »Kritik der Sprache« in wenigen Sätzen zusammenzufassen. Ein Wagnis wird es darum sein, weil ich doch vorher nicht fähig war, meine Ideen kürzer darzulegen als in den drei starken Bänden meiner »Beiträge zu einer Kritik der Sprache« und in den zwei noch stärkeren Bänden meines »Wörterbuch der Philosophie«. Es wäre vielleicht besser, die Anfertigung dieses Auszugs einem Fremden zu überlassen, denn ich bin so veranlagt, daß ich mich nicht einmal selbst abschreiben kann ohne den Wunsch, die Vorlage zu überwinden. Ich muß es aber doch wohl selber tun, unbekümmert darum, daß ich in dem knappen Raume nur Behauptungen aufstellen darf, auf Beweise und Begründungen verzichten muß.

Es gibt einen Parallelismus, der einen besseren Sinn hat, als der zwischen Seele und Leib: der Parallelismus von Denken und Sprechen. Eins und das andere eine Ordnung von Bewegungen oder Handlungen, von zwei verschiedenen Standpunkten aus gesehen. Wie wenn ich das eine Mal sage »der Hund jagt«, das andere Mal »der Hund läuft«; nicht die kleinste der Bewegungsänderungen des Hundes, der einen Hasen verfolgt, wird dadurch anders, daß ich es bald so bald so bezeichne. Die Sprache wie die Vernunft ist niemals wirklich als in den einzelnen Sprechakten und Denkakten; Sprache und Vernunft sind *zwischen* den Menschen, sind soziale Erscheinungen, sind eine und dieselbe soziale Erscheinung als wie die Sitte. Vielleicht auch nur: als wie eine Spielregel. So wenig wir eine übermenschliche philosophische Sprache kennen, so wenig wissen wir – wenn wir nur die Sehnsüchte der Mystik ausscheiden – von einer reinen Vernunft. Kritik der Vernunft muß Kritik der Sprache werden. Alle kritische Philosophie ist Kritik der Sprache.

Diese Kritik muß vom Sensualismus ausgehen. Denn nichts ist in den Begriffen unserer Sprache, was nicht zuvor in unseren Sinnen war. Doch ebensowenig wie die sogenannten Dinge der Wirklichkeitswelt sind unsere Sinne unveränderlich; der sensualistische Materialismus hebt sich selber auf. Unsere Sinne sind geworden, sind *Zufallssinne;* die Entwicklung hätte Sinne für ganz andere Energien entstehen lassen können. Was uns die Sinne durch die Sprache kennen lehren, das ist also beschränkter *Hominismus. Locke,* der die Sinne zuerst kritisierte, lehrte den Hominismus der sekundären Eigenschaften, wie der Farben, der Töne; *Kant,* der die reine Vernunft zu kritisieren glaubte, lehrte kühn und groß den Hominismus einiger primären Eigenschaften, des Raums, der Zeit, der Kausalität; die Kritik der Sprache lehrt völlige Resignation: die menschliche Sprache, von den

Zufallssinnen abhängig, kann zur Natur, die sie zu erforschen vorgibt, überhaupt niemals einen andern Standpunkt gewinnen als den beschränkt hominististischen. Wir können mit Hilfe der Sprache immer nur erfahren, was die sogenannten Dinge *für den Menschen* sind; wir besitzen gar keine sprachlichen Mittel, um das zu bezeichnen, was diese Dinge etwa an sich sein mögen.

Ist Sprache das einzige Erkenntniswerkzeug, so können wir über den Hominismus nicht hinausgelangen, den man auch Psychologismus nennen könnte. Aber wir treiben schon lange eine Psychologie ohne Psyche; wir haben für unsere innern Vorgänge kein Organ. Es ist Mythologie, wenn wir Abstraktionen (Empfindung, Wille) zu Ursachen unserer Seelenzustände machen. Als ob wir das Flußbett, das der Fluß sich doch erst gegraben hat, die Ursache des Flusses nennen wollten. Auch das Ich ist eine Selbsttäuschung, ist, wie andere Substantive auch, nur der Träger von Veränderungen.

Die Kritik der Sprache durchschaut das Spielerische in den Regeln, die von der Grammatik und von der Logik für die Sprache und für das Denken aufgestellt worden sind; und weil Sprechen und Denken nur Eins sind, so muß die Grammatik in ihrem Sturze die Logik mit sich reißen. Die Redeteile lassen sich nicht definieren, ihnen entsprechen keine Wirklichkeiten. Auch die Zahlen (die Einheit ist keine Zahl) sind nicht außerhalb der Menschenköpfe, nicht außerhalb der Sprache. In der Syntax wandelt sich das grammatische Subjekt unaufhörlich zum psychologischen Subjekte; und in jeder Erzählung das Prädikat des Vorausgehenden zum Subjekte des Folgenden. Und in der Logik steckt der Schluß bereits hinter der Prämisse, das Urteil hinter dem Begriff. Daher die Tautologien der Logik. Die menschliche Ordnungsliebe, nicht eine Ordnung in der Natur, wandelt die Begriffe, die in der Logik zu Urteilen auseinandergelegt werden, für die Naturwissenschaft in Gesetze um.

Abstrakte Wörter werden uns zu Gespenstern, zu Göttern. Das gilt nicht nur für die Begriffe der Theologie, sondern auch für die der Teleologie. Der Zweckbegriff in der Natur ist ein Bild, geformt nach dem Vorbilde der menschlichen Absicht. Der Zweck ist nur die inwendig mythologische Bezeichnung für den auswendig mythologischen Begriff Ursache. Ursache ist uns ebenso unbekannt wie Wirkung; wir wissen nur etwa einiges über die Beziehungen zwischen Ursache und Wirkung und das nennen wir Energie. *Hume* und *Kant* haben sehr viel zur Kritik des Begriffspaares Ursache–Wirkung beigetragen und zur Aufhebung des Zweckbegriffs; *Darwin* hat ihn, wider Willen, in die Lehre von der Evolution wieder hineingetragen.

Auch die menschliche Absicht, von der der Zweckbegriff ein nachgeschaffenes Bild ist, enthält das Rätsel, daß alle unsere Vorstellungen, sensualistisch erzeugt, sich nur auf die Vergangenheit beziehen und doch als Ziele der Zukunft dienen können. Dieses Rätsel wird nicht gelöst, aber vereinfacht durch das Rätsel des Gedächtnisses, das als Gedächtnis des Volkes die Gemeinsprache ist, das jedoch auch im Individuum, sogar im tierischen und im pflanzlichen Individuum, sprachähnlich wirkt, indem es die Weltvibrationen ordnet und gewissermaßen in die Sprache der einzelnen Sinnesorgane übersetzt: Schwingungen z. B. als Töne und Farben wahrnimmt und erinnert; nicht viel anders muß die Pflanze Wärme wahrnehmen und erinnern. Die *normalen Täuschungen* der Sprache, die wir in naivem Realismus für ein richtiges Bild der Welt halten, verdanken wir dem Gedächtnisse.

Wir müssen zurück zu *Hume,* um von da aus weiter zu schreiten in der erkenntniskritischen Skepsis, die wohl zu unterscheiden ist von der dogmatischen Skepsis der antiken Welt. Auch Wahrheit ist nur ein Wortfetisch. Fürwahrhalten ist auch etymologisch so viel wie »glauben«. Die Sprache ist kein geeignetes Werkzeug zum Erfassen der Natur, weil weder die Sprache noch die Natur stillehalten; ewig jagt das kreisende Wort hinter der kreisenden Wirklichkeit her und kann sie nicht einholen.

Aber diese Skepsis ist nur Resignation an den Grenzen der Menschheit, ist nicht Verzweiflung über den Widerspruch des Weltganzen. Widersprüche gibt es nur in der Sprache, nur durch die Sprache. Die Natur, wie sie nur einmal da ist, ist auch einheitlich. Diese Einheit können wir nicht entdecken, wenn wir denken oder sprechen, diese Einheit können wir fühlen, wenn wir leben, ungetrennt von der Natur, wie Kinder im Mutterleibe der Natur. Man kann das auch Mystik nennen, erkenntniskritische, sprachkritische Mystik, zum Unterschiede von der dem abgründigen Meister *Eckhart* nachgestammelten Schablone der vielzuvielen gottseligen Mystiker.

Das sind ungefähr die Leitgedanken, die ich in meiner »Kritik der Sprache« auf Sprachwissenschaft, Grammatik, Logik, Metaphysik angewandt und in meinem »Wörterbuch der Philosophie« auf einige ethische Probleme ausgedehnt habe. Mein erster Plan war, Sprachkritik zu üben an den Grundbegriffen aller Natur- und Geisteswissenschaften. Das ging über meine Kraft. Andere haben angefangen mich abzulösen. Ich könnte bereits einige Naturwissenschaftler, auch Juristen und Ärzte nennen, sogar Dichter *(Christian Morgenstern)*, die meine Leitgedanken weitergeführt haben. Über die Langsamkeit der Wirkung will ich nicht klagen; die schnellen Erfolge sind nicht die dauerhaften. Und ich gedenke dankbar des gütigen Wortes, das *Ernst Mach* mir schrieb, als er den zweiten Band meiner »Kritik der Sprache« gelesen hatte (24. Dezember 1902): »Ihr Werk wird langsam aber sicher seine Wirkung tun. Die Zunftgelehrten sind etwas schwerfällige Gewohnheitsmenschen. Auf 10–20 Jahre Überlegung kommt es ihnen nicht gerade an. Manches, was ein Mensch von lebhaftem Temperament für Bosheit halten möchte, ist großenteils auf Rechnung dieser Schwerfälligkeit zu setzen.« Gerade jetzt, da ich in diesem Kreise von »Zunftgelehrten« zu Worte kommen darf, sind die von *Mach* vorausgesagten 20 Jahre um.

III.

Erkenntnis und Analyse

24 Zufallssinne

Vielleicht kommen wir noch einen Schritt über die Tautologie hinaus, wenn wir uns des uns eigentümlichen Begriffs der Zufallssinne bedienen. Vielleicht erfahren wir auf diesem Wege, was es bestenfalls mit dem Seelenbegriff auf sich haben kann.

Unser neuer Begriff »Zufallssinne« stellt sich derjenigen Auffassung entgegen, die unbewußt von Philosophen wie von den naivsten Menschen angenommen wird: daß nämlich auf der einen Seite die Welt sei, auf der anderen Seite der Mensch mit Organen für sämtliche Erscheinungen der Welt. An dieser Vorstellung ändert philosophische Schulung nicht viel. Ob der Bauer annimmt, der Handschuh passe genau auf die Hand, oder ob Kant annimmt, es passe die Hand (die Welt der Erscheinungen) in den Handschuh (den Verstand), das ist für unseren Standpunkt gleichgültig. Kant sowohl wie der Bauer meinen, Verstand und Welt passen aufeinander wie das Schneckenhaus zur Schnecke, wie die beiderseitigen Geschlechtsteile einer Tierart, wie der krumme Türkensäbel zur krummen Scheide. Nach meinem Dafürhalten rühren Jahrtausende alte metaphysische Streitigkeiten darüber, wie die Übereinstimmung zwischen Außenwelt und Innenleben zu erklären sei, nach meinem Dafürhalten rühren die ungeheueren metaphysischen Irrtümer, als da sind Theismus, Okkasionalismus und Darwinismus, davon her, daß niemand das Wesen der Zufallssinne ahnen will, daß niemand bisher ahnte, wie wenig die Welt und unsere armen fünf Sinne zueinander passen, wie vielmehr die Organismen in ihrer Lebensnot in sich diese verzweifelten fünf Sinne ausgebildet haben, um sich, das heißt ihr Leben und das ihrer Nachkommen, dem Nachbarleben anzupassen. Die Außenwelt ist ein Ozean von Wirklichkeiten und Möglichkeiten, von Elementen und Kräften, vielleicht von wirklich gewordenen Möglichkeiten. Was wissen wir davon? Nicht einmal auf dem Gebiete der handgreiflichen und hausbackenen Chemie reichen unsere Sinne für irgend eine Erkenntnis der Wirklichkeit aus. Wir unterscheiden kaum Arsenik von Zucker, wenn wir nicht die List zu Hilfe nehmen, verschiedene Sinne gegeneinander auszuspielen. Durch diese und durch andere Listen haben wir es so weit gebracht, etwa achtzig Elemente zu unterscheiden; wir empfinden die brutale Sinnlosigkeit dieser Ziffer und wissen uns doch nicht anders zu helfen und stehen wie die Ochsen vor einem neuen Tor, wenn plötzlich ein Engländer in dem verbreitetsten aller Stoffe, in der Luft, neue Elemente listig entdeckt. Nicht einmal für die Eckigkeiten und Dreckigkeiten des chemischen Atomismus langen also unsere Sinne. Und nun gar für die Kräfte! Nach der gegenwärtigen Anschauung der Physiker gibt es da draußen irgendwo Schwingungen, überall, endlos. Wenn unsere Sinne dazu ausreichten und wenn das mit den Schwingungen genau zu nehmen wäre, wie müßte ein Kügelchen Luft von der Größe eines Tautropfens aussehen? Schwingen müßte in ihm stärker oder schwächer zu gleicher Zeit jede Wärme, jedes Licht, jeder Ton, der irgendwo gerade auf der Erde oder auf dem letzten Stern der Milchstraße seine Wellen zieht; nachschwingen müßte bis ins Unendliche jeder Ton, jede Farbe, jede Erwärmung und jede elektrische Entladung, die jemals irgendwo auf der Erde oder irgendwo auf der Milchstraße ihre unvergänglichen Wellenkreise begonnen haben. Die Schwingungen, welche in einem Luftteilchen sich chaotisch und doch harmonisch durchkreuzen, wenn in einem Konzertsaale das ganze Orchester einen komplizierten Akkord mit allen seinen Tönen und den Nebentönen aller Instrumente erklingen läßt, dieses durch keine mathematische Formel entwirrbare Durcheinander von Wellen wäre aber doch die vollkommenste Ruhe zu nennen im Vergleiche zu den kosmischen Wellenkreuzungen jenes Luftkügelchens von Tautropfengröße. Was aber nehmen unsere Sinne aus dieser Unendlichkeit der angenommenen Schwingungen wahr? Nichts wissen wir z. B. von den Schwingungen, die zwischen Ton- und fühlbaren Wärmeschwingungen die Welt erfüllen. Unsere Sinne haben zufällig kein Interesse gehabt, sich diesen Schwingungen anzupassen.

25 Zufallssinne und Seele

Ich brauche hoffentlich nicht hinzuzufügen, daß ich mir nicht einbilde, diesen Durchfall des menschlichen Verstandes durch den Begriff der Zufallssinne positiv verbessert, ihn bereichert zu haben. Der Zufall ist ja längst als ein relativer Begriff erkannt. Zufällig sind auch unsere Sinne bloß im Verhältnis zu den unzähligen Erkenntnismöglichkeiten. Historisch sind sie gewiß notwendig geworden, wie alles andere Gewordene. Ich werde noch oft mahnen müssen: man verwechselt immer das Notwendige und das Gesetzmäßige, Kausalität und Ordnung. Der Zufall fällt nicht aus der Kausalität heraus. Historisch sind alle unsere Sinne sicherlich entstanden durch die Interessen der Organismen. Das Tier hat gewiß die Sinne entwickelt, die es brauchte; man kann sagen: der Mensch sieht und hört, was er will, das heißt Gehör und Gesicht haben sich gerade so entwickelt, weil diejenigen Molekularbewegungen, auf welche Gesicht und Gehör reagieren, ein Interesse boten für den unbewußten Willen der Organismen. Wie dieses Interesse der Organismen sich zum Aufbau seiner Sinne des organischen Gedächtnisses bediente, desselben Gedächtnisses, welches dann im Verlaufe der Entwicklung schließlich zur menschlichen Weltanschauung oder Sprache führte, das wissen wir nicht, weil wir die Frage mit den Mitteln unserer Sprache nicht einmal korrekt stellen können, weil wir, die wir mit unserer Seele hinter dem Siebe wohnen, nicht durch das Sieb hindurch wieder nach vorn blicken können, weil die Erfindung eines Seelenspiegels nach dem Muster eines Augenspiegels eine Unmöglichkeit ist. Wir müssen uns mit dem negativen Ergebnisse begnügen, daß wir hinter dem Siebe abhängig sind von der Einrichtung des Siebes, daß also in dieser Gegend von einem ordnenden Prinzip, von einer Seele keine Rede sein kann. Unsere Weltanschauung ist der Durchfall des menschlichen Verstandes. In diesem Durchfall finden wir eine Seele ebensowenig, wie wir auf der Erde einen persönlichen Gott finden. Jenseits des Siebes aber, vor dem Siebe, eine Seele zu suchen, das wäre doch wohl ein wahnsinniger Versuch mit untauglichen Mitteln.

26 Denken und Sprechen

Dies steht der Erkenntnis der Wahrheit am starrsten im Wege, daß die Menschen alle glauben zu denken, während sie doch nur sprechen, daß aber auch die Denkgelehrten und Seelenforscher allesamt von einem Denken reden, für welches das Sprechen höchstens das Werkzeug sein soll. Oder das Gewand. Das ist aber nicht wahr, es gibt kein Denken ohne Sprechen, das heißt ohne Worte. Oder richtiger: Es gibt gar kein Denken, es gibt nur Sprechen. Das Denken ist das Sprechen auf seinen Ladenwert hin beurteilt.

Wenn ich nur stark genug sagen könnte, wie gemein die Worte des Alltags, die Worte der Gemeinsprache zwischen gemeinen Menschen sind. Worte sind eingesalzene Heringe, konservierte alte Ware. Wer zu denken glaubt, der hat Hunger nach Mitteilung, und darum schmeckt ihm die eingesalzene alte Ware. Und wenn man mag, so darf man das Denken mit der Heringslake vergleichen, die das konservierte Zeug um so reicher umspült, je weniger Ware im Umfang und Begriff der großen Tonne noch vorhanden ist, die, an sich wertlos und kraftlos, sich für die Hauptsache hält – und in die Ladenschwengel und Köchinnen und andere denkende Menschen mit schmutzigen Fingern hineinpatschen, einen elenden Hering zu gattern, und sich nachher die Lake von den Fingern lecken, um andachtsvoll mit Ladenschwung und Küchenernst zu sagen: Das schmeckt salzig, das ist das Denken. Und die sprechenden Menschen sind das Salz der Erde.

Noch schlimmer als um die Ästhetik des Denkens steht es um seine Ethik. Die ältere Medizin, die noch nicht von den Wirkungen der ausgeatmeten Kohlensäure wußte, schrieb die Schädlichkeit des Menschengedränges einem Gift zu, dem Anthropotoxin. Das wahre Anthropotoxin oder Menschengift ist das Sprechen.

Ein Denken über dem Sprechen, eine Logik über die Sprachlehre hinaus, einen Logos über die Worte hinaus, Ideen über die Dinge hinaus gibt es so wenig wie eine Lebenskraft über dem Lebendigen, wie eine Wärme über der Wärmeempfindung, wie eine Hundheit über den Hunden.

Und wem ein Gefallen geschieht mit abstrakten Worten, der mag immer von einer Sprachigkeit reden, die zum Sprechen führt. Sein Wissen wird davon etwa so viel gewinnen wie von: die Tiere haben freie Bewegung, weil sie beweglich sind. Oder noch besser: die Tiere haben freie Bewegung, um die Beweglichkeit zu ermöglichen. Die Menschen sprechen, weil sie (denken) die Sprachigkeit besitzen. Die Menschen sprechen, um ihre Sprachigkeit zu zeigen (um zu denken).

Der Irrtum ist wohl daher entstanden, daß man dem Denken, der Sprachigkeit wie anderen -heiten und -keiten und -schaften irgend etwas Gespenstisches, Göttliches, Übermenschliches als Diadem auf den kopflosen Rumpf gestülpt hat. Da müssen dann die -heiten und -keiten und -schaften und mit ihnen natürlich das Denken etwas extra Anständiges sein. Nun ist aber das Sprechen offenbar gewöhnlich ein Geschnatter, in besseren Fällen ein Kellnerbefehl oder eine Notiz. Da muß also hinter dem albernen Sprechen noch das Denken stehen, das kopflose Abstraktum mit dem Königsdiadem. Es klingt furchtbar vornehm: Denken. Wer denkt, der spricht. Und umgekehrt: Wer spricht, der denkt. Woraus zu entnehmen, wie gemein das Denken ist.

Wenn Platons Wort, das Denken sei ein innerliches Sprechen, ein Urteil über zwei klar definierte Begriffe enthielte, so wäre die Identität von Denken und Sprechen eine sehr alte Behauptung; denn auf die relative Qualität des Laut oder Leise kommt es umsoweniger an, seitdem auch beim stummen Sprechen oder artikulierten Denken Bewegungsgefühle nachgewiesen worden sind. Aber die Gleichsetzung von Denken und Sprechen ist immer noch so ein gewagter Gedanke, daß auch in diesem Buche, so oft das Denken mit dem Sprechen identifiziert wurde, das Sprachgewissen hinterher vor dieser Gleichung warnte. Sprachkritik ist selbstmörderisch, weil Kritik aus der Vernunft, also aus der Sprache stammt. Schon 1784 schrieb Hamann an Herder: »Wenn ich auch so beredt wäre wie Demosthenes, so würde ich doch nicht mehr als ein einziges Wort dreimal wiederholen müssen: Vernunft ist Sprache – λογος. An diesem

Markknochen nage ich und werde mich zu Tode darüber nagen.« Es ist nicht bloß Bescheidenheit, wenn Hamann da von seinem »Markknochen« spricht, und dann wieder von seinem »Misthaufen« (im Gegensatz zu Herders »Lustgarten«; bei »Markknochen« denkt er sogar gewiß an den os médullaire aus dem Prologe zum Gargantua und nebenbei an den philosophischen Hund Platons). Es ist mehr. Sprachkritik ist bedenklicher als jede andere wissenschaftliche Disziplin. Das Werkzeug, die Sprache, empört sich, will mitreden. Auch bei dem Satze: Vernunft ist Sprache. Die Sache ist darum so schwierig, weil wir auch heute noch eine klare Definition weder des Sprechens noch des Denkens besitzen. Die Unsicherheit über das Wesen der Sprache möchte noch hingehen, weil man doch wenigstens für praktische Zwecke ungefähr eine Vorstellung beim Gebrauche des Wortes Sprache hat. Das Wesen des Denkens jedoch ist so unfaßbar, daß man sich jedesmal etwas anderes vorstellt, je nachdem man dem Denken dieses oder jenes Prädikat gibt. Sagt man »das Denken ist Sprache«, so stellt man sich eben sofort oder unmittelbar vorher unter dem Denken gerade das Sprechen vor.

Eine Zeitlang glaubte ich mit der Wortzusammenstellung auszukommen: die Sprache sei mit der Vernunft identisch, nicht aber mit dem Verstande. Mir schwebte dabei wohl die beliebte Unterscheidung vor, wie sie am schärfsten von Schopenhauer ausgeführt worden ist. Dabei mutet die Erklärung, Vernunft sei ein Denken in Begriffen oder Worten, umsomehr an, als Vernunft von vernehmen hergeleitet wird und vernehmen = hören offenbar auf erfassen durch Sprachmitteilung hinzuweisen scheint. Nun aber bedeutete vernehmen in der älteren Sprache gar nichts anderes als Wahrnehmen, so daß uns diese schöne Etymologie im Stiche läßt.

Halten wir trotzdem an der bequemen Unterscheidung fest, die zwar nicht allgemein der Sprachgebrauch, aber doch wissenschaftlicher Sprachgebrauch vieler Denker ist, an der Unterscheidung nämlich: daß Vernunft die in Begriffen oder Worten vollzogenen Denktätigkeiten zusammenfasse, Verstand aber diejenigen Denktätigkeiten, die jedesmal eine Orientierung in der gegenwärtigen Wirklichkeitswelt oder in der wirklichen Gegenwart bezwecken, so scheint es auf den ersten Blick allerdings tunlich, die Vernunft mit der Sprache zu identifizieren, den Verstand jedoch ohne Sprache arbeiten zu lassen. Da wäre eine hübsche Definition gewonnen oder angebahnt, wenn die Sache nur so einfach läge.

Es spielt aber bei dieser Unterscheidung von Vernunft und Verstand leider der alte Aberglaube an die personifizierten Seelenvermögen mit. Will man sich die ganze Unterscheidung vorstellbar machen, so sitzt doch irgendwo in der Residenz der menschliche Geist als Herrscher, und Verstand und Vernunft sind etwa seine beiden Minister für die äußere und für die innere Welt. Hat man nun den Geist mitsamt Vernunft und Verstand als etwas Gewordenes (besser: als ein Merkwort für ewig Werdendes, wie Geschichte das Merkwort ist für ewig Geschehendes) erkannt, als ein Wort für die sich entwickelnden Kombinationen der Daten aus den sich entwickelnden Sinnen, so verschieben sich die Ressorts dieser beiden Seelenvermögen gar seltsam.

Die Denktätigkeit in Worten oder Begriffen läßt sich dann immer noch mit der Sprache identifizieren; aber wenn wir die Sprache als das Gedächtnis der Menschheit erkannt haben werden, wird uns die Vernunft in diesem Sinne nichts weiter sein als die Anwendung des individuellen Gedächtnisses, welches das Gedächtnis der Menschheit ererbt und erworben hat. Die Physiologie, auch die neueste, läßt uns da im Stich. Man hat das Gedächtnis, hier das erworbene Individualgedächtnis, als die Disposition bestimmter Nerventeile definiert, wahrgenommene Sinneseindrücke wiederherzustellen. Das ererbte Gedächtnis muß ebenfalls so eine Art Disposition sein, die aber, als auf den Keim im Menschenei zurückgehend, doch wieder auf einer anderen Erbfolge beruhen muß als das erworbene Individualgedächtnis. Wie dem auch sei, kein Mensch hätte für sich allein genügende Erfahrungen gesammelt, um aus ihnen heraus das ungeheure Gerüst seiner Muttersprache (in deren latenten Klassifikationen all seine Welterkenntnis und all sein Schließen, also all sein Denken apriorisch steckt) aufbauen zu können; den weitaus größten Teil seiner Sprache, den er für erworbenes Gedächtnis hält, hat er ererbt; darum verwendet der Durchschnittsmensch seine Sprache auch so gedankenlos; denn von nichts gilt so sehr wie von der Sprache: „Was du ererbt von deinen Vätern hast, erwirb es, um es zu besitzen.« Es steckt also in dem Gebrauch der Muttersprache eine unverhältnismäßig große Masse von ererbtem, nicht erworbenem, nicht nachkontrolliertem Gute, das auf Treu und Glauben benutzt wird. Man könnte das in historisch-philosophischem Scherze auch so ausdrücken, daß der denkende Mensch nur erworbene Begriffe anwenden sollte, daß er aber unbewußt viel häufiger angeborene Begriffe ausspreche. Natürlich meine ich damit nicht die angeborenen Begriffe der älteren Psychologie, sondern das, was in unseren Alltagsworten an ererbten, nicht nachkontrollierten Klassifikationen und Abstraktionen steckt. Wem das klar geworden ist, der wird nicht daran zweifeln, daß wir, und wären wir Doktoren der Philosophie, Worte wie Pflanze, Tier, Himmel, Licht, Sprechen, Denken, Vernunft, Verstand, Leben, Tod, Gesundheit, Krankheit usw. nur darum gebrauchen, weil wir sie ererbt haben, genau so, wie das eben ausgekrochene Küken das Körnchen aufpickt, wie die Amsel ihr Nest baut. Die noch unter dem menschlichen Verstande eingeordnete Denktätigkeit der Tiere nennen wir Instinkt; die über dem menschlichen Verstande klassifizierte Denktätigkeit in Worten nennen wir Vernunft. Wir haben aber jetzt schon in erster Andeutung erfahren, daß in dieser Vernunft eine Masse ererbter, nicht individuell erworbener, nicht nachkontrollierter, also instinktiver Denktätigkeit versteckt ist. Man wende mir jetzt nicht wieder ein, daß die Sprache noch etwas außer ihren Teilen sei, daß das Abstraktum Sprache etwas sei außer den Worten. Nimmt man von einem Gebäude alle Steine fort und alles andere Material, so kann ein Erinnerungsbild übrig bleiben, aber ein Gebäude ist nicht mehr da. Die Sprache an sich ist ein wesenloses Unding und kann immer noch, wenn es einem Spaß macht, dem Denken an sich gleichgesetzt werden.

Nun vollziehen sich Verstandesoperationen aber sehr oft ohne Mitwirkung der Sprache und sind doch Denktätigkeiten. Wenn ein Ingenieur eine Brücke von hundert Meter Spannweite zu bauen hat, so braucht er dabei allerdings gewöhnlich die Sprache, aber doch nur insofern, als Formeln und dergleichen ihm die Arbeit erleichtern. Besäße er Balken von der nötigen Länge und eine entsprechende Körperkraft, so würde er bei der Arbeit sprachlos bleiben, in anderem Sinne als die Zuschauer. Und tatsächlich vollzieht sich das eigentliche Brückenbauen so gut wie sprachlos, höchstens daß Bestellungen bei den einzelnen Fabriken ein paar technische Ausdrücke und Ziffern erfordern. Das ist Verstandesarbeit. Springt ein Mensch oder ein Hund über den Graben, so mißt er dabei sprachlos die Entfernung. Auch das ist Verstandesarbeit. Sieht der Mensch oder der Hund jenseits des Grabens eine Erdbeere oder einen Hasen, das, was ihn lockt, so hat er doch nur die Veränderung auf seiner Netzhaut gedeutet und über den Graben hinüber projiziert, was aber wieder Verstandesarbeit war. Auf diese letzte Art von Verstandesarbeit, auf das Ausdeuten der Sinneseindrücke (auch das einfachste Sehen, Hören usw. ist, wie wir jetzt wissen, Verstandesarbeit, ein Ausdeuten von Reizen, die erst durch Verstand zu Empfindungen werden) läuft alle Denktätigkeit des Verstandes hinaus. Diese Tätigkeit ist aber doch nichts anderes als eine erworbene Fähigkeit, das Individuum der Außenwirkung anzupassen, welche wir Wirklichkeit nennen. Ohne Begriffe oder Worte kommt auch da kein Mensch und kein Hund aus. Größenverhältnisse sowohl wie Gesichtsbilder sind ererbte Vorstellungen, und nur darum fehlt uns bei ihnen das Bewußtsein von Worten oder Begriffen, weil diese Verstandestätigkeiten unendlich eingeübt worden sind, seitdem es Organismen auf der Erde gibt, und weil diese Tätigkeiten dadurch automatisch geworden sind. Es gibt nur eine Vorstellung, die noch mehr eingeübt ist, die durch noch zahlreichere Experimente unser geworden ist: die oberste weltbauende Vorstellung von einer Wirklichkeitswelt da draußen. Diese Vorstellung scheint uns komischerweise unbeweisbar, weil sie unaufhörlich bewiesen wird. Wenn wir essen, vollziehen wir jedesmal den Beweis, daß Außenwelt zu Innenwelt werden kann. Die Verstandestätigkeit scheint uns begrifflos, weil es keinen Blick und keine Fingerbewegung gibt, ohne daß Raumbegriffe usw. mitgeübt würden. Ist der Graben, über den der Mensch zu springen hat, eine Elle breit, also nicht breiter als der unendlich oft eingeübte menschliche Schritt, so springt der Mensch gedankenlos hinüber; sein Verstand arbeitet automatisch. Ist der Graben über die Gewohnheit hinaus breit, so denkt der Mensch vor dem Sprunge, und der Hund bellt vielleicht. Ist die Spannung gar hundert Meter breit und der Ingenieur auf diese Breite nicht gerade so eingeübt, daß er auch diesen Sprung automatisch vollzieht, so arbeitet der Verstand nicht mehr geräuschlos: der Ingenieur denkt und schreibt Ziffern.

Nur die Natur hat keinen Verstand, keine Vernunft, keine Sprache. Wer die Natur zur Lehrerin nehmen könnte, wäre weise ohne Sprache. Natura (sagt Spinoza im Tract. theol.-pol. I.) nobis dictat, non quidem verbis, sed modo longe excellentiore. Wir aber können der Natur nicht nachschreiben.

27 Bewußtsein

Das Substantiv Bewußtsein drückt gar nichts andres aus, als die Summe derjenigen innern Tätigkeiten, die wir mit einem andern Worte als unser geistiges Leben zusammenfassen. Es gibt Summenworte, wie eben *Leben,* die eine Existenzberechtigung in der wissenschaftlichen Sprache haben; zu diesen brauchbaren Worten gehört *Bewußtsein* nicht, und ich werde noch zu zeigen suchen, durch welche Mängel sich der Begriff Bewußtsein vom Begriff Leben unterscheidet. Das Wort Bewußtsein ist nun darum noch unbrauchbarer als andre substantivische Summenworte seiner Art, weil sein Inhalt völlig mit dem andrer Worte zusammenfällt, von denen es dann wieder der Wortaberglaube der Psychologen trennen möchte. So ist es ganz einleuchtend, daß in der Gemeinsprache seit etwa hundert Jahren *Geist, geistig* gesagt wird, wo die Wissenschaft von Äußerungen des Bewußtseins spricht. Weniger einleuchtend ist es leider, daß auch die Begriffe Ich, Gedächtnis, Sprache nur Synonyme von Bewußtsein sind. Wenn aber das Ichgefühl eine Täuschung ist, wenn das Ichgefühl nur das erlebte Gefühl ist, Erinnerungen zu haben, die wir individuell nennen, weil es andre Erinnerungen nicht gibt, wenn – anders ausgedrückt – das Rätsel der Persönlichkeit eins ist mit dem Rätsel des Gedächtnisses; wenn ferner unser, sagen wir, tierisches Leben, unser ererbter Leib und seine Funktionen, eins ist mit dem Gedächtnisse der Organismen; wenn endlich unser geistiges Leben oder unsre Sprache eins ist mit den ererbten Erinnerungen unsres Volkes und wieder der Menschheit: so ist damit die Gleichsetzung von Bewußtsein mit Gedächtnis, Persönlichkeit und Sprache zwar nicht logisch bewiesen; aber der ungewohnte Gedanke wird doch dem Fassen nahe gebracht.

Auch ohne Zurückführung des Bewußtseins auf die Tätigkeit des Gedächtnisses ist das Wort *Bewußtsein* nach mehr als zweitausendjährigem Dienst (seine Geschichte reicht von den Neuplatonikern bis über Wolf hinaus, der den deutschen Terminus prägte) im Begriffe, ausrangiert zu werden; die neuere Psychologie liebt es nicht und findet zwischen *bewußt* und *psychisch* kaum einen Unterschied mehr; nur die Herbartianer, und zu den Herbartianern gehört auch Wundt, schleppen sich noch weiter mit dem überflüssig gewordenen Worte und geben sich alle Mühe, die alte Wortform mit neuen Vorstellungen zu füllen. So zurechtgemacht steht es in der Sammlung ausgedienter philosophischer Begriffe wie ein ausgestopftes Tier: Häcksel in dem hübschen Balg.

Man könnte mir entgegenhalten: wenn Bewußtsein dasselbe besagt wie geistiges oder psychisches Leben, und wenn dieses Innenleben, oder wie man es nennen will, auch eine Wirklichkeit ist, ja sogar die gewisseste und vielleicht die einzige Wirklichkeit, so käme es auf den Ausdruck nicht an und man könnte das alte Wort, von scholastischem Staube gesäubert, bestehen lassen. Aber *geistiges Leben* ist ja offensichtlich ein bildlicher Ausdruck und gibt von der Vorstellung ein falsches Bild. Die Unwahrheit freilich, die in allen solchen abstrakten Substantiven steckt, ist den Begriffen

Leben und Bewußtsein gemeinsam: es gibt nicht ein Leben, noch einmal, neben den Lebensäußerungen; es gibt nicht ein Bewußtsein, noch einmal, neben den Akten des Bewußtseins. Alle abstrakten Substantiva muten den Sprachkritiker an, wie übrig gebliebene Arten einer dem Aussterben verfallenen Fauna; und ich sehne mich nach dem Sprachkritiker, der jung und stark genug wäre, in einer großen Reformation der Sprache die abstrakten Substantiva mit eisernem Besen hinauszufegen. Die konkreten Substantiva werden wir schon behalten müssen, so lange wir uns den mystischen Glauben an die Wirklichkeit der lieben Welt bewahren wollen.

28 Erkennen

Es wäre unehrlich, wollte ich bei diesem kleinen Versuche, den Begriff von seiner sinnlichen Bedeutung zur übersinnlichen zu begleiten, von der allersinnlichsten Bedeutung ausgehen, weil *erkennen* in der deutschen Bibelsprache soviel heißt wie *den Beischlaf vollziehen;* ist doch die Frage noch nicht geklärt, ob *erkennen* (wie Grimm annahm) einen uralten Zusammenhang mit *zeugen* habe, oder ob der Sinn *beschlafen* eine Lehnübersetzung sei (über das Lateinische und über das Griechische hinweg) aus dem Hebräischen.* Immerhin hat das Wort in seiner gemeinsprachlichen Bedeutung *wiedererkennen* einen rein sinnlichen Inhalt; man *erkennt* etwas, was man früher gesehen oder gehört hat, *an* einem sinnlichen Merkmale. Im heutigen Sprachgebrauche (früher deckte sich *kennen* oft völlig mit *erkennen*) unterscheidet sich der viel bewußtere Vorgang des *Erkennens* von dem unbewußten Vorgang des *Kennens* wohl dadurch, daß

* Es ist mir nicht zweifelhaft, daß die Bedeutung *beschlafen* eine auf die Bibelsprache beschränkte Lehnübersetzung sei, im Hebräischen vielleicht ein prüder Euphemismus. Das hebräische Wort *jada* ist aber auch sonst interessant. Die alten Juden besaßen drei verschiedene Worte für das Wahrnehmen durch das Gesicht, durch das Gehör und durch den Geschmack; alle drei Worte konnten metaphorisch ein geistiges *Erkennen* bezeichnen; aber nur *jada,* die Wahrnehmung durch das Gesicht, wurde auf den Beischlaf übertragen.

die Vorsilbe *er* wirklich (nach Paul) einen momentanen Vorgang, und zwar zugleich das Hineingeraten und das Ergebnis bezeichnet; man könnte auch sagen: bei *kennen* liege mehr eine Erinnerung in potentia vor, bei *erkennen* mehr eine Erinnerung in actu.

Was in einem Menschen vorgeht, wenn er eine sinnliche Erscheinung wiedererkennt, das hätte die Psychologie zu erklären, insbesondere die physiologische Psychologie. Ein Wort Ziehens, der die Nachwirkung eines Eindrucks auf eine *Abstimmung* bestimmter Rindenzellen des Gehirns zurückführen wollte, läßt sehr hübsch an eine Vergleichung mit der drahtlosen Telegraphie denken, bei welcher Zeichen auch nur dann ausgelöst werden, wenn der Empfangsapparat auf eine bestimmte Wellenlänge abgestimmt ist. Sieht man aber genau zu, so ist dieser Erklärungsversuch nur ein Bild. Bilder sind ferner die weniger anregenden Untersuchungen, welche an den *erkannten* Gegenständen eine objektive Bekanntheits*qualität* leugnen und nur ein subjektives Bekanntheits*gefühl* zugestehen wollen. Da nun eine Erklärung der Begriffsbildung vorausgehen müßte, und die Psychologie schon beim ersten Schritte versagt, so mögen wir daraus den Schluß ziehen, daß es die allein wichtige Psychologie des Denkens gar nicht gibt. Dies nebenher; ich wollte nur darauf hinweisen, daß der Begriff *erkennen* uns auch in seiner schlichtesten Bedeutung nur durch Selbstbeobachtung bekannt ist, also oberflächlich.

Der heutige Sprachgebrauch, natürlich besonders in Schriften geistigerer Art, benützt das Wort für eine gesteigerte, gedankliche Erfahrung. Schon in Luthers Bibelübersetzung wird einmal (Marc. IV, 12) *erkennen* (Vulg. *intelligere*) dem sinnlosen Sehen und Hören gegenüber gestellt; noch bei Kant ist *erkennen* nicht eigentlich ein technischer Ausdruck der Philosophie, sondern wird ohne Schärfe für *einsehen, verstehen, begreifen* gebraucht. Ich gehe wohl nicht fehl mit der Beobachtung, daß erst das abgeleitete Wort *Erkenntnis,* noch mehr aber die vornehmern Neubildungen *Erkenntnistheorie* und *Erkenntniskritik* uns zwingen, im Grundworte *erkennen* eine ausgezeichnete Tätigkeit unsres Denkvermögens zu erblicken. Wie in jedem Verbum ist auch in *erkennen* ein Zweck verborgen; wir gewöhnen uns mehr und mehr daran, den einzigen Zweck aller Wissenschaft und Philosophie durch das Grundwort von *Erkenntnistheorie* auszudrücken; wir sehnen uns nach *Erkenntnis,* d. h. wir haben den Wunsch, die uns umgebende Welt in ihrem Sein *kennen* zu lernen und in ihrem Werden zu verstehen. Das Sein der Welt glauben wir noch wissen zu können, das Werden der Welt müssen wir *erkennen.* So ist nach dem heutigen Sprachgebrauche das Wissen etwa eine Bedingung der Erkenntnis geworden. Ich brauche nicht erst hinzuzufügen, daß dieses Verhältnis der beiden Begriffe *wissen* und *erkennen* der Zufallsgeschichte der Sprachmode unterworfen ist; andre Kultursprachen haben den relativen Gegensatz der beiden Begriffe wieder ein klein wenig anders ausgebildet, so daß nur ungenau ins Französische oder ins Englische zu übersetzen wäre, was ich bisher über das deutsche Wort vorgebracht habe.

Relativ ist der kleine Gegensatz auch darum, weil – wenn man mir die behauptete Tendenz des gegenwärtigen Sprachgebrauchs zugestanden hat – die Wissenschaft von der Welt immer weiter und weiter fortschreitet und eigentlich erst dort aufhört, wo der Wunsch nach Erkenntnis anfängt. Wir wissen sehr viel (sehr viel mehr als das Altertum) von der Wirklichkeitswelt im Raum, von der adjektivischen Sinnenwelt. Wir nennen es eine Steigerung des *Wissens,* wenn wir durch höhere und immer höhere Begriffe einen sehr unsystematischen und vom Ideal ewig entfernten Weltkatalog machen. Wäre ein solcher Weltkatalog überhaupt möglich, so würde er eine Einheit des Wissens nur scheinbar in dem obersten und leersten Begriffe erreichen, im Seinsbegriffe. Nur eine solche Einheit des Wissens würde selbst in der adjektivischen Welt nach dem werdenden Sprachgebrauche *Erkenntnis* heißen.

Aber auch von der verbalen Welt oder der Welt des Werdens haben wir zwar einen unvergleichlich größern Haufen von Kenntnissen als das Altertum, sind aber auch da von einer Einheit des historischen Wissens ebenso weit entfernt wie in der adjektivischen Sinnenwelt. Der beneidenswerte, um seiner Selbstzufriedenheit beneidenswerte Monismus müßte gar, um das letzte Wort des Menschengeistes zu sein, eine obere Einheit der adjektivischen und der verbalen Welterkenntnis, eine obere Einheit der topographischen und der historischen Welt, der Raumwelt und der Zeitwelt lehren können. Aber der Monismus hat auch darin eine bedenkliche Ähnlichkeit mit einer Religionsstiftung, daß er wieder nur eine Sehnsucht ist an der Grenze des Wissens und keine beglaubigte Offenbarung; denn bloß um einer ehrlichen kritischen Methode willen hätten wir kein neues Schlagwort gebraucht. Die großen Denker und Forscher, auf welche der Monismus sich gern beruft, waren keine Monisten.

Ich glaube also, daß die gegenwärtige Tendenz des Sprachgebrauchs dahin führen wird, unter *Erkenntnis* eine Sehnsucht zu verstehen, die an der Grenze des relativen Wissens ein absolutes Wissen gewinnen möchte.

Eine Erkenntnis in diesem Sinne, eine absolute Erkenntnis, ist unmöglich, weil zuletzt alle Erkenntnis auf sinnliche Erkenntnis zurückgeht und unsere Zufallssinne zu grob sind, um auch nur in der Sinnenwelt ein Zuendekennen, eine Kenntnis bis auf den letzten Grund zu gestatten. Nicht einmal das Mikroskop zeigt uns etwa die Beschaffenheit des Blutes oder die Tätigkeit der Nerven bis auf die letzten Ursachen. Zu einer absoluten Erkenntnis des Organismus würde aber noch mehr gehören, nämlich die fast unvorstellbare Kenntnis des Lebensvorgangs, der zugleich das Blut auf die Nervenbahnen, und die Nerven auf die Blutbahn wirken läßt. Und so in unzähligen Fällen. Wir können bis zu den letzten Gründen der Natur nicht vordringen, geschweige denn zu den Verknüpfungen und Verwebungen der letzten Gründe. Da kommen wir denn zu einem beschämenden Geständnisse, in welches ein klein wenig Humor den Einschlag bilden mag. Erkenntnis aus den letzten Gründen ist nur ein Wort der Sehnsucht. Das andre Wort der Sehnsucht, Gott, ist nun ebenfalls ein Ausdruck für die letzte Ursache alles natürlich Gewordenen. Ein frommer Scholastiker des Mittelalters könnte mit diesem Ergebnis zufrieden sein, daß also das Wort Gott und das Wort Erkenntnis ungefähr die gleiche Stimmung des strebenden Menschen bedeuten. Nur daß er nicht zufrieden wäre mit der Behauptung, beide Worte seien gleich arm.

29 Ding

Wir haben erkennen gelernt, daß die Gesamtheit aller Dinge, die man etwa die Materie genannt hat oder auch Stoff, eine Vorstellung sei, wofür man freilich auch Gedankending zu sagen pflegt. »Was wir Materie nennen, ist ein gewisser gesetzmäßiger Zusammenhang der Empfindungen« (Mach). Nicht so einfach ist es, einzusehen, daß die Kritik des allgemeinen Stoffbegriffs auch zutrifft auf das, was ganz populär ein *Ding* genannt wird, ein Einzelding, ein Gegenstand, eine Sache. Wir werden noch genauer erfahren, daß *Ding* und *Sache* zwei Lehnübersetzungen aus dem juristischen Sprachgebrauche der Lateiner sind und ursprünglich das Streitobjekt eines Rechtshandels bedeuteten, daß dagegen *Gegenstand* eine Lehnübersetzung von *obstantia* (objectivum) ist, aus der Philosophie herkommt und in seiner Bedeutung schon unklar an erkenntnistheoretische Fragen streifte: Gegenstand ist, was dem Ich gegenübersteht, dessen Vorstellung zugleich durch etwas außerhalb der menschlichen Vernunft und durch Anwendung der Vernunft entsteht. Alle diese Ausdrücke werden aber in der Gemeinsprache ohne besondre Unterscheidung gebraucht für die Einzelheiten der Wirklichkeit, für die großen und kleinen Realitäten, für welche der naive Realismus gar nicht erst nach einer Erklärung sucht, die aber gar sehr einer Erklärung bedürfen. Denn alle diese Dinge sind ja nicht wirklich, sind vielmehr nur die Ursachen der einen Hälfte unsrer Wirklichkeitswelt, der äußren. Ein Apfel ist nichts als die Ursache der Empfindungen: rund, rot, süß usw.; er ist nicht zum zweiten Male neben den Empfindungen, deren Ursache er ist; er ist nicht noch einmal da. In diesem Sinne sind alle Dinge nur Gedankendinge, nur Vorstellungen. Und man hüte sich, hier die Begriffe *Vorstellung* und *Erscheinung* zu verwechseln. Erscheinungen (im Sinne von Berkeley und Kant) sind auch die unmittelbar gegebenen adjektivischen Empfindungen; diese sind aber keine Gedankendinge, keine Vorstellungen; sie sind wohl schon irgendwie von dem Zentralapparat unsres Gehirns bearbeitet, wenn sie uns zum Bewußtsein kommen; aber die Empfindungen sind noch nicht von der Vernunft oder der Sprache bearbeitet, sie sind noch nicht Gedankendinge oder Vorstellungen, wie die Dinge es sind. Mehr als dieses Eine, daß nämlich alle Dinge nur Gedankendinge sind, wissen wir von den Dingen nicht zu sagen. Die Erkenntnistheorie, welche den Satz Machs auf die Dinge anwendet und sagt: »Was wir ein Ding nennen, ist ein gewisser gesetzmäßiger Zusammenhang von zusammengehörigen Empfindungen«, unterscheidet sich von dem naiven Realismus, der die Dinge selbst sinnlich wahrzunehmen glaubt, nur durch eine Kleinigkeit, nur dadurch: daß sie da ein Problem sieht, wo der sogenannte gesunde Menschenverstand nichts sieht und nichts sucht. Alle Rätsel der Begriffe: Ursache, Substanz, Gesetz, Einheit verbergen sich dahinter, daß man einen gewissen gesetzmäßigen Zusammenhang anzunehmen gezwungen ist, den uns die Sinne nicht verraten und der darum über den verführerischen Sensualismus hinausführt.

Kant, und noch viel offensichtlicher die Neukantianer, haben das Verhältnis der Empfindungen und ihrer Ursachen untersucht, das Verhältnis zwischen der adjektivischen Welt und der kausalen oder verbalen Welt; die Neukantianer haben Kants Terminologie beibehalten und nennen ganz mit Unrecht die Ursachen der adjektivischen Empfindung Dinge-an-sich; neuerdings glauben sie, in den Energien die wahren Dinge-an-sich erkannt zu haben. Energien sind aber wohl keine Dinge, wenn auch Gegenstände des Denkens. Die Dinge gehören der substantivischen Welt an, auch wenn sie alle nur Gedankendinge sind. Es scheint mir nun – und darauf wollte ich hinauskommen – für diese Weltanschauung gar keinen Sinn mehr zu haben, wenn einer nach dem Ding-an-sich der Gedankendinge fragt; es wäre denn, daß man – paradox genug – just die adjektivischen Empfindungen als relative Dinge-an-sich der substantivischen Gedankendinge zu bezeichnen sich entschließen wollte.

Selbstverständlich verstehe ich unter den Gedankendingen nicht Scheinbegriffe; denn diese *(Hexe, Wunder)* zeichnen sich eben dadurch aus, daß ihnen in der sinnlichen Welt nichts entspricht. An die Vorstellung, daß alle Dinge nur Gedankendinge seien, gewöhnt man sich am besten bei Begriffen wie: *Schatten, Flamme, Wind, Donner*. Der Donner ist nicht ein zweites Mal da, substantivisch neben unsren Empfindungen vom Donner; die Flamme ist nicht noch ein zweites Mal da, außer und neben den Wirkungen, als deren Ursache wir sie projizieren, hypostasieren oder wie man will; genau so ist der Apfel nicht zweimal da, einmal in der adjektivischen und einmal in der substantivischen Welt. Wir lächeln überlegen über das Kind, dem eine Reise versprochen worden war, das fern von der Heimat neue Berge und Seen und Wälder gesehen hatte, und das dann fragte: »Ja – aber wo ist die Reise?« Wir sind ebenso kindlich, wenn wir den Physiker fragen: »Ja – aber wo ist denn der Apfel, der Apfel selbst, der Apfel neben und außer seinen Eigenschaften?« Wir verlangen den Apfel zweimal, den uns die Natur trotz ihrer Allmacht nur einmal geben kann.

So gelange ich zu einem neuen Paradoxon, das aber nur dem naiven Realismus etwas sonderbar erscheinen wird, nicht aber der Weltanschauung, die von Hume etwas gelernt hat: Unsre Vorstellungen von einem Gedankending (einem ens rationis) sind viel klarer als unsre Vorstellungen von einem körperlichen Ding. Ich habe vorhin gesagt, daß unsre Sinneseindrücke die relativen Dinge-an-sich sind, daß es keinen Sinn hat, hinter den wirklichen Dingen, an deren Existenz wir glauben müssen, noch einmal und extra Dinge-an-sich zu suchen. *Relative* Dinge-an-sich habe ich die Empfindungen genannt; etwas Absolutes gibt es nicht.

Alle diese körperlichen Dinge oder Körper sind eben schon Vorstellungen. Nur daß uns die Gedankendinge gar nicht erst verführen, hinter ihnen eine zweite Existenz zu suchen, daß aber die Körper zu diesem Doppelsehen immer wieder Veranlassung geben, sobald wir uns beim Sensualismus nicht beruhigen wollen. Und das können wir nicht, weil die Annahme einer Wirklichkeitswelt hinter den Sinneseindrücken ein Instinkt des menschlichen Verstandes ist.

Es ist die gleiche Schwierigkeit wie beim Ichgefühl, das neben und außer der kontinuierlichen Kette unsrer Erlebnisse noch ein besondres Ich glaubt, welches diese Kette zusammenhält. Ganz die gleiche Schwierigkeit. Dauer ist uns das Kennzeichen des Ich. Dauer ist uns das Kennzeichen der Dinge. Unbewußt, von einem Instinkt getrieben, legen wir irgendein Ich in die Dinge hinein; *Introjektion* hat man das genannt; die Erkenntnis davon war vorhanden, schon bei Hume, lange bevor Avenarius das ungeschickte Wort prägte. Der Gedanke ist am besten von Mach ausgedrückt worden (Erkenntnis und Irrtum[2] S. 15); er nennt *Ding* und *Ich* Scheinprobleme: »Es ergibt sich aber, daß ein *isoliertes* Ding, genau genommen, nicht existiert. Nur die vorzugsweise Berücksichtigung auffallender, stärkerer Abhängigkeiten und die Nichtbeachtung weniger merklicher, schwächerer Abhängigkeiten erlaubt uns bei einer ersten vorläufigen Untersuchung die Fiktion isolierter Dinge. Auf demselben graduellen Unterschiede der Abhängigkeiten beruht auch der Gegensatz der Welt und des Ich. Ein *isoliertes* Ich gibt es ebenso wenig als ein isoliertes Ding. *Ding* und *Ich* sind provisorische Fiktionen gleicher Art.«

30 Bedeutung

Der Aufmerksamkeit der Grammatiker konnte es nicht entgehen, daß die Worte ihrer Disziplin, daß sogar die Worte der ganz gewöhnlichen Sprache einen Inhalt haben, einen Sinn, eine Bedeutung; der Aufmerksamkeit der Logiker konnte es wieder nicht entgehen, daß die Inhalte ihrer Begriffe und die Bedeutungen ihrer Sätze an menschliche Sprache geknüpft sind. Die Folge der einen wie der andern Aufmerksamkeit war, daß recht früh zwischen dem Worte (dem Satze) und seiner Bedeutung unterschieden wurde. Wie zwischen dem Sprechen und dem Denken. Das war eine tote Unterscheidung, ein anatomisches Verfahren, so lange man nicht ausdrücklich bemerkte, daß auch das lebendige Wort eine Bedeutung habe.

Tote Worte gibt es nur auf den Seziertischen der Etymologen und in den Wörterbüchern. Dann auch noch in schlechten Büchern. In der lebendigen Sprache ist das Wort von seiner Bedeutung so wenig zu trennen, wie ein lebender Organismus von seiner »Seele« zu trennen ist; wer erst weiß, daß es eine besondere Seele gar nicht gibt außerhalb der

Sprache, der möchte geneigt sein, die Bedeutung *die Seele des Wortes* zu nennen.

Ein Wort, das keine Bedeutung hätte, wäre also noch kein Sprachwort, wie denn die meisten Worte eines Papageien noch keine Sprachworte sind.

Jedem besonnenen Leser von Wörterbüchern muß es nun auffallen, daß man in einem größern Artikel eines ernsthaften Wörterbuches viele Bedeutungen des Wortes findet, historisch oder logisch geordnet, aber niemals *die* Bedeutung; je kleiner und elender so ein Wörterbuch ist, desto falscher und irreführender begnügt es sich damit, eine einzige Übersetzung anzuführen, *die* Bedeutung. Was nun in den kümmerlichsten Hilfsmitteln zur Erlernung oder zum praktischen Gebrauche einer fremden Sprache offenbare Armut ist, was bei Reisen in fremden Ländern die Quelle unendlicher und oft spaßhafter Verwechselungen wird, das Bestreben nämlich, jedes Wort der einen Sprache mit *einem* Worte der andern Sprache wiederzugeben – das war bis vor kurzer Zeit das Ideal philosophischer Lexika und des philosophischen Wortgebrauchs überhaupt. Der Adept der Philosophie stieß während seiner Reise in das fremde Land des abstrakten Denkens bei jedem Schritte auf Fremdworte, deren Erklärung er sich zunächst aus einem philosophischen Fremdwörterbuche holte; da erfuhr er schnell und zuverlässig *die* Bedeutung aller philosophischen Termini technici. Je älter der Adept wurde, je fleißiger er Geschichte der Philosophie trieb, d. h. die Originalwerke der bedeutendsten Denker aller Zeiten las, desto deutlicher mußte ihm werden, daß die Termini technici der Philosophie (nebst ihren Übersetzungen und Ersetzungen) eine einzig wahre, eine unveränderliche Bedeutung nicht haben, daß es *die* Bedeutung neben den Bedeutungen gar nicht gibt. Die neuesten philosophischen Wörterbücher, das deutsche von Eisler und das englische von Baldwin, an die beide ich auch an dieser Stelle den Dank für unzählige Literaturangaben abstatten möchte, haben begriffen, daß die Bedeutung eines Terminus nur aus der Geschichte des Terminus kennenzulernen ist, und bringen zu dieser Geschichte von überall her reichlich Materialien bei; freilich bemühen sich beide

Lexika allzu häufig, überdies noch *die* Bedeutung festzustellen, als ob irgendein Begriff außer in seiner Geschichte noch einmal da wäre. Was man für die gegenwärtige Bedeutung des Wortes ansehen mag, ist doch auch nur à peu près zu bestimmen, wenn man zwischen den miteinander kämpfenden Richtungen der Gegenwart eine Resultierende zieht und sich entschließt, diese Resultierende für die Weltanschauung der Gegenwart oder gar für die endgültige Weltanschauung zu halten; auch die gegenwärtige Bedeutung jedes Wortes ist historisch *geworden.* Das *Wörterbuch der Philosophie,* das sich ein *philosophisches Wörterbuch* nicht zu nennen wagte, kann jedem Versuch einer Wortgeschichte noch eine Kritik der augenblicklichen Bedeutung oder der streitenden Bedeutungen hinzufügen.

Man sieht daraus, was man davon zu halten habe, wenn in ganz modernen Darstellungen der Logik von einer *Bedeutung an sich,* von einer objektiv-idealen Bedeutung (Husserl) die Rede ist. Obgleich auch da ein Unterschied zugrunde liegt, der, wenn klar festgehalten, das unfruchtbare Suchen nach *der* Bedeutung hätte beenden müssen. Ich meine den Unterschied zwischen Begriff und Bedeutung.

Man kann von einem Worte sagen, daß es eine Bedeutung *habe;* wie man von einem Dinge sagen kann, daß es Eigenschaften habe, obwohl das Ding nichts ist außer und neben seinen Eigenschaften. So ist auch das Wort kein möglicher Bestandteil der Sprache mehr, wenn man seine Bedeutung wegdenkt. Die Bedeutung mag richtig oder falsch sein, klar oder unklar, usuell oder okkasionell, allgemein angenommen oder auf einen kleinern Kreis beschränkt, mag der Gemeinsprache oder der Zunftsprache angehören: immer gehört die Bedeutung unablöslich zum Worte und ist in der wirklichen Psychologie des Denkens nicht von ihm zu trennen. Die Bedeutung ist ein rein psychologischer Begriff.

Der Begriff hat nur in der Logik eine Bedeutung. Man kann nicht gut sagen: das Wort *hat* einen Begriff. Der Begriff ist nicht eine Eigenschaft des Wortes, sondern das Wort selbst, insofern man mit ihm logische Operationen vornehmen will.

Ich wüßte nicht zu sagen, *wer* zuerst das deutsche Wort

Bedeutung in diesem psychologischen Sinne geprägt hat; wenn man davon spricht, daß etwas Unwirkliches, ein Traum z. B., etwas Wirkliches bedeute, so muß man den Traum erst *deuten*, übersetzen, damit er einen Sinn gebe; so wird *bedeuten* noch und wurde in ältrer Zeit sehr häufig für interpretieren gebraucht. Für *Auslegen* von Worten der eigenen Sprache im Verhältnis zu fremden oder dunkeln oder mehrdeutigen Worten. Aus diesem Grunde wäre es sehr verlockend, das Grundwort *deuten* wie das Wort *deutsch* von ahd. *diot* (Volk) herzuleiten, so daß *deuten* hieße: populär, verständlich machen. *Deutsch* war schon im Gotischen = heidnisch, volksmäßig; Luther konnte *βαρβαρος* mit *undeutsch* übersetzen, im Sinne von *undeutlich*. (In den Judenschulen ist, wie ich erfahre, die Frage sehr geläufig: »Was ist taitsch?« im Sinne von: »Was bedeutet das?«) Hält man aber die jetzige Bedeutung von deuten für die ursprüngliche, nämlich: weisen, ein Zeichen geben, *δεικνυναι*, so könnte (ich kann es nicht belegen) Bedeutung eine alte Übersetzung von connotatio sein, welches Wort im Mittelalter gebräuchlich war und neuerdings durch Mill wieder zum englischen Terminus geworden ist. Es ist nicht richtig, engl. connotation mit Mitbezeichnung oder Nebenbedeutung zu übersetzen; die Vorsilbe *be* (ahd. *bi* = nhd. *bei*) in Bezeichnung, Bedeutung ersetzt schon genügend die lat. Vorsilbe con und hat sie wohl übersetzt; connotation will im Sinne von Mill eben nur den Bedeutungsinhalt eines Wortes ausdrücken, freilich auch daneben den Inhalt im Gegensatze zum logischen Umfang; was connotatio im Sprachgebrauche des Scholastikers mit ängstlicher Unterscheidung ausdrückte, das braucht uns nicht mehr zu kümmern.

Über den Bedeutungswechsel habe ich (K. d. Sprache II, S. 248ff.) ausführlich gesprochen; zu vergleichen wären Pauls *Prinzipien der Sprachgeschichte* (3. Aufl. S. 67) und Bréals *Essai de Sémantique*. Beide Forscher waren es offenbar müde geworden, dem Lautwandel weiter nach vermeintlichen Gesetzen nachzuspüren; Bréal drückt dieses Gefühl in der einleitenden Idée de ce travail sehr hübsch aus: Si l'on se borne aux changement des voyelles et des consonnes, on réduit cette étude aux proportions d'une branche secondaire de l'acoustique et de la physiologie; si l'on se contente d'énumérer les pertes subies par le mécanisme grammatical, on donne l'illusion d'un édifice qui tombe en ruines. Der strengere Paul, der kein minder feines Ohr für die *innere Sprachform* besitzt als der Franzose, nimmt auf den Zusammenhang mit der geltenden Wissenschaft mehr Rücksicht, begnügt sich auch mit der herkömmlichen Bezeichnung Bedeutungswandel; ob die neue Disziplin nicht besser als Semantik vielleicht Semasiologie hieße, wage ich nicht zu entscheiden; unter jedem Namen könnte sie, fruchtbringender als die Lehre vom Lautwandel, die wertvollsten Beiträge zur Geschichte des menschlichen Denkens geben – wie dieses Wörterbuch hoffentlich auf einigen Seiten.

Die englische Bedeutungslehre (significs) steht einer Kritik der Sprache nicht gar fern. Sie unterscheidet genau zwischen der usuellen Bedeutung (dem herrschenden Sprachgebrauche), der individuellen Bedeutung (der Absicht des Redners oder Schriftstellers beim Gebrauche eines Wortes) und der Wertbedeutung einer Vorstellung. In diesem letzten Sinne ist *bedeutend* ein Lieblingswort des alternden Goethe gewesen; schon Jacob Grimm hat diesen individuellen Sprachgebrauch liebevoll und fast zärtlich gebucht: »Goethe führt das Wort zu oft im Munde, als daß es nicht aus der lebhaftern Vorstellung des Anbetenden, ahnen Lassenden unvermerkt, obwohl unverschwendet, in die abgezogenere des Wichtigen, Entscheidenden, Ausgezeichneten, Großen übergegangen wäre«; und Grimm bemerkt auch schon, daß in der Gemeinsprache *unbedeutend (=insignificant)* früher da war als dieses *bedeutend (=significans)*.

31 Urteil und Wahrheit

Die neuere Logik sieht mit Recht nicht im Begriff, sondern im Urteil das Urphänomen des Denkens. Denn wir urteilen scharf, lange bevor wir klare Begriffe haben. Und nebenher wird diese Änderung auf unsere Tierpsychologie einwirken müssen. Denn wenn es auch den höheren Tieren an gut definierbaren Begriffen fehlen sollte, so wird man doch selbst den niedersten Tieren die Fähigkeit des Urteilens kaum absprechen können.

Nun hat Sigwart (Logik I. 23) sehr fein zu unterscheiden geglaubt zwischen dem sich bildenden Urteil, das das eigentliche Denken ist, und dem fortbestehenden Urteil, das Sprache ist. Hätte er recht, so wäre hier einzig und allein der Punkt zu finden, wo Denken und Sprache sich trennen. In Wirklichkeit aber scheint mir das, was Sigwart das lebendige Urteil nennt, dem sprachlichen Urteile, dem Denkakt doch nicht eigentlich entgegengesetzt zu sein, sondern ihm nur vorauszugehen. Das lebendige Urteilen ist nichts als ein tastendes Vergleichen, ein Versuchen, ein probeweises Aneinanderhalten von zwei Vorstellungen, von denen die eine zum Subjekt, die andere zum Prädikat werden wird. Aber selbst in unserer abgerichteten und gedrillten Sprache läßt sich dieses Verhältnis bei tausend Gelegenheiten willkürlich umkehren. Lassen wir die Kopula oder die entsprechende Verbalendung fort, reden wir wie Wilde: »Heiß – Wolke – Wasser – gut«, so verstehen wir uns und machen uns verständlich und müssen nur unser Interesse und unsere Wünsche durch stärkere Betonung und durch fragenden Ton ausdrücken.

Selbst in diesen komplizierteren Fällen wird der Denkakt in dem Augenblick fertig, da er zu Worte kommt. Aber auch der allereinfachste Denkakt »das da ist ein Apfel« vollzieht sich, wenn er bewußt wird, sprachlich. Daß das Kind und der einfache Mensch solche Urteile sprachlos vollziehen kann, ebenso wie das Hühnchen sein Urteil »das da ist ein genießbares Samenkorn« oder vielleicht nur »das da ist genießbar«, das beweist nicht, daß wir ohne Sprache denken, sondern nur, daß das Denken eine spätere Luxusfunktion ist und daß zum Vegetieren das Denken oder Sprechen nicht notwendig ist.

Aber Sigwart und seine Schüler haben es nicht verhindert, daß die alte Schullogik sich für etwas ausgibt, was gelernt werden müsse.

Auf der Stufenleiter der Schullogik steht das Urteil, sowohl seiner Aufgabe als seinem Werte nach, zwischen dem bescheidenen Begriff und der stolzen Schlußfolgerung. Bevor ich weiter zeige, daß diese Stufen eher abwärts als aufwärts führen, ja, daß sie recht eigentlich den Stufen im Rade einer Tretmühle gleichen, den Stufen, die ein Esel ewig aufwärts schreitet, ohne sich vom Flecke zu rühren – bevor ich diese Fernsicht wie von jeder Wendung des Weges so auch hier zeige, möchte ich gern auf das Unpassende der logischen Bezeichnung hinweisen. Mir scheint das Wort »Urteil« verwirrend, um so verwirrender, als die deutsche Volkssprache sich immer noch weigert, bei diesem Begriff deutlich an seinen logischen Sinn zu denken.

Die Logiker freilich helfen sich wie gewöhnlich dadurch, daß sie zwischen dem Denken und der Sprache unterscheiden, daß sie also zwischen dem Gedanken und seinem sprachlichen Ausdruck trennende Formen, am liebsten grammatische Formen, einschieben. Sie sagen also: der Satz sei der sprachliche Ausdruck für das logische Urteil. Wir aber, für die das Wort nicht der sprachliche Ausdruck für den Begriff ist, sondern nur eben ein Synonym für Begriff, wir sehen in Satz und Urteil dasselbe. Wenn der Chemiker für Kochsalz Chlornatrium sagt, so ist ihm das gelehrte Wort doch nur ein Zeichen für Kochsalz und erinnert ihn bloß an seine genaueren Beobachtungen des Dings, das den Begriff veranlaßt hat. Wenn der Apotheker Aqua destillata sagt oder liest, so meint er Wasser und gibt oft anstatt logisch und ideal reinen Wassers eine filtrierte Flüssigkeit, die nur ihren gröbsten Erdenschmutz im Filter gelassen hat. Und Regenwasser ist ihm gar auch Aqua destillata, wie der geschmackloseste Satz immer noch ein Urteil ist.

Ich habe schon öfter bemerkt, daß selbst Aristoteles im Verhältnis zu späteren Logikern eine ganz lebendige, natürliche Sprache spricht. Darum gibt es bei den Griechen auch noch keinen Unterschied zwischen dem logischen Urteil und seinem sprachlichen Ausdruck, dem Satz *(ἀποφασι)*. Der griechische Ausdruck heißt etwa so viel wie »etwas Ausgesprochenes«. Die Römer übersetzten dieses Wort verschiedenartig, aber von Varro und Cicero bis auf Boëthius immer im natürlichen griechischen Sinn. Erst das mittelalterliche Latein führte für den logischen Begriff des Satzes das Wort judicium ein, das bis dahin doch nur die richterliche Entscheidung bezeichnet hatte. So ist die Metapher vom Richterurteil auf den Satz in die modernen Sprachen eingedrungen, wenn auch nur langsam. Das alte deutsche Wort »Urteil« scheint erst Leibniz in logischer Bedeutung angewandt zu haben.

Das Verhältnis dieser Bedeutungen läßt sich in romanischen Sprachen besser verfolgen, weil sie mit dem Mönchslatein fester zusammenhängen. So wurde im Französischen aus judicium (im juristischen Sinne) jugement, was dann daneben auch die Beurteilungskraft oder den Verstand und endlich auch das Urteil im logischen Sinn oder den Satz bedeutet. Die unscheinbare Bemerkung, daß jugement im Französischen auch ein Gutachten bedeuten könne, wird uns nach dieser kleinen sprachgeschichtlichen Abschweifung auf unsern Weg zurückführen.

Jugement bedeutet »Gutachten«, weil es auch Urteilskraft oder Verstand bedeutet. Der Versuch des 18. Jahrhunderts, »Urteil« in diesem Sinne zu gebrauchen (z. B. ein Mann von viel Urteil), ist nicht recht geglückt. Wie kam aber die Sprache dazu, diese Metapher überhaupt zu bilden? Wie kam die Sprache dazu, das Bild von der Entscheidung über eine Schuldfrage auf den psychologischen Vorgang anzuwenden, der im Aussprechen eines Satzes besteht? Ich glaube, das kam so:

Die Scholastiker waren bei aller Verkehrtheit im großen ganzen doch im einzelnen scharfsinnig genug zu bemerken, daß die Logik sie im Kreis herumführte. Sie sahen zwar nicht ein, daß die Logik nur eine Spielerei mit psychologischen Vorgängen ist; aber sie mußten in jedem einzelnen Falle sehen, daß die Logik unfruchtbar ist. Bei einem einzelnen Urteile oder Satze oder einer Aussage kommt es der menschlichen Erkenntnis doch einzig und allein darauf an, ob der Satz wahr sei oder nicht, das heißt ob der auseinander gelegte Begriff mit wirklichen Sinneseindrücken übereinstimme oder nicht. Die Wahrheit aber oder Übereinstimmung mit der Wirklichkeit ist der Logik von Hause aus eine fremde Angelegenheit. Wir werden später sehen, daß sich das bei der Schlußfolgerung nicht ganz so verhält, daß die Logik bei der Schlußfolgerung zwar auch nicht für die Wahrheit der einzelnen Sätze, wohl aber für die Richtigkeit der Registratur eintritt, wie der Leiter eines Krankenhauses nach fachmännischer und behördlicher Anschauung zwar nicht für gute Diagnosen einstehen muß, wohl aber für die Richtigkeit der Bettnummern und die Statistik überhaupt, kurz für die Sauberkeit des Krankenjournals.

Die Wahrheit der Urteile oder Aussagen hat also mit der Logik gar nichts zu tun. In logischer Beziehung ist der Satz »der Kreis ist viereckig« ebenso gut und schön wie der Satz »der Kreis ist rund«. Wenn nun die Wahrheit das einzige ist, was uns an den Sätzen interessiert, wenn ferner die Logik zu deren Wahrheit gar keine Beziehung hat, so hätte die Logik für unsere Aussagen keinen Sinn, und weiterhin keinen Sinn für unser Denken, das doch nur eine Kette von Sätzen ist. So mußte der rein formalen Logik Gewalt angetan werden; sie wurde ohne jede Legitimation zum Richter über Wahrheit und Unwahrheit ernannt, nicht anders als wie Sancho Pansa auf seinem Esel zum Statthalter über eine Insul gemacht worden ist. Wir wissen, daß unser Denken nur ein Besinnen auf unsere Sinneseindrücke ist, das Gedächtnis in Wortzeichen, wir werden also nicht davor zurückscheuen, den hohen Begriff der Wahrheit etwa mit dem eines gesunden Gedächtnisses zu erklären. Wir wissen nicht, was Wahrheit sonst sein möchte. Die Sprache jedoch, besonders die scholastische Sprache, personifizierte ahnungslos Wahrheit und Unwahrheit in zwei streitenden Weibern, die Sprache löste von dem Fetisch »Gehirntätigkeit« (den ich leider nur mit dem andern Fetisch »Gedächtnis« vertauschen kann) den aufgeputzten Götzen Verstand los und setzte ihn zum Richter ein über die beiden streitenden Weiber. Und wie sich die Dummheit der menschlichen Sprache mitunter in Worten verrät, so war es auch hier. Die Entscheidung über Wahrheit und Unwahrheit wird ein Urteil (judicium, jugement) genannt; ebenso aber der Verstand, der das Urteil fällen soll. Man sieht: der Richter, der personifizierte Verstand, ist nichts als das Wort, das den Satz bedeutet. Das Urteil (die Urteilskraft) beurteilt das Urteil (die Wahrheit des Urteils). Le jugement juge le jugement. Es ist nicht meine Schuld, wenn ein so grausamer

Unsinn in logischer Sprache möglich ist; und es ist mein Verdienst, wenn ich diesen Satz, den ich mir eben erfunden habe und den ein Logiker oder Grammatiker für tiefsinnig halten könnte, uneigennützig für grausamen Unsinn erkläre.

Logiker und Grammatiker sind in diesem Falle gleich zu behandeln, weil die logische Richtigkeit eines Satzes mit seiner grammatischen Richtigkeit zusammenfällt. Wenn jemand sagt »alle Bäume haben Blätter«, so kann die Logik nicht widersprechen, weil die Grammatik nicht widerspricht. Der Satzbau ist in Ordnung. Was der Richtigkeit dieses Satzes widerspricht, was ihn für falsch erklärt, das ist unser Gedächtnis, das sich auf das Dasein von Nadelbäumen besinnt, oder vielmehr darauf, daß wir gewisse Formen dieses Pflanzenorgans in unserer Sprache nicht Blatt zu nennen pflegen. Und vom Organ des Gingko biloba – wie gesagt – wissen nicht einmal die Botaniker, ob es Blatt, ob es Nadel ist. In einer anderen Sprache mag der Satz »alle Bäume haben Blätter« ein wahrer Satz sein.

Von diesem Punkte scheint mir die ganze Verkennung und Überschätzung der Logik auszugehen. Weil man sich nicht entschließen konnte, die Logik über Bord zu werfen als eine unfruchtbare, ja perverse Spielerei, darum mußte man ihr ein Urteil über die Wahrheit des Denkens aufhalsen, darum nannte man die einfachsten Sprach- oder Denkbestandteile, die Sätze, mit einer unglücklichen Metapher Urteile, und darum wurde und wird das Urteil definiert als »das Bewußtsein über die objektive Gültigkeit einer subjektiven Verbindung von Vorstellungen«. Man achte wohl auf den sprachlichen Ausdruck. Die Definition paßt einzig und allein auf das Urteil im richterlichen Sinne. Das mag ein Bewußtsein von irgend einer Wahrheit sein. Man definiert einfach ein falsches Bild und wendet nachher die Definition auf das bildlich Ausgedrückte an. Das ist genau so, als ob ein Arzt eine Augenoperation an einem Menschen vornehmen wollte, weil der Mensch von einem schlechten Maler schielend gezeichnet worden ist. Wir haben da einfach eine ungewöhnlich schlechte Definition vor uns. Das Wort »Urteil« wird eben in zwei gänzlich verschiedenen Bedeutungen genommen; einmal bezeichnet es den Satz, das andere Mal die Entscheidung über die Richtigkeit des Satzes, einmal den Angeklagten, das andere Mal den Richterspruch oder gar den Richter selbst. Die Wahrheit ist die Gesundheit des Gedächtnisses; die Wahrheit ist das Heiligtum, in welchem das Frauenzimmer Logik zu schweigen hat. Die Wahrheit ist die letzte Sehnsucht der Sprache, ihre Metaphysik; das Urteil über die Wahrheit, das Urteil als eine Entscheidung fällt zusammen mit der Gesamtheit unseres geistigen Lebens; das Urteil im logischen Sinne, der Satz, ist die gemeinste und niedrigste Äußerung dieses Lebens, ist die gleichgültige Verkuppelung zweier Worte. Das Urteil über die Wahrheit ist eine unerreichbare Sehnsucht, ein Phantom wie der Gott im Himmel; das logische Urteil oder der Satz ist handgreiflich und roh wie der Pfaffe, der gewerbsmäßig ein Paar zusammenspricht. Der Satz »der Käse ist reif« ist logisch ebenso gut und schön wie der Satz »die Logik ist ein madiges Nahrungsmittel«; über Wahrheit oder Unwahrheit der Sätze hat die Logik kein Urteil, keine Gewalt, keine Meinung.

32 Wahrheit

Wenn das menschliche Denken, oder das Gedächtnis, oder die Sprache ungeeignet ist für das Zustandekommen oder für das Ausdrücken einer Welterkenntnis, so ist darunter selbstverständlich eine wahre Welterkenntnis gemeint. Denn es ist doch wohl unbestritten, daß Worte für eine falsche Erkenntnis zur Verfügung stehen. Eine wahre Erkenntnis besitzen wir nicht, aber wir wissen nicht einmal, was das ist: die Wahrheit, ohne welche die Erkenntnis keinen Wert hat.

Was ist Wahrheit? »In einem tiefen Brunnen lebt die Wahrheit, und wenn sie heraus will, klopft man ihr auf die Finger.« Gut. Dann müßten wenigstens die Feinde der Wahrheit sie gesehen haben, sie kennen. Doch die Wahrheit, der man auf die Finger klopft, ist nicht die objektive Wahrheit, sie ist nicht einmal die subjektive Wahrheit, sie ist einzig und allein ein dichterisches Bild der Ehrlichkeit oder Offenheit, hat also nur mit dem Charakter zu tun und nicht mit der Erkenntnis.

Was ist Wahrheit? Alle Definitionen des Begriffs sind entweder so kindlich wie die des heiligen Augustinus (»Verum est, quod ita est, ut videtur«), der rhetorisch ausrief, die Wahrheit würde auch nach dem Untergange der Welt weiter bestehen, der aber mit solchen Sätzen wirklich mehr predigte als philosophierte; oder: die Definitionen der Wahrheit laufen auf das bewußte oder unbewußte Zugeständnis hinaus, daß der Wahrheitsbegriff nur unserem Denken oder Sprechen zugehöre, nicht aber der Wirklichkeitswelt. So Hobbes: »Verum et falsum attributa sunt non rerum sed orationis.« Für den landläufigen oder den theologischen Dualismus, der ein Denken neben oder über der Welt annimmt, wäre dann die Vorstellung von einer objektiven Wahrheit irgendwo im Sitze der Seele ausdenkbar, wenn auch für die Erforschung dieser objektiven Wahrheit nicht verwendbar. Für uns, die wir zwischen Denken und Sprechen nur mühsam einen Unterschied entdeckt haben, ist eine objektive Wahrheit irgend eines absoluten Denkens unvorstellbar. Und der Begriff der subjektiven Wahrheit grenzt auf der einen Seite zu nahe an den der Wahrhaftigkeit, auf der anderen Seite zu nahe an den der Selbsttäuschung, als daß sich nicht gerade in ihm die prächtigsten Gegensätze vereinigten.

Die objektive Wahrheit müßte, um uns etwas zu sein, ein Verhältnis aussprechen, das Verhältnis einer Idee, eines Satzes, einer Vorstellung zu der Wirklichkeit. Man wollte denn anders diese Wirklichkeit selbst die Wahrheit nennen, was sehr hübsch klänge, nur daß dann die Wahrheit aus unserem Denken, wo allein sie einen Schein von Dasein hat, hinausgeworfen wäre in das Gebiet, von deß Bezirk kein Wanderer wiederkehrt, von welchem Gebiet wir nichts wissen. Ja der Satz, »die Wirklichkeit allein ist wahr«, wäre für uns unfreiwillig komisch.

Wahrheit ist die Übereinstimmung unserer Ideen, Sätze, Vorstellungen mit irgend etwas Wirklichem. Was ist dieses Wirkliche? Der Theologe bemühte dafür einst die Ideen Gottes und blieb nur die Antwort darauf schuldig, woher wir von diesem Kriterium der Wahrheit sichere Kunde erhalten können.

Der Materialist, der dagegen von der Wahrheit nur Übereinstimmung der Ideen, Sätze, Vorstellungen mit ihren Gegenständen verlangt, glaubt sich dem Theologen recht überlegen. Aber die Schwierigkeit, uns von der Wahrheit eine Vorstellung zu machen, ist hier ganz dieselbe. Wir können an die Gegenstände nicht unmittelbar heran, wir besitzen von ihnen nur unsere Ideen und Vorstellungen, können diese also immer nur mit sich selber, nie mit ihrem Ding-an-sich vergleichen. Bliebe also nichts übrig, als in der Wahrheit die Übereinstimmung unserer Ideen und Sätze miteinander zu sehen, die formale Wahrheit. Der Leser ist jetzt vielleicht vorbereitet, zu erfahren, was als Wesen dieser formalen Wahrheit (und eine andere objektive Wahrheit ist nicht da) zu entdekken ist: die Übereinstimmung der Begriffe oder Worte mit sich selbst, d. h. mit ihrer Anwendung durch den objektiven Menschengeist ist – der Gebrauch der Sprache, mag man nun darunter die unmittelbare Sprachtätigkeit verstehen, oder den Sprachgebrauch im Sinne des Sprachgebrauchs. Und es liegt nicht der leiseste Spott in dieser Gleichstellung. Eine Wiederholung alles dessen, was über die Sprache und das Erkennen vorgebracht worden ist, eine Vorwegnahme dessen, was die Kritik der Logik und Grammatik noch bringen wird, wäre nötig, um hell zu erläutern, warum *objektive Wahrheit* nur in der Sprache zu suchen, warum sie eben nichts sei als der *gemeine Sprachgebrauch*.

33 Wahrheit und Skepsis

Skepsis ist Zweifel. Wer glaubt, glaubt an Wahrheit. Fast grotesk steht die personifizierte Wahrheit, die ewige Wahrheit, die *stabilis veritas*, weil sie Gott selber ist, für den gläubigen Augustinus da. Erit *veritas* etiamsi mundus intereat. Ob die Wahrheit an den Dingen hafte oder am menschlichen Denken, an unsern Vorstellungen oder an unsern Urteilen, darüber ist endlos philosophiert worden. Alle Logiker haben den Wahrheitsbegriff auf das Denken oder das Urteil eingeschränkt: Aristoteles, Thomas, Descartes, aber auch Hobbes.

Jetzt, wo wir uns dem Ende der Untersuchung nähern und das Wort Wahrheit kein Fetisch mehr für uns ist, können wir mit freier Heiterkeit an die alte Streitfrage herantreten. Wer die Wahrheit in die Dinge verlegt, der hat den Glauben an seine Sinne; indem er seine Sinneseindrücke zweimal glaubt, zweimal setzt, einmal subjektiv und einmal objektiv, stellt er Übereinstimmung zwischen Schein und Wirklichkeit her und nennt es *Wahrheit,* daß identische Dinge identisch sind. Wer die Wahrheit in sein Urteil verlegt, gibt dem Wahrheitsbegriff womöglich noch geringeren Inhalt: einmal urteilt er (selbstverständlich richtig, d. h. nach seinem besten logischen Gewissen), sodann glaubt er an die Richtigkeit seines richtigen Urteils und nennt diesen seinen Glauben die *Wahrheit.* Hobbes, den ich eben unter den Denkern angeführt habe, die die Wahrheit ins Urteil allein verlegten, zog schon die Konsequenz aus dieser Ansicht. Wir kennen keine andern Urteile als sprachliche; also sind *wahr* und *falsch* Attribute der Rede, der Worte, eines Satzes. Und ein Satz ist wahr, wenn das Prädikat das Subjekt in sich mitenthält. Ich glaube nicht, daß ich die Ansicht des starken Hobbes mißverstehe, wenn ich sie nun so ausdrücke: *nur tautologische Sätze sind wahr.*

Immer waren es nur gläubige Menschen, ob sie nun an den allweisen und allgütigen Gott, der uns doch mit dem Glauben an seine Wahrheit nicht betrogen haben konnte, oder ob sie an ein starres System glaubten, immer waren es Dogmatiker, die von einer göttlichen, einer ewigen, einer absoluten Wahrheit redeten. Immer waren es die freien Geister, die Ketzer in Religion und Philosophie, die Zweifler, die die Vorstellung, alle menschliche Erkenntnis sei relativ, auch auf den höchsten Erkenntnisbegriff anwandten, auf die Wahrheit. Herbart (»wir leben einmal in Relationen und bedürfen nichts weiter«), Spencer (»we think in relations«) haben eigentlich dem Ketzerworte *Relativität* seine Schrecken genommen; sie leugnen ja das Absolute gar nicht, das Reale, es ist für uns nur *unknowable.* Wir wissen ja nichts als Relationen, weil unser Wissen selbst nur eine Relation ist, eine Beziehung des Ich zu dem Andern. Nur ein Stocklogiker wie Husserl kann das leugnen wollen: »was wahr ist, ist absolut, ist an sich wahr«. Im Grunde ganz richtig: man sollte nur das *absolut* Wahre *wahr* nennen, also das Wort *wahr* gar nicht gebrauchen.

Diesen Relativismus des Wahrheitsbegriffes hat Goethe all in seiner Weisheit einmal schön ausgesprochen: »Kenne ich mein Verhältnis zu mir selbst und zur Außenwelt, so heiße ich's Wahrheit. Und so kann jeder seine eigene Wahrheit haben und es ist doch immer dieselbige.« Nebenbei, Goethe hat einmal auch das Haften des Wahrheitsbegriffes an den Worten klar ausgedrückt (Spr. i. Pr. 51): »Der Irrtum wiederholt sich immerfort in der *Tat*, deswegen muß man das Wahre unermüdlich in Worten wiederholen.« Es wäre nützlich, wenn der weiseste Deutsche, öfter als es geschieht, im philosophischen Wortstreite zu Worte käme.

Der Schrecken vor dem Relativismus kam eigentlich daher, daß die Dogmatiker ewige, absolute Wahrheiten nicht nur auf dem Gebiete der Erkenntnis annahmen, sondern auch innerhalb des Heiligtums der Moral. Wurden auch die moralischen Wahrheiten für relativ erklärt, dann mußte die Welt zugrunde gehen. Dann waren die Lüge und der Teufel nicht mehr schwarz. Dann war Lüge keine Sünde mehr, und der Menschheit war aller Wert geraubt. Das Werturteil am Wahrheitsbegriff, die internationale Vermischung von Wahrheit und Wahrhaftigkeit, wirkten zusammen, als man sich über Nietzsches antimoralische Verteidigung der Lüge entsetzte. Über Nietzsches Lehre: daß der Irrtum das lebenerhaltende Prinzip sei.

Die Deklamationen gegen die Lüge als das eigentlich teuflische Laster sind den christlichen Theologen seit jeher geläufig gewesen (trotz Ev. Joh. 7, 8f.); philosophisch hat erst Kant diesen Abscheu vor der Lüge zu begründen gesucht, »platt, kindisch und abgeschmackt« (nach Schopenhauers Worten) aus dem Sprachvermögen des Menschen; dieser unbedingte Abscheu beruhe aber »auf Affektion oder auf Vorurteil«; bekannt ist, daß Schopenhauer die Lüge mindestens überall da billigt, wo Notwehr gestattet wäre. Auch der feine Menschenkenner Bacon ist ein Verteidiger der Lüge; in seinem Essay »Von der Wahrheit« vergleicht er die Wahrheit mit einer Perle, die sich am schönsten bei

Tage ausnimmt, nie aber den Preis eines Diamanten erreicht, der sich am besten bei schimmerndem Kerzenlicht, dem verlogenen Mummenschanz der Welt, betrachten läßt; die Mischung mit Lüge und Betrug gleiche dem unedlen Zusatz in Gold- und Silbermünzen, der das Metall erst zum Verarbeiten geschickt mache. Unendlich oft ist die Lüge von Dichtern entschuldigt oder gar gepriesen worden, die ja die nächsten dazu sind; niemals gütiger als von Grillparzer am Ende seines menschlich-weisen Lustspiels »Weh dem, der lügt«:

»Das Unkraut (die Lüge) merk' ich, rottet man
nicht aus,
Glück auf, wächst nur der Weizen etwa drüber.«

Niemals grimmiger als von Ibsen in der »Wildente«: der Arzt Relling rettet die Leute, die er lieb hat, dadurch, daß er die Lebenslüge in ihnen konserviert, das stimulierende Prinzip, die Fontanelle, die er ihnen in den Nacken setzt. So eine Lebenslüge ist der Quatsch, den er erfunden hat, um den Mann am Leben zu erhalten. »Nehmen Sie einem Durchschnittsmenschen die Lebenslüge und Sie nehmen ihm zur gleichen Zeit das Glück ... gebrauchen Sie doch nicht das Fremdwort Ideale; wir haben ja unser gutes Wort Lügen.«

Ibsens konservierte und konservierende Lebenslüge deckt sich überraschend gut mit Nietzsches Gedanken über die biologische Nützlichkeit des Irrtums. Es ist schwer, wie bei Nietzsche immer, diesen Gedanken rein und klar auszulösen. Nicht weil Nietzsche kein System hinterlassen hat, nicht weil er ein Aphorismenschreiber war. Von Nietzsche selbst stammt ja das prachtvolle Wort: »Der Wille zum System ist ein Mangel an Rechtschaffenheit.« Aphorismen sind immer Halbwahrheiten; da wir aber niemals die ganze Wahrheit haben, so wird da das Halbe mehr sein, als das Ganze. Auch die oft bis zum Krankhaften gesteigerte Sucht, auf den Krücken der Sprache, über wortspielerische Antithesen zu sich übersteigernden Paradoxien zu kommen, kann die helle Lust an der skeptischen Persönlichkeit Nietzsches nur selten trüben. Aber Nietzsches leidenschaftliches Denkinteresse in allen seinen »Begriffsdichtungen« galt dem Leben, galt der Umwertung der Lebenswerte; erkenntnistheoretische Untersuchungen trieb er nur nebenbei und war mit diesen Einfällen, Feuerwerk- oder Blitzfunken, so wenig zufrieden, daß er sie fast nie veröffentlichte, daß er uns das Gerüste seines Philosophierens nicht zeigte, undeutsch genug, da doch der größte deutsche Philosoph zumeist um des Gerüstes willen berühmt geworden ist, mit dem er sich und uns oft erdrückt. Deutsches Gelehrtenideal wäre es, das Gerüst um jeden Dom für ewige Zeiten stehen zu lassen. Was nun Nietzsche nur selten fertig gedacht hat, hat pietätvolle Leichenschändung auf den Markt geworfen, und aus den wüsten Nachlaßbänden allein versucht man jetzt Nietzsches Erkenntnistheorie zu rekonstruieren.

Irrtum und *Lüge* werden für Nietzsche zu Wechselbegriffen, weil er, auch darin »undeutsch« und wieder der deutscheste der Deutschen, nicht ein Geschäftsmann des spekulativen Denkgeschäftes war, sondern zutiefst an seinem Denken litt, das er erlebte. Wie kann man weiterleben, wenn man die Lebenslügen durchschaut hat? Wenn man die lebenerhaltenden Illusionen aufgedröselt hat? In der Antwort auf diese faustische Frage steckt der ganze kranke entzückende Nietzsche. Die Masse glaubt an die Illusionen, läßt sich also gar nicht stören. Der Denker, der hinter das Geheimnis des Lebensirrtums oder der Lebenslüge gekommen ist, geht zugrunde, wenn er ein Schwächling ist. Nur der Stärkste, der arme kranke Nietzsche, hält die Wahrheit aus, daß es keine Wahrheit gibt.

»Die Falschheit eines Urteils ist uns noch kein Einwand gegen ein Urteil ... die Frage ist, wie weit es lebenfördernd, arterhaltend, vielleicht gar artzüchtend ist; und wir sind grundsätzlich geneigt, zu behaupten, daß die falschesten Urteile ... uns die unentbehrlichsten sind, ... daß Verzichtleisten auf falsche Urteile ein Verzichtleisten auf Leben, eine Verneinung des Lebens wäre.« Die Wahrheit hat einen moralischen Wert, die Unwahrheit einen biologischen. Wahrhaft sein heißt »herdenweise lügen«. Einverleibte Irrtümer nennen wir wahr. Nietzsche nennt *wahr,* was uns nützt, wie die Menschheit seit Urzeiten *gut* genannt hat, was ihr nützte. Die Pragmatisten verstehen unter derselben

Wortfolge etwas anderes. Was immer Spinoza gegen den Begriff *gut* vorgebracht hat, hätte Nietzsche gegen den Wahrheitsbegriff wiederholen können. Und eine einzige Überlegung müßte ihm recht geben: die Menschheit hat seit ihrer Existenz die Wahrheit niemals besessen und hat dennoch weitergelebt. Nur daß es wieder ein Spiel mit Worten ist, das Positive, das allein lebenerhaltend sein kann, weil wir es nicht kennen, mit der beschimpfenden Negation Irrtum oder Lüge zu nennen.* Was unknowable ist, ist unknowable, mag man es feierlich als das Absolute oder respektlos als Irrtum bezeichnen. Das englische Schlagwort *agnosticism* ist so übel nicht.

In sprachlicher Beziehung recht unglücklich hat Richter in seinem übrigens sehr lesenswerten und tapfern Buche den individuellen Agnostizismus Nietzsches als biologischen Skeptizismus klassifiziert; Nietzsche bewertet Wahrheit und Irrtum biologisch; »biologischer Skeptizismus« erinnert ein bißchen an die reitende Artilleriekaserne (an die mich auch der »linguistische Skeptizismus« erinnert, womit Richter, II. 453, meine eigenen Ideen beehrt). Nietzsche

* Ein vielzitiertes Wort Schillers gehört höchstens als Ornament hierher:

»Nur der Irrtum ist das Leben,
Und das Wissen ist der Tod.«

Die Verse finden sich in dem Gedichte »Kassandra«, sind dramatisch in die Seele der Wahrsagerin hineingedacht und meinen eigentlich das prophetische Wissen vom künftigen Schicksale; diese Stimmung wird von dem Kantschüler noch schärfer ausgesprochen in den Versen:

»Zukunft hast du (der Gott) mir gegeben,
Doch du nahmst den Augenblick.«

Freilich verallgemeinert Schiller die Stimmung Kassandras: Alles Wissen macht unglücklich. »Frommt's den Schleier aufzuheben?« »Wer erfreute sich des Lebens, der in seine Tiefen blickt?«

Trotzdem ist noch ein weiter Abstand zwischen Nietzsches Paradoxon von dem biologischen Nutzen des Irrtums und Schillers klingender Antithese. Aus einem sehr einfachen Grunde. Schiller meint gar nicht den Irrtum, den Gegensatz zur Wahrheit. Er meint das Nichtwissen, den Gegensatz zum Wissen. Er hat wohl nur – mit dem Hute in der Hand bemerke ich's – des leidigen Rhythmus wegen *Irrtum* für *Nichtwissen* gesetzt. Und zur Strafe dafür und weil der Gegensatz zu *Irrtum* es fast fordert, wird die Stelle oft falsch zitiert, von Fontane, von R. Richter:

»Nur der Irrtum ist das Leben,
Und die Wahrheit ist der Tod.«

wollte, wie Hume, nicht ein Skeptiker heißen. Die konsequenten griechischen Skeptiker, die jedes Urteil für unmöglich erklärten, hätten ja nicht leben können, wenn sie ganz konsequent gewesen wären. Buridans Esel, der wegen der Unfreiheit des Willens, des menschlichen Willens (hätte ich fast gesagt), zwischen zwei völlig gleichen Heubündeln verhungern muß, scheint noch ein kluger Esel neben dem skeptischen Esel, der sein einziges Heubündel nicht fressen kann, weil er an der Wirklichkeit des Heus zweifelt, auch nicht weiß: ob er ein Esel sei, ob er wirklich fressen könne. Wie dieser skeptische Esel hätte die Menschheit verhungern müssen, wenn sie nach der skeptischen Theorie, der einzigen Wahrheit, gelebt hätte. Der lebensbrünstige Nietzsche wollte kein solcher Skeptiker sein, gewiß auch kein biologischer Skeptiker. »Individuellen Relativismus« mag man seine Lehre nennen, wenn man schon klassifizieren will: »Woran ich zugrunde gehe, das ist für mich nicht wahr – d. h. es ist eine falsche Relation meines Wesens zu andern Dingen. Denn es gibt nur individuelle Wahrheiten – eine absolute Relation ist Unsinn.« Wir besitzen also keine Wahrheit, die absolut wäre, wir müssen uns mit Meinungen begnügen. Mit dem *Glauben,* der uns als Ersatz für die *Wahrheit* nun zum dritten Male begegnet.

Die Sprache zappelt sich an solchen Begriffen jämmerlich ab. *Wahr* sollte sein, was der Wirklichkeit entspricht. *Glauben* nennen wir unser Verhältnis zu Vorstellungen oder Urteilen, wenn wir sie für *wahr* halten, d. h. wenn wir nicht wissen, daß sie wahr sind, wenn wir sie also *nicht* für wahr halten. Es wäre wohl besser, die Resignation zu wählen, in Goethes Orden der *Ent-sagenden* einzutreten.

Die deutsche Sprache hat einmal einen tollen Witz gemacht und mit dem Wahrheitsbegriff Schindluder getrieben. Eine Beteuerung der Wahrheit war im Mittelhochdeutschen *allwaere* (althochdeutsch *alawâr* = *verissimus*). Als seine Herkunft nicht mehr gefühlt wurde, wurde daraus durch Lautwandel *alber,* seit Gottsched und Gellert *albern.* Wir wissen, was dieses alte *alwaere* jetzt bedeutet. Luther übersetzt (Spr. Sal. 14, 15): *ein Alber gläubet alles.*

34 Schönheit

Der Wesensunterschied zwischen Schiller und Goethe äußert sich auch darin so deutlich, daß Goethe, der doch wahrhaftig über die Kunst nachgedacht hat wie einer, niemals ein philosophischer Kunstschreiber geworden ist; seine unzähligen gelegentlichen Äußerungen treten niemals aus der adjektivischen Welt des Schönen hinüber in die substantivische, metaphysische Welt der abstrakten Schönheit. Goethe hatte darum auch keine Achtung vor künstlerischer Betätigung an sich, er sah die »Nullität« in den Arbeiten der kleinen Talente. »Denn den Geschmack kann man nicht am Mittelgut bilden, sondern nur am Allervorzüglichsten« (Gespräche V, S. 35). Dabei hatte Goethe vor Kant und Schiller voraus, daß er, von der Poesie nicht erst zu reden, die bildenden Künste und die Architektur gründlich studiert hatte und auch von der ihm fremden Musik eifrig einige »Begriffe« gewonnen hatte.

Kant hatte sich viel mit der älteren Poesie beschäftigt, wohl aber kaum Gelegenheit gehabt, große Musik oder gar Werke der bildenden Kunst auf sich wirken zu lassen. So schuf er seine Ästhetik aus der Tiefe des Gemüts und aus Büchern und war sich des Mangels an Empirie gar nicht bewußt. Hat er doch auch, ohne aus Königsberg herauszukommen, oft Vorlesungen über Anthropologie gehalten und in diesem Falle ganz naiv seiner Heimatstadt nachgesagt, daß ihre Größe und vorzügliche Lage alle andern Quellen anthropologischen Wissens ersetzen könnte: »Eine große Stadt, der Mittelpunkt eines Reichs, in welchem sich die Landeskollegia der Regierung desselben befinden, die eine Universität (zur Kultur der Wissenschaften) und dabei noch die Lage zum Seehandel hat, welche durch Flüsse aus dem Innern des Landes sowohl, als auch mit angrenzenden entlegenen Ländern von verschiedenen Sprachen und Sitten, einen Verkehr begünstigt, – eine solche Stadt, wie etwa Königsberg am Pregelflusse, kann schon für einen schicklichen Platz zur Erweiterung sowohl der Menschenkenntnis als auch der Weltkenntnis genommen werden, wo diese, auch ohne zu reisen, erworben werden kann« (»Anthropologie« Vorrede S. VIII). Ebenso mußte ihm wohl Königsberg auch die ästhetische Empirie ersetzen.

Nicht viel anders stand es um Schiller, als er seine große Ästhetik zu schreiben unternahm. Burke, Sulzer, Webb, Mengs, Winckelmann, Home, Batteux, Wood, Mendelssohn nebst 5 oder 6 schlechten Kompendien besitzt er schon; aber er wünscht von Körner (Brief v. 11. Jan. 1793) noch mehr Bücher, immer nur Bücher. Und die italienischen Maler möchte er aus Kupfern kennen lernen. Auch über Architektur möchte er gar zu gern ein gutes Buch. »An musikalischen Einsichten verzweifle ich, denn mein Ohr ist schon zu alt; doch bin ich gar nicht bange, daß meine Theorie der Schönheit an der Tonkunst scheitern werde.«

Man halte mir nicht entgegen, daß niemand vom Ende des 18. Jahrhunderts die intime Sachkenntnis verlangen kann, die heute mit Recht von jedem Professor der Kunstgeschichte und von jedem bessern Kunstkritiker verlangt wird. Nicht um Kunstgeschichte handelt es sich ja, sondern um Ästhetik, um die Lehre vom Schönen. Die ästhetischen Gefühle sollten untersucht werden, und diesem Geschäfte unterzogen sich Männer, die die großen Instrumentalwerke von Bach und Mozart mit Arabesken verglichen, die nie ein Originalbild von Raphael oder Rembrandt gesehen hatten, und die sogar der Poesie mit alten Regeln gegenübertraten. Es ist kein Wunder, daß aus dieser begrifflichen Beschäftigung mit der Kunst das neue Dogma hervorging: das Wesentliche der Kunstgegenstände sei, kein Interesse zu erregen.

Diese Lehre war meines Wissens zuerst von Burke aufgestellt worden, dem wunderlichen Engländer, der offenbar aus den Bildern der zeitgenössischen Maler sein niedliches Schönheitsideal abstrahiert hatte. Man vergesse nicht, daß kurz vorher (1745) Hogarth die Welt mit der Erfindung der Schönheitslinie verblüfft hatte. Burke hatte auch seine weiche Schönheitslinie; nach ihm sind die natürlichen Eigenschaften eines schönen Gegenstandes: 1. Verhältnismäßige Kleinheit; 2. Glätte; 3. verschiedene Richtung der Teile; ... 5. der feine Bau; 6. lebhafte Farben, die aber nicht allzu grell sein dürfen; 7. wenn aber dennoch eine grelle Farbe dabei sein muß, so muß sie durch andere gemildert sein. Dieser Burke sagt nun – Schiller gibt den Satz so wieder –: »Schönheit errege Zuneigung, ohne Begierde nach dem Besitz.«

Dieser Gedanke ist nun aber schon von Kant, später viel glänzender von Schopenhauer in die Form gebracht worden: das Wohlgefallen am Guten und am Angenehmen sei mit Interesse verbunden; das Wohlgefallen aber, welches das Geschmacksurteil bestimmt, sei ohne alles Interesse; das ästhetische Urteil könne ganz uninteressiert, aber der Gegenstand eines solchen Urteils doch sehr interessant sein. Diese Redensarten, die heute noch die Ästhetik unserer Schulen beherrschen, enthalten schon die Übertreibung, die Unwahrheit, zu der die neue Disziplin führen mußte, weil sie das Objekt aller ihrer Untersuchungen, die *Schönheit,* substantiviert hatte. War die Schönheit erst eine Eigenschaft an den Erscheinungen, eine gewissermaßen objektive Eigenschaft, eine Kraft schöner Werke, die in uns das Gefühl des ästhetischen Wohlgefallens erst auslöst, so konnte man allerdings von diesem Unding sagen, daß es zu unserem Interesse oder zu unserem Willen keine Relation habe. Bevor es aber eine ästhetische Wissenschaft gab, in Wahrheit auch seither, gab es nur ein *Gefühl,* das manche Erscheinungen in uns wecken und das gar sehr mit unserem Interesse zusammenhängt. Auch wenn *schön* nicht ursprünglich und zuerst die wohlgefällige Erscheinung beim andern Geschlechte bezeichnet haben sollte (wo doch der Wunsch des brutalen Besitzes beim Nicht-Ästheten nicht ganz ausgeschlossen war), so ist doch das Adjektiv *schön* sicherlich erst allmählich von körperlichsten Erscheinungen auf Kunstwerke ausgedehnt worden, und diese Kunstwerke *wollen* wir hören oder sehen, ganz abgesehen davon, daß es nicht immer Barbaren sind, die Kunstwerke auch besitzen möchten. Der Irrtum bei der berühmten Interesselosigkeit des menschlichen Wohlgefallens scheint mir darin zu liegen, daß man beim Interesse an ein Interesse der fünf Sinne dachte, an die Nützlichkeit für den Einzelmenschen oder für die Menschheit, daß man nicht bedachte, wie tief alle Werturteile, zu denen doch auch die ästhetischen Urteile gehören, an dem menschlichen Willen hängen.

Die Unwahrheit des Geredes von der Interesselosigkeit des künstlerischen Interesses wird ganz klar, wenn man an die

Philosophen denkt, die noch einen Schritt weiter gegangen sind und ganz konsequent den ästhetischen Genuß *affektlos* genannt haben. Nur ein Kunstschreiber, der die Empfindung des Schönen nie erfahren hatte, konnte sich soweit versteigen. Es dürfte Leute geben, die eine stärkere und leidenschaftlichere Erregung gar nicht kennen als die, welche mit dem Anhören einer Symphonie von Beethoven, der achten z. B., mit dem ersten Anblick der Sixtinischen Madonna, mit dem ersten Lesen des Faust verbunden ist. Alles wird aufgewühlt, Untergründe des Willens, bis zu denen das Bewußtsein gar nicht hinabreicht. Haß und Liebe werden erregt, Taten werden gefordert; und das nennen Kunstschreiber Interesselosigkeit, Affektlosigkeit.

Unter meinen Beispielen von der erregenden Kraft der Künste mag das aus der Musik abgelehnt werden, weil die Musik bekanntlich unmittelbar auf das Gefühl wirkt. Dann müßte aber die Musik aus dem Gebiete der »interesselosen« Kunst ausgeschlossen werden, woran doch ernstlich nicht gedacht werden kann. Selbst der berühmte Musikästhetiker Hanslick, dessen Verdienste um seines Wagnerhasses willen jetzt gern geleugnet werden, wird mißverstanden, wenn man seine Lehre »vom musikalisch Schönen« für reine Formästhetik hält. Auch er gibt der Musik Inhalt, nur daß der Inhalt musikalisch zu sein habe. »Der Arabeske gegenüber ist demnach die Musik in der Tat ein Bild, allein ein solches, dessen Gegenstand wir nicht in Worte fassen und unsern Begriffen unterordnen können. In der Musik ist Sinn und Folge, aber musikalische; sie ist eine Sprache, die wir sprechen und verstehen, jedoch zu übersetzen nicht imstande sind« (S. 79). Es gibt in der Musik keinen Gegensatz zwischen Form und Inhalt. »Was will man den Inhalt nennen? Die Töne selbst? Gewiß; aber sie sind eben schon geformt. Was die Form? Wieder die Töne selbst, – aber sie sind schon erfüllte Form« (S. 213).*

* Mit nicht geringer Überraschung und Freude habe ich bei meinem Landsmann Hanslick auch die Unterscheidung zwischen der substantivischen und der adjektivischen Welt schon gefunden, freilich ohne den erkenntniskritischen Mitgedanken.

Dem hundertjährigen Betriebe einer wissenschaftlichen Ästhetik, die, nicht zufrieden, die adjektivischen Gefühle des Schönen psychologisch zu untersuchen, die objektive, die substantivische Schönheit in den Kunstwerken und gar in der Natur entdecken wollte, diesem offiziösen und darum oft heuchlerischen Betriebe ist es gelungen, *das Schöne* zu degradieren. Die Kunst oder die objektive Schönheit wurde zu einer Gottheit emporgepriesen; alle »schaffenden« Künstler (fast hätte ich Berlinisch *Künstlehr* gesagt) wurden zu Priestern der Kunst gemacht. Was Wunder, daß diese Leute aus der verbalen Welt (Maler, Bildhauer, Dichter, Komponist sind nomina agentis) sich bald zu einer Priesterkaste zusammentaten, zu einer Berufsklasse, die im Dienste ihrer interesselosen Kunst die Interessen der Kaste wahrnimmt! Was Wunder, daß nach dem verstiegenen Gerede über die Bedeutung der Kunst jeder Künstlehr sich für einen Übermenschen hält oder erklärt und Zehnten verlangt, von Männlein und Weiblein! Und das adjektivische *Schöne,* das einzig Wirkliche aus dieser Welt, wurde demgemäß zu einer Ware, zu der Handelsware der Kunstpriester. Auch hier verdaute der Priester, was Andächtige dem Gotte zu fressen brachten.

Was ich hier bekämpfe, das ist wahrhaftig nicht die Zusammenstellung von Kunst und Religion. So hoch stelle ich Religion nicht. So tief nicht die Kunst. Im Gegenteil: wenn wir nicht durch das Christentum die leidige Gewohnheit angenommen hätten, unter Religion eine geoffenbarte Religion, eine dogmatische, bestimmte, historische Religion zu verstehen, wenn es für uns noch außer diesen Religionen *die Religion* (in der Einzahl) gäbe, wenn wir von religiösem Genuß zu reden den Mut fänden, wie wir von ästhetischem Genusse reden (so genoß etwa der heilige Franciskus seine Religion), dann würde man es nicht für paradox halten, wenn ich jetzt sage: die einzigen ästhetischen Empfindungen, welche den toten Definitionen der gelehrten Ästhetik ganz entsprechen, sind religiöser Art, müßten in einem freien Systeme der Wissenschaften unter der Rubrik *Religion* abgehandelt werden, wenn wir das Wort beibehalten wollen. Nicht nur das Anhören der Bachschen Matthäus-

Passion oder der Anblick eines gotischen Doms, die ja durchaus zu den Erscheinungen einer bestimmten Religion gehören. Nein. Auch der Anblick des stürmenden Meeres oder des gestirnten Himmels, das Erleben eines großen Gewitters oder eines gewaltigen Wasserfalls, die Wiederkehr des Frühlings, das Lesen eines tief bewegenden Gedichts: all das dient einer religiösen Stimmung, einer Stimmung der Furcht oder Ehrfurcht, wie all das vielleicht historisch die Religionen erzeugen geholfen hat. Ich wüßte nicht, was stärker das Gefühl der Ehrfurcht oder der »schlechthinigen Abhängigkeit« aufrühren kann, als ästhetische Genüsse solcher Art, die ich darum vom »religiösen« Genusse durchaus nicht unterscheiden kann. Der Bilderstürmer Leo Tolstoj würde die Kunst vielleicht weniger hassen, wenn ihm das religiöse Gefühl beim ästhetischen Genießen nicht unbekannt geworden wäre. Er scheint von der Sehnsucht unserer Arbeiter nach der Ehrfurcht des Kunstgenusses nichts zu ahnen. Nicht zu wissen, daß der Bildersturm der Reformationszeit den Protestantismus, in dessen kalten Kirchen man friert, um alle Wärme gebracht hat.

Ich bin kein Systematiker. Ich bestehe nicht darauf, daß Ästhetik (die Lehre von den großen, von den einzig wahrhaften Kunstgenüssen) zu einem Kapitel einer gar sehr problematischen Religionswissenschaft gemacht werde, oder meinetwegen der Theologie. So sehr auch diese Religionswissenschaft zusammenschrumpfen müßte und sollte, nähme man ihr alles adjektivisch Schöne. Faßt man die Kunst als Tätigkeit, als Sichausleben genialischer Persönlichkeiten, dann mag man das Kapitel Ästhetik lieber unter der Rubrik »soziale Ethik« abhandeln. (Malmännchen und Malweibchen, Verquister von Papier und Notenpapier sind keine Künstler, sind nur Mitglieder der Kunstpriesterkaste.) Es ließe sich freilich auch so unter dem leer gewordenen Begriffe *Religion* unterbringen, wenn man glauben will, daß der geniale Künstler sich opfert, sich hingibt, um sein Volk zu erlösen; aber es ist nicht wahr: nie hat ein großer Künstler sich selbst völlig vergessen, nie ist er segnend den Kreuzestod gestorben. Aber die höchste soziale Tat haben die Großen ausgeübt, lange bevor es einen Sozialismus auf der

Welt gab: ihre Persönlichkeit, also den höchsten ethischen Wert, zum Gemeingute gemacht aller, die teilnehmen wollten. Darum hat Th. Lipps so unrecht nicht, das *Schöne* auf das *Sympathische* (im prägnanten Sinne) zurückzuführen: »Wir fühlen uns in den andern und fühlen die andern in uns. Wir fühlen uns in andern oder durch den andern beglückt, befreit, ausgeweitet, gehoben, oder das Gegenteil« (Komik u. Humor, S. 223).

Dieser Auffassung, die die einzigen wirklich künstlerischen Werke, die großen unter die Erscheinungen der Religion und der sozialen Ethik stellen möchte, steht eine Vorstellung gegenüber, die man wohl die geltende nennen kann. *Kunst*, die substantivierte Welt des adjektivisch Schönen, ist – Spiel. Man vergesse dabei nicht, daß *Kunst* lange Zeit jede Technik bedeutete, erst seit Aufkommen der Ästhetik schroff den technischen Fertigkeiten gegenübergestellt wurde.

Ich neige zu dem Glauben, daß *ars* irgendwie eine Lehnübersetzung von *τεχνη* war; Curtius (Etym. 219) gibt für das zugrunde liegende Verbum die drei immerhin zu verbindenden Bedeutungen *erzeugen, treffen, bereiten;* das Stammwort von *ars* scheint *treffen, fügen* bedeutet zu haben. Ars wie *τεχνη* hatte besonders den Sinn einer handwerksmäßigen Kunstübung. Das deutsche *Kunst* hängt sicher mit *können* zusammen; dieser Zusammenhang blieb im Sprachgefühl bis ins 16. Jahrhundert hinein bewahrt, ging aber nachher so gründlich verloren, daß man R. Wagners berühmt gewordene Ansprache von 1876 als einen gelehrten Witz nicht gleich verstand (»Sie sehen, was wir können, und wenn Sie wollen, so haben Sie eine Kunst«). Diese Beziehung auf das *Können* oder *Wissen* blieb durch Jahrhunderte erhalten und machte Kunst und Wissenschaft fast gleichbedeutend. Reuchlin sagt einmal, man habe von seiner hebräischen *Kunst* nichts gewußt, d. h. davon, daß er Hebräisch *konnte*. Das Handwerksmäßige in der Kunst lag noch lange zugrunde. Noch Schottel versteht unter Bau-, Bildschnitzer-, Maler-, Singe-, Dichtkunst die handwerksmäßige Übung. Merkwürdig ist aus dem 17. Jahrhundert auch die Zusammenstellung »lobwürdige Wissenschaft guter Künste«. Noch Adelung versucht *Kunde, Kunst* und *Wissenschaft* in diesem Sinne festzulegen und gibt das Beispiel: *Arzneikunde, Arzneikunst* und *Arzneiwissenschaft*. In der Gemeinsprache sind noch viele Reste des alten Gebrauchs: Wasser*kunst*, *Kunst*feuerwerk, *Kunst* in der Bedeutung einer *künstlichen* Ofenmaschine (wie sie im Schwarzwald üblich ist). Auch zitiert Kant ein volkstümliches Wort über das Ei des Kolumbus: »das ist keine Kunst, es ist nur eine Wissenschaft«. (Ganz nebenbei sei als gelehrte Lehnübersetzung der Schulwitz erwähnt, der das deutsche *Ars*, jetzt *Arsch*, mit *Kunst* übersetzte; Luther nannte einmal den Podex deutlich »die lateinische Kunst«.)

Die Einschränkung des Begriffs auf die berufsmäßige Beschäftigung mit dem *Schönen* fällt mit dem Aufkommen der deutschen Ästhetik zusammen; der franz. Gegensatz von *art* und *nature* wirkt ein. Winckelmann, Herder und Lessing haben diesen Begriff poliert, Goethe und besonders Schiller ihn populär gemacht.

Als die *Kunst* ein so überschwänglicher Begriff geworden war und der Geist der Zeit dennoch bemüht war, ihn realiter, d. h. mit Hilfe der empirischen Psychologie zu bestimmen, da fand sich bald das Wort oder der Begriff, unter den man die Kunsttätigkeit subsumieren konnte, eben: *Spiel*. Schiller war es, nicht ganz selbständig, der dieses Urteil prägte. »Das Tier arbeitet, wenn ein Mangel die Triebfeder seiner Tätigkeit ist, und es spielt, wenn der Reichtum an Kraft die Triebfeder ist, das *überflüssige* Leben sich selbst zur Tätigkeit stachelt« (Ästhet. Erz. 27. Brief). Das recht glückliche Wort ist dann oft übernommen und nachgeahmt worden. Das Spielen sei verarbeiteter Überschuß (Jean Paul), das Kind verwende auf seine Spiele die überschüssige Kraft (Beneke), Kunst sei »*surplus* energy« (Spencer), das Spiel »*overflow* of energy«; das ästhetische Spiel sei »*le superflu*« (Ribot).

Von dieser Zusammenstellung mit dem erhöhten Kunstbegriff gewann der einst so verachtete Spielbegriff manchen Vorteil. Mit ihm hatten sich noch zu den Zeiten Wolfs die Philosophen nur insoweit beschäftigt, als sie über die Frage schwatzten, ob die Glücksspiele moralisch ganz verwerflich seien oder nur teilweise. Jetzt begann man das Spiel der

Tiere und der Kinder ernsthaft zu untersuchen. Biologen und Psychologen kamen zu ähnlichen Ergebnissen: dem Körper wie dem Geiste sei die Betätigung der überschüssigen Kraft nützlich, durch Erholung von der *ernsten* Arbeit, durch *spielende* Einübung künftiger Arbeiten, durch Ergänzung der einseitigen Arbeit. Man betrachtete aufmerksam die Reize jeder Art von Spiel, man lernte sogar die Schönheit sehen, die in den Spielen der Tiere und der Kinder vorlag und von Künstlern längst nachgebildet worden war. Was gewann aber das Schöne durch die Zurückführung auf den Spielbegriff? Nichts. Es war überdies ein gefährliches Spiel mit Worten, wenn man das *Spiel* zur *ernsten* Arbeit in Gegensatz brachte und nun die Kunst, eine Art des Spiels, ebenfalls von der ernsten Arbeit ausschloß. Das war falsch, auch wenn man etwa *heiter* als Gegensatz von *ernst* genommen hätte. Res severa verum gaudium. Nicht nur das Schaffen großer Kunstwerke ist die ernsteste und aufreibendste Arbeit; auch das Genießen großer Kunst ist mit ernster Arbeit verbunden. Man muß schon ein Erzphilister sein, um nicht zu sehen, daß die künstlerische Arbeit sich von anderer Arbeit nur durch das Motiv unterscheidet, durch die selbstgestellte Aufgabe, durch das Fehlen eines Auftrags. Die Leute aus der Künstlerkaste freilich, die Theaterstückschreiber, die Verfasser von Unterhaltungsromanen, die Masse der Porträtmaler, die Komponisten für Militärmusikbanden, die leisten ernste Arbeit auf Bestellung, die spielen nicht, weder mit dem Leben, noch mit der Kunst.

Nimmt man aber den Spielbegriff metaphorisch, wie es unbewußt diese ganze Spielästhetik tut, versteht man unter Spiel jede zwecklose Tätigkeit, so gelangt man auch dann noch nicht zum Kunstbegriff; denn das Schaffen und das Genießen von Kunstwerken hat einen Zweck: die Freude am Schönen. Der Philister kennt dieses Motiv nur nicht. Er kennt nur die drei Motive des Hungers, der Liebe und der Eitelkeit und ist geneigt, auch dem Kunstschöpfer und Kunstgenießer diese drei Motive unterzuschieben. Sie verschwinden ja nicht immer aus der Psychologie des Künstlers (Wetteifer in Spiel und Kunst), auch aus der des größten nicht; sie verschwinden nicht einmal ganz und nicht immer aus der Psychologie des Kunstgenießers. Aber das treibende Motiv der künstlerischen Tätigkeit ist doch anders, ist in der adjektivischen Welt vorhanden, ist das Gefühl der Freude am adjektivisch Schönen. Ich will nicht den Versuch machen, dieses Lustgefühl unter das Motiv der Liebe zu subsumieren; der Versuch hätte die Reize des Wortspiels, ließe sich aber ohne Gewaltsamkeit nicht zu Ende führen. Lieber will ich, wie schon einmal bei der Erklärung der Philosophie oder der Ruhesehnsucht (Kr. d. Spr. I^2, 708f.), das Prinzip der Alleinherrschaft der drei Motive preisgegeben.

Es gibt eine adjektivische Welt des Schönen und eine verbale Welt des Kunstschaffens und Kunstgenießens. Das Gefühl der Freude am Schönen ist das Motiv für die Tätigkeit des Schaffens und Genießens. Die substantivische Welt der *Schönheit* hat kein Motiv, weil sie keine Tätigkeit einschließt. Und ist nicht wirklich, weil sie keine Ursache ist und keine Ursache hat.

35 Lachen

Der Muskel, welcher im menschlichen Antlitz durch Emporheben der Oberlippe besonders den mimischen Ausdruck des Lachens hervorbringt, ist der zygomaticus major und nicht der *risorius;* trotzdem hat dieser letzte Muskel seinen freundlichen Namen behalten und mag ihn weiter tragen, denn es ist gut, wenn alte Namen zum Gedächtnis alter Vorstellungen erhalten bleiben. Ich erinnere an die Kleinigkeit auch nur, weil das falsche Wort mir ein Analogon zu sein scheint zu den endlosen Bemühungen, aus der Ähnlichkeit der Ausdrucksbewegungen, die wir *Lachen* und *Lächeln* nennen, Schlüsse zu ziehen, den Humor mit dem Lächerlichen (*γελοιον*) in unlösbare Verbindung zu bringen. Gewöhnlich wird das Lächeln als ein abgeschwächtes Lachen erklärt, auch von solchen Forschern, die (wie Hecker) das Lachen sehr gut als die Wirkung eines innern Kitzels, gewissermaßen eines Kitzels in schnellem Wechsel verglichener

Vorstellungen, dargestellt haben. Das Lächeln kann freilich auch ein abgeschwächtes Lachen sein; beim Kranken, der zu schwach ist, die Muskeln lebhaft genug spielen zu lassen; beim Traurigen, wenn z. B. die junge Mutter, im ersten Schmerze über den Tod des Gatten, zum Scherze des Kindes nur zu lächeln vermag, wo sie sonst laut gelacht hätte.

Aber es gibt auch ein Lächeln, das nicht wie das Lachen bei jedem Menschen vom geeigneten Objekt ausgelöst werden kann, sondern nur bei einem besondern Subjekt, dann aber beinahe von jeder Beobachtung, nicht erst von einem Witze; ich meine das überlegene Lächeln des philosophischen Humors. Vielleicht wird man einsehen lernen, daß die mimischen Ausdrucksbewegungen auch diese Ähnlichkeit mit den Worten der menschlichen Sprache haben: sich nicht immer eindeutig übersetzen zu lassen. Man weiß, daß die Kombinationen nicht so einfach sind, wie die alte Mimik glaubte. Scharfes Blicken, Weinen, selbst der Ausdruck der Verachtung und der Bitterkeit können die Muskeln, welche das Lächeln hervorrufen, mitspielen lassen. Bitterkeit, Verachtung müssen überwunden sein, wenn man von der Weltanschauung des freiesten Humors soll reden dürfen; aber Lachen, Bitterkeit, Verachtung können irgendwie um die Mundwinkel mitspielen, wenn das Antlitz einen humoristischen Ausdruck zeigt. Mit dem Lächerlichen, dem *γελοιον*, hat weder die Geschichte des Wortes Humor viel zu schaffen noch der hochgespannte Begriff, den man jetzt (eigentlich nur in Deutschland) mit dem Worte verbindet; nicht mehr als der musculus risorius mit dem risus.

36 Raum

Daß unsere Vorstellungen vom Raum (und von der Zeit als seiner vierten Dimension) nur eine besondere Art Sprache seien, wird ganz seltsam beleuchtet durch eine geistreiche Bemerkung Strickers.

Dieser ruhige Forscher macht (Stud. üb. d. Bewußtsein S. 49) einen Unterschied zwischen *Ort* und *Raum*. Örter sind ihm die ausdehnungslosen Stellen, an die wir den Eintritt der Außenwelt in unser Bewußtsein verlegen. Nun deutet er darauf hin, daß wir uns gerade jene *Örter* ohne Ausdehnung vorstellen, deren Kenntnis wir durch Organe erlangen, die mit der Umgebung unverschiebbar verbunden sind. Es ist wirklich so, daß wir unsere *Seele* raumlos vorstellen und zugleich die Hirnrinde (wohin man jetzt den sogenannten Sitz der Seele verlegt) unbeweglich oder wenigstens ohne Muskelbewegung unter der Schädeldecke ruht; und daß wir den Tönen keinen Raum zuschreiben (obwohl eine Richtung), wie denn auch das eigentliche Gehörorgan tief im Felsenbein unbeweglich, d. h. wahrscheinlich ohne eigene Muskelbewegung liegt.

Dagegen halte man, daß unsere Vorstellung vom Raum teils auf unser Tastgefühl, d. h. die Mitteilung unserer vielbeweglichen Finger, zurückgeht, teils auf unsern Gesichtssinn, und zwar – wie jetzt wohl alle Fachgelehrten anerkennen – auf die Muskelbewegungen, durch die wir unsere Augen, ja selbst die Linse im Auge je nach den Eigenschaften des Raumes einstellen. Es ist begreiflich, daß wir aus solchen (immer räumlichen) Muskelbewegungen entweder auf den Raum schließen oder nach ihnen einen Raum vorstellen. Und auch die *Sprache,* als *Bewegungs*erinnerung, ist im Grunde ein Gedächtnis an Vorgänge räumlicher Art.

Für die Bestimmung eines Ereignisses im Weltlauf ist Raum *und* Zeit zu beachten; beide »Formen der Anschauung« sind für die Bestimmung jedes Ereignisses notwendig. Man könnte das analytisch so ausdrücken, daß der Ort durch die drei Koordinaten sich bestimmen lasse, der Zeitpunkt durch eine vierte Koordinate oder auch durch ein zweites Koordinatensystem von einer einzigen Dimension, von einer einzigen Richtung. Wenn ein Ereignis häufig nur durch den Ort oder nur durch die Zeit bestimmt wird, so kommt das daher, daß man in allen solchen Fällen die Zeit, beziehungsweise den Raum, als bekannt voraussetzt oder für gleichgültig hält. Die Verhältnisse von Raum und von Zeit ergänzen einander; und wirklich kann von einem von beiden allein nur schwer gesprochen werden.

Um so merkwürdiger ist es, daß in manchen Sprachen (franz. *espace,* ital. *spazio*), besonders aber im Deutschen, das Wort *Raum* geradezu den Begriff der Zeit aussprechen kann, wie wir denn auch die unschöne Koppelung *Zeitraum* gebildet haben. Diese sprachliche Kühnheit entwickelte sich wahrscheinlich über einen biblischen Sprachgebrauch, der *Raum machen, Raum geben,* Raum haben, lassen, im Sinne von *Statt, Gelegenheit* geben usw. zuließ; aber auch über die Bedeutung *Zwischenraum, intervallum,* hinweg mag die bildliche Anwendung dieses Begriffs auf die Zeit häufig geworden sein. Sehr auffallend ist dieser kecke Sprachgebrauch bei Goethe, der doch die Kantsche Lehre von Raum und Zeit gut genug kannte, um einmal (»Vier Jahreszeiten« Nr. 23) übermütig mit ihr spielen zu können (»Raum und Zeit, ich empfind' es, sind bloße Formen des Anschauns; da das Eckchen mit dir, Liebchen, unendlich mir scheint«), und dennoch, von andern Stellen ganz abzusehen, in der wunderbar schönen und fast steif feierlichen Dichtung »Legende« (»Paria« II.; ist schon 1821 gedichtet) den Ausruf »noch ist Raum« ganz und gar im Sinne von »noch ist Zeit« wagte.

Die Möglichkeit, das Begriffspaar Raum und Zeit zu dem Worte *Zeitraum* koppeln, die entgegengesetzten Begriffe Zeit und Raum mit dichterischer Kühnheit sogar vertauschen zu können, erscheint weniger merkwürdig, wenn wir uns darauf besinnen, daß wir nicht wissen, was wir als den Oberbegriff von Raum und Zeit aufstellen sollen. Beide Begriffe gehören offenbar zusammen, sowohl für die Gemeinsprache des naiven Realismus wie für die letzte Verstiegenheit des Idealismus. Aber wir können beide nicht definieren, weil wir den Oberbegriff nicht kennen; es wäre denn, daß wir uns an den Begriff *Ordnung* halten und sagen wollten: wir ordnen die Welt der Erfahrung zunächst nach Raum und Zeit. Doch auch dann bliebe ein Widerspruch vorhanden, weil wir eben nur sprachlich, menschlich, bald von der einen Ordnung, bald von der andern abstrahieren können, die adjektivische Welt der Erfahrung aber nichts darbietet, was nicht zugleich in der Zeit und im Raume erschiene.

Daß wir bei der Lehre, Zeit und Raum seien Formen der Anschauung, nicht stehen bleiben können, das ist schon gesagt worden; der Raum ist so wenig bloße Form, daß er in alter und neuer Zeit oft mit dem Stoffe gleichgesetzt worden ist; und die Zeit kann keine bloße Form sein, weil sie in mancher Beziehung wie eine Kraft verbraucht wird.

Ich gelange also nicht über den bescheidenen Versuch einer Definition hinaus, über den vorsichtigen Gedanken: wie die Zeit eine Bedingung der verbalen Welt ist, der Welt des Werdens und des Wirkens, so ist der Raum die Bedingung der substantivischen Welt, der Welt des Seins. Und die Schwierigkeit, über diese Begriffe in der immer materialistischen Sprache zu reden, kommt daher, daß wir von der Raumbedingung vollständig absehen müssen (und es nicht können), wenn wir von der Zeit reden wollen, daß wir von der Zeitbedingung absehen müssen (und es nicht können), wenn wir vom Raume reden wollen. Wir haben aus der Erfahrungswelt den Raumbegriff und den Zeitbegriff sprachlich erschlossen; aber es ist uns nicht gelungen, die Realitäten Raum und Zeit getrennt zu verstehen. Für den naiven Sensualismus ist nur eine adjektivische Welt da; die Welt des Raums und die Welt der Zeit können wir nur ahnen.

Sobald wir aber erfahren werden, daß die substantivische Welt oder die Welt des Seins auch die der Mystik ist, werden wir uns der Schwierigkeiten des Raumbegriffs wieder erinnern dürfen. Wir können von einer Welt des Seins oder des Raums nur so lange reden, auch bildlich nur so lange, als wir die Zeit hinwegdenken; und auch die Welt der Mystik, die der substantivischen Welt angehört, versucht es immer, die Zeit hinwegzudenken, zeitlos zu sein.

37 Zeit

Ich möchte das Gesetz »Erhaltung der Energie« (es ist ein Begriff und kein Gesetz) am liebsten mit dem Gesetze vergleichen: »Die Summe der Winkel in einem Dreiecke ist gleich zwei Rechten.« Was immer ich mit dem Dreiecke anfange, ob ich es zu einer Geraden strecke ($a=2R$, $b=c=0°$), ob es stumpf-, recht- oder spitzwinklig wird, immer muß irgendwo etwas weggenommen werden, wenn es anderswo zugegeben werden soll. Die Summe bleibt immer die gleiche. Ob der wirkliche Raum ein ebenes Krümmungsmaß habe oder nicht, ob also in Wirklichkeit die Summe unendlich wenig von 2R abweiche oder nicht, das wissen wir nicht; sowenig wir wissen, ob die Energie jenseits unseres *Raumes,* im Universum, den Lokalgesetzen unserer Welt gehorche.

Man hat die Energie als *Fähigkeit* definiert, Arbeit zu leisten. Fähigkeit? Wenn also die Energie das einzig Wirkliche wäre, so wäre das einzig Wirkliche eine Fähigkeit? Das einzig Wirkliche nur eine Möglichkeit? Vielleicht nur ein Wortstreit. Über die Erhaltung dieser Energie gibt es nicht einmal Wortstreit: nie (in unserer Welt) verschwindet Energie spurlos, nie entsteht sie von selbst. Auch die biologischen und psychischen Erscheinungen würden sich diesem Energiebegriff einordnen, wenn wir für Physik, Leben und Seele gemeinsame Maße oder Werte hätten.

Wie aber steht es um den Begriff, ohne den das Entropiegesetz nicht verstanden und nicht gedacht werden kann? Um die *Richtung* der Energie. Wir sprechen von zwei Richtungen der Energie, einer natürlichen und einer unnatürlichen, wie wir von den drei Dimensionen oder Abmessungen des Raumes reden. Die drei Dimensionen sind nichts, wenn sie nicht menschliche Richtungen oder Orientierungen sind. (*Orient* selbst eine Dimension oder Richtung.) Ist *Richtung der Energie* auch nur so eine menschliche Orientierung? Und wenn: was ist dann die Entropie, wenn sie menschliches Maß ist?

Denn Entropie ist eine *Richtung* der Energie. Oder: man spricht von Entropie nur bei der einen Richtung. Arbeit, Bewegung verwandelt sich von selbst in Wärme; nur in Wärme, wenn man der Bewegung nicht künstlich ein anderes Ziel setzt. Aber Wärme verwandelt sich in makroskopische Bewegung überhaupt nicht, außer wenn wir sie künstlich dazu zwingen. Die Richtung der einen Verwandlung (von Bewegung in Wärme) ist natürlich, die Richtung der andern Verwandlung (von Wärme in Bewegung) ist künstlich. Da aber diese künstliche Richtung nie und unter keinen Umständen stattfinden kann ohne eine begleitende natürliche Verwandlung, so ergibt sich, daß die natürliche Richtung die beherrschende, die sieghafte ist.

In der Fassung von Thomson-Kelvin (die pietätlose Art der Engländer, den Namen gerade dann zu ändern, wenn der Name bleiben sollte, zwingt zu der Doppelung): Alle andern Energien haben die Richtung, sich in Wärme zu verwandeln, und die Wärme zerteilt sich durch Strahlung in den Weltraum. Alle Unterschiede der Intensität verringern sich. Chwolson zieht daraus den Schluß, daß die Welt ein Organismus sei, daß es eine Evolution in der Erscheinungswelt gebe.

Ich erlaube mir einen bescheidenen Zweifel. Es ist nur eine Metapher, ein Vergleich, wenn man das Weltganze (Äther, Luft und Sterne) darum einen Organismus nennen will, weil auch die Welt in einer Art von Stoff- oder Energiewechsel lebt und bei Aufhören der Wechselmöglichkeit doch der Erstarrung, dem Tode anheim fällt. Daß das Ende (wegen der unendlichen Langsamkeit der Entropie bei abnehmenden und verschwindenden Intensitätsunterschieden) unendlich lange auf sich warten ließe, das wäre keine Gegeninstanz; auch der Organismus kann langsam sterben, und die Welt wäre bei geringen Intensitätsunterschieden so tot – wie heute (so sagt man) die ungeheure Wärmemasse der Luft oder des Meeres arbeitsunfähig ist wegen der Unmöglichkeit, diese Unsumme von Wärme auf einen kälteren Körper abfließen zu lassen.

Gerade dieses Beispiel läßt mich an dem Werte des zweiten Hauptsatzes der Wärmedynamik zweifeln. Oder auch nur an der Möglichkeit, seinen Gedanken ganz genau auszusprechen. Was heißt das: *die ungeheure Wärmemenge* der Luft oder des Meeres, die nicht ausgenutzt werden kann? Wo ist das Maß für diese Wärme? Wenn die ganze Welt (mitsamt dem Thermometer) gleich warm ist, überall und immer, dann zeigt das Thermometer keine Wärme mehr an. Dann kann kein Thermometer mehr hergestellt werden. Dann liegt (weil die Wirkung der Wärmeenergie ausbleibt, das menschliche Wärmegefühl) gar kein Grund vor, das da – die gleichförmige Kinesis in den Dingen, ihre unsichtbare und nun auch nicht mehr fühlbare Atombewegung, Molekularbewegung, kurz ihre Kleinbewegung noch überhaupt Wärme zu nennen. Ganz abgesehen davon, daß es dann keine nennenden Menschen mehr gäbe.

Dann aber könnte vielleicht ein Unmensch fragen, ob es Sinn und Verstand hatte, die Umänderung der Großbewegung in Kleinbewegung eine natürliche, die Umänderung der Kleinbewegung in Großbewegung eine unnatürliche Richtung zu nennen. Dann hätten »wir« gar nicht mehr verschiedene Arten von Energie zu nennen. Wenn »wir« dann noch wären. Dann wäre der Mensch auch das Maß für Messung und Nennung der Wärme gewesen.

Was wäre Wärme dann noch, wenn sie nicht mehr wirkte, nicht mehr Wirkung wäre? Die *ungeheure Wärmemenge* der Welt, wenn diese Wärme gleichmäßig wäre und sich vielleicht noch in unendlich langsamer Abkühlung an den Weltenraum zweiter Ordnung verlöre, wäre da, grenzenlos verfließend, in *einer* Richtung fließend, nie wiederkehrend, wahrhaftig: wie unser ungeheurer Vorrat *Zeit* in einer Richtung, nie wiederkehrend, grenzenlos verfließt.

Nur die Möglicheit einer Vergleichung wollte ich wieder zeigen.

Und noch eins: unser menschliches Maß der Zeit, wonach wir diesen *Wert* abschätzen, ist zuletzt ja eine Bewegung, der Pulsus unseres warmen Blutes, dessen Bewegung, mikroskopisch und makroskopisch, wieder nur Wärme ist. Unser Pulsus wäre anders bei anderer Wärme; unser Maßstab der Zeit wird von der Wärme bestimmt oder vom Leben, wie das so schön in der angeführten Baerschen Phantasie ausgedrückt worden ist. Fassen wir aber das *Leben* als Maßstab der *Zeit*, um dann wieder – wobei die Begriffe nicht ganz unverändert bleiben – das sogenannte Gesetz der Entropie auf das Leben und auf die Zeit anzuwenden, so kommen wir zu einem neuen Widerspruche: soll der zweite Hauptsatz der Wärmelehre, daß nämlich die Entropie der Welt einem Maximum zustrebt, allgemeine Gültigkeit haben, so muß er auch auf das Leben oder die Organismen und (nach der Weltanschauung der Energetik) auch auf die psychische Welt oder auf den menschlichen Geist passen. Und dagegen sträubt sich unser Instinkt, unser Ichgefühl; wir empfinden unser Dasein nicht als eine Dissipation, sondern als eine Konzentration von Kräften. Höchstens unser Altern, das Herannahen des Todes, das seltsamerweise auch mit einer Zerstreuung der Lebenswärme verbunden ist, können wir als eine Erscheinung von Entropie empfinden. Vorher stehen unsere Lebenserscheinungen, besonders aber unsere Geistestätigkeiten im Gegensatze zu der Lehre von der Entropie.

Diesen Gegensatz hat Felix Auerbach in einem kühnen Schriftchen ausgesprochen, dessen Tendenz sich schon im Titel verrät: »*Ektropismus* oder die physikalische Theorie des Lebens.« * Auerbach setzt sehr fein für die Entropie drei Ausdrücke gleich: Ausgleich, Zerstreuung, Entwertung: »Die Tendenz der Energie kann zwiespältig sein, sie kann – rein logisch genommen – eine Wandlung zu verstärkter äußerer Wirksamkeit sein und ist alsdann *ektropisch,* oder sie kehrt sich der äußeren Wirksamkeit ab und ist alsdann *entropisch*« (S. 21). Das Leben sei die Organisation, die sich die Welt geschaffen hat zum Kampfe gegen die Entwertung der Energie (S. 38); Entwicklung sei organisierte Fähigkeit, ektropisch zu werden (S. 40); im Menschengeschlechte sei die ektropische Fähigkeit auf den bisher höchsten Punkt gestiegen (S. 48); es sei die Signatur alles Individuellen, alles spezifisch Ektropischen, daß es Unwahrscheinliches leiste, daß es die Statistik über den Haufen renne (S. 68).

Die Zeit hat also noch eine weitere und recht betrübende Ähnlichkeit mit der Entropie; wir wissen von einem der ältesten und populärsten Begriffe ebenso wenig, wie von einem der neuesten und schwierigsten Begriffe, ob ihm in der Wirklichkeitswelt etwas entspreche.

Für die Analyse der Beziehungen zwischen *Zeit* und *Gedächtnis* habe ich nur so spärliche Richtlinien zu geben, daß

* Das Wort *Ektropie* ist schon vorher von Georg Hirth geprägt worden in seinem, trotz mancher Geschmacklosigkeiten der Darstellung, vielfach anregenden Buche »Entropie der Keimsysteme« (S. 66); übrigens besaßen schon die Griechen, und ein bißchen auch ihre römischen Nachahmer, die Wörter τροπη, ἐκτροπη und ἐντροπη (lat. tropa und ectropa) in ziemlich konkreten Bedeutungen; und schon die griechische Medizin hatte für das krankhafte Umwenden des Augenlides (bei gewissen Entzündungen) den technischen Ausdruck Ektropium.

die Widersprüche nicht deutlich vor die Vorstellung treten werden; oder vielmehr: ich will gleich die Widersprüche in der Form eines Dilemmas darstellen.

Einige Zusammenhänge zwischen dem rätselhaften Gedächtnis und der ganz anders rätselhaften Zeit drängen sich der vorurteilslosen Selbstbeobachtung sofort auf. Das Gedächtnis steckt hinter der Illusion unseres Ichgefühls; das Ichgefühl aber stellt erst durch das Gedächtnis das Kontinuum Zeit her, den Strom der Zeit aus der Zukunft herunter, in die Vergangenheit hinab, durch die Gegenwart hindurch. Durch die scheinbare Gegenwart. Wie denn auch Aristoteles kindlich und naiv Zukunft und Vergangenheit als die Zeiten *um die Gegenwart herum* definierte. Die Gegenwart läßt sich in Wahrheit nicht definieren, weil sie niemals existiert, weil wir sie erst dann empfinden, wenn wir zu ihr ein Stückchen Zukunft und ein Stückchen Vergangenheit mit hinzu rechnen, als *fringe, Franse, Hof.* Und die Zeit gar läßt sich niemals ohne den Grundfehler der Tautologie definieren, weil jedesmal der Begriff des Nacheinander zu Hilfe genommen werden muß, in welchem der Begriff der Zeit schon verborgen ist. Auch das Gedächtnis hat sich uns als undefinierbar erwiesen. Wir haben also eine Vergleichung zweier undefinierbarer Begriffe zu wagen. Da es uns aber nur auf die Frage ankommt, ob die Zeit wirklich sei oder nicht, so können wir uns auf die Beachtung der Konsequenzen der beiden Möglichkeiten beschränken. Das ist das Dilemma.

Ist die Zeit wirklich, so hat auch das Gedächtnis Realität. Was die Zeit sei, wenn sie real ist, das ist eine ganz andere Frage. Ich erinnere nur daran, daß wir den Begriff der *Ursache* durch den der *Bedingung* zu ersetzen versucht haben und daß wir in der *Richtung* einen brauchbaren Oberbegriff für die unbrauchbar gewordenen Begriffe *Ursache* und *Zweck* zu finden geglaubt haben. *Richtung* kann uns aber auch ein Oberbegriff werden für die *Kraft* (der *Ursache* sehr nahe) und die *Zeit.* Ich vermeide es, an dieser Stelle wieder an den Zusammenhang zwischen Zweck und Zeit zu erinnern.

Nun ist, wie wir gelernt haben, eine Kraft immer eine *gerichtete* Kraft; die Zeit aber ist sogar dadurch charakterisiert, daß sie »unbedingt« nicht umkehrbar ist, immer nur eindeutig nach einer einzigen Richtung strömt. Sofort stellt sich aber unter diesem Gesichtspunkte ein scheinbar unüberbrückbarer Unterschied heraus zwischen der Zeit (die etwas wie eine Energie sein muß, wenn sie wirklich ist) und den übrigen Energien. Die übrigen Energien, auch die hypothetischen des Lebens und des Geistes, können als potentielle und als kinetische Energien erscheinen; auf den Wechsel in den Bezeichnungen dieser beiden ganz klaren Begriffe kommt es nicht an. Man denke an eine gestaute und an eine fließende Wassermasse. Dem fließenden Wasser läßt sich die Zeit ja gut vergleichen; ob sie sich in Arbeit umsetzen läßt oder nicht, ob sich ihre Richtung nutzbringend ändern läßt oder nicht, sie strömt dahin in ihrem Bette, der der Raum ist, wie ein Fluß der Urzeit, der noch kein Mühlrad und noch keine Turbine drehte. Nur aufstauen ließ sich die Zeit nicht; ihre Energie (wenn sie eine Energie ist) ließ sich nicht in potentielle Energie verwandeln. Wirklich nicht? Ließe sich nicht das Gedächtnis auffassen als der einzige Fall einer gebundenen, einer potentiellen Zeitenergie? Ich kann mir – in der Phantasie – das Gedächtnis als aufgestaute Zeit vorstellen, zunächst das unbewußte Gedächtnis der organischen Vererbung, zuletzt das Gedächtnis des Menschenhirns. Wohlgemerkt, mit dem Vorbehalte, von der Substanz der Zeit und des Gedächtnisses nichts zu wissen. Aber was wissen wir denn am Ende aller Enden von der Substanz des stürzenden Stromes? Nicht mehr, als das Tier von ihr weiß, welches diese Substanz als Wasser säuft. Wir sagen H_2O und wissen nicht mehr. So wissen wir auch nicht, was sich als gestaute Zeit im Gedächtnisse sammelt. Dann hätten wir uns, unmerklich allerdings, dem Rätsel des Gedächtnisses genähert und könnten es begreifen, wie die Gedächtniskraft die Vergangenheit zur Gegenwart machen kann. Ich brauche für meinen guten Leser wohl nicht erst zu unterstreichen. Habe ich das *Gedächtnis* die *potentielle Zeitenergie* genannt (wie ich oben im Raume eine mögliche Ursache sah), so treibe ich immer nur Begriffskritik, und habe nicht den Glauben, im Laboratorium das Gedächtnis als potentielle Zeitenergie handgreiflich nachweisen zu können. Man hat den Begriff der Energie auf die rätselhaften Kräfte des Lebens und des Geistes ausgedehnt; es wäre eines Versuches wert, den Energiebegriff auch auf die Zeit auszudehnen.

Die andere Möglichkeit ist noch rascher mit Worten zu erledigen. Ist nämlich die Zeit nicht wirklich, dann kann auch das Gedächtnis, dessen alleiniger Inhalt die Zeit ist, nicht wirklich sein. Dann ist das Gedächtnis wie sein Ichgefühl eine Illusion. Dann träumen wir und mögen noch im Traume lächeln über die Traumarbeit, die Traumgesichte zu verstehen.

38 Geschichte

Mit einem Strome ist oft die Geschichte eines Menschen verglichen worden; nie schöner als von Goethe in »Mahomets Gesang«:

Und so trägt er seine Brüder,
Seine Schätze, seine Kinder
Dem erwartenden Erzeuger
Freudebrausend an das Herz.

Und im »Gesang der Geister über den Wassern«:

Seele des Menschen,
Wie gleichst du dem Wasser!
Schicksal des Menschen,
Wie gleichst du dem Wind!

Und auch mit der allmächtigen Zeit ist der Strom verglichen worden. Hat man es schon bemerkt, daß – schulmeisterlich gesprochen – das tertium comparationis in beiden Fällen ein ganz andres ist?

Vergleicht einer den Strom mit der Zeit, so sitzt er am Ufer, sieht die Wasser in ewigem Einerlei vorüberfließen, macht keinen Unterschied zwischen den Wassertropfen, empfindet selbst das Schwellen und Abschwellen im Flußbette nur wie einen Stimmungswechsel, bei dem ja auch die Zeit zu schwellen und abzuschwellen scheint.

Vergleicht einer den Strom mit einem Menschenleben, so versetzt er sich mitten ins Wasser, an den Ursprung, und fließt über Klippen und Kiesel, durch Sand und Blumen, vorbei an Wäldern und Städten dem Ozean zu.

Wer nun den Strom mit der Geschichte der Menschheit vergleichen wollte, mit der *Geschichte,* der müßte beide Standpunkte zugleich einnehmen können. Am Gegenwartsufer sitzend die ganze erfüllte Zeit betrachten; die mit allen Ereignissen der Vergangenheit erfüllte Zeit. Und da würde sich herausstellen, daß der Strom ein schlechtes Bild der Geschichte ist, weil er selbst all in seiner Größe nur ein winziger Bruchteil der Geschichte ist, eine Geschichte hat, eine geologische, ja – was wissen wir? – vielleicht eine elementare Urgeschichte aus der Vorzeit, da Wasser wurde. Will ich Geschichte erfahren und sitze betrachtend am Gegenwartsufer, so fließt alles unterschiedslos an mir vorüber, und ich erlebe nicht Geschichte, nur die Zeit. Schwimme ich aber mit meinem Wassermilieu von der Quelle bis zum Ozean, so erlebe ich nur mich; erlebe mich von der Geburt bis zum Tode, erfahre aber nichts von der Zeit, nichts von dem Gewässer vor und hinter mir. Wollte ich Geschichte erfahren, so müßte ich zugleich am Gegenwartsufer sitzen und allgegenwärtig, in jedem Tropfen zugleich, den Strom hinunterfahren bis in den Ozean, wieder hinaufschweben zu den Wolken und wieder hinunterprasseln auf die Marmorfelsen, allgegenwärtig und ewig. Das wäre etwa das Ideal: die Geschichte als eine Wissenschaft.

Die Sprache ist das Gedächtnis der Menschen oder ihre Vernunft, das Gedächtnis kleinerer oder größerer Menschengruppen, das Gedächtnis für alles, was Aufmerksamkeit oder Interesse erregt hat. Geschichte ist so ungefähr ein Teil des Gedächtnisses, der sich auf Dinge bezieht, die geschehen sind. Die Auswahl wird wieder vom Interesse getroffen; ein Werturteil also entscheidet über die Merk*würdigkeit.* Am Ende wird auch in der Geschichte nicht alles erzählt, was je geschehen ist; nur was bald diesem, bald jenem würdig scheint, durch das Gedächtnis der Vergangenheit entrissen, gemerkt zu werden. *Merkwürdigkeiten* ist aber nur eine alte Lehnübersetzung von *memorabilia* (die feinere Übersetzung *Denkwürdigkeiten* faßt *denken* als *sich* *erinnern*), und Memorabilien übersetzt ebenso getreu den griechischen Büchertitel *ἀπομνημονευματα*.

Die deutsche Sprache hat allein unter den modernen Kultursprachen ein eignes puristisches Wort für diese Seite des Menschengedächtnisses geschaffen. Cicero definiert: historia est gesta, sed ab aetatis nostrae memoria remota. Über tausend Jahre lang waren *res gestae* oder kurz *gesta* beliebte Büchertitel für Sammlungen solcher Geschichten, für Geschichtenbücher. Dieses res gestae wurde schon früh im Mittelalter (bei Notker) mit *diu gaskiht* wiedergegeben. Ein Vokabular von 1482 erklärt noch: »geschicht oder geschehen ding, historia, res gesta«. Noch unterschied man zwischen den Geschichten, d. i. den berichteten Ereignissen, und dem Berichte, der Historie nicht. Seb. Franck sagt einmal geradezu (1538): die historie der geschicht der Apostel. Die Geschichten waren also immer in der Mehrzahl; und Johannes Müller, der archaistischen Stil liebte, nannte, wie Macchiavelli seine Istorie fiorentine (um ein bekanntes Beispiel aus vielen hervorzuheben), noch 1786 ein berühmtes Geschichtswerk „*Geschichten* schweizerischer Eidgenossenschaft«. Auch gab es damals noch den Titel: professor historiarum. Damals hatte sich aber Form- und Bedeutungswandel schon vollzogen. Der Singular hatte häufig (man vergleiche das D. W.) die Form *das Geschicht* angenommen, der Plural hieß *die Geschichte,* und nun vertauschte die innere Sprachform oder der Sprachgebrauch den Plural des Neutrums mit dem Singular des Femininums, besonders wenn die Geschichten die Denkwürdigkeiten einer Stadt, eines Volkes oder gar des Menschengeschlechtes erzählten. Erst in der Mitte des 17. Jahrhunderts kam das auf, und die erste Buchung, die mir bekannt ist (1634), hat noch sehr charakteristisch die Wortfolge »die historische Geschichte« (»Das Wort Geschichte und seine Zusammensetzungen« von Paul E. Geiger). Im 18. Jahrhundert werden bei uns die Worte Historie und Geschichte immer mehr gleichbedeutend, und heute ist Historie von Geschichte fast völlig verdrängt, während die Adjektive *historisch,* unhistorisch immer noch eine gelehrte Nuance vor geschichtlich voraushaben und das geschichtsgelehrte Mitglied der philosophischen Fakultät, das oder der es nicht zum Geschichtsschreiber gebracht hat, sich getrost einen Historiker nennen darf. Ich habe die Wortgeschichte (auch Wortgeschichte ist schon eine besondre Disziplin geworden) des deutschen Wortes Geschichte hervorgehoben, weil sie besser als die internationale Bezeichnung lehrt: Geschichte sei mehr ein Büchertitel als eine Wissenschaft. Es ist nicht alles Wissenschaft, was eine Disziplin ist.

39 Geschichtsschreibung

Die Geschichte hat keine Gesetze der Geschichte zum Ergebnis; doch auch um die einfachen Tatsachen, deren Erzählung ihre Aufgabe ist, ist es schlecht bestellt. Die Geschichte der Ereignisse ist die Geschichte von menschlichen Handlungen, die entweder durch die Macht des einzelnen handelnden Menschen oder durch die Masse der gemeinsam handelnden Menschen wichtig erscheinen. Verzichten wir nun darauf, in der Darstellung solcher Veränderungen sog. Gesetze zu entdecken, ähnlich wie z. B. bei chemischen Veränderungen, so bleibt als reine Beschreibung der Tatsachen ungefähr das übrig, was in den Geschichtstabellen von Schülern auswendig gelernt wird. Schlacht von Waterloo 1815, Gefangennahme Napoleons III. und seiner Armee am 2. September 1870. Die menschlichen Handlungen werden aber von unzähligen Ursachen bestimmt; den letzten Entschluß in der einzelnen handelnden Person nennt man gar den Willen. Eine pragmatische Geschichte müßte den wirklichen Ursachen der historischen Tatsachen nachspüren; eine vollständige Geschichte müßte auch jedesmal den Willen der handelnden Person, müßte wenigstens den Willen der Führer kennen. Wir haben gelernt, daß dieses letzte Ideal niemals zu erreichen ist, weil es einen Willen in der Wirklichkeitswelt nicht gibt, weil der einzelne Willensakt selbst nur ein sprachlicher Ausdruck ist für die Resultierende bewußt oder unbewußt wirkender Ursachen. Aber auch ohne diese natürliche Logik können wir einsehen, daß – wie Scipio Sighele das von einem beschränktern Standpunkt ausgedrückt hat – man der Geschichte nicht glauben darf.

Sogar die äußern Tatsachen sind nicht immer glaubhaft verbürgt. Sighele führt aus der neuesten Zeit zwei frappante Beispiele an. Die Aussagen aller Mitbeteiligten werden nicht Sicherheit darüber verschaffen, ob z. B. Crispi an einem Gefecht unter Garibaldi teilgenommen habe oder nicht, ob der berühmte Reiterangriff bei Sedan von diesem oder jenem General kommandiert worden sei. Während im Gerichtssaale oder gar in der Logik eine große Zahl von Zeugen den Wahrheitsbeweis ermöglichen soll, gibt die Geschichte Beispiele in Menge, wo Hunderte oder Tausende von Zeugen falsch gesehen oder berichtet haben. Es bleibt dabei, daß die Geschichte eine fable convenue ist.

Wären aber auch die Tatsachen sichergestellt, so würde man von der Geschichtsschreibung doch wenigstens noch eine Beschreibung, eine pragmatische Geschichte fordern dürfen, eine Mitteilung der materiellen Ursachen, wie ich die Ursachen der Massenbewegungen ungenau im Gegensatze zu den Willensakten der Führer nennen möchte. Ungenau, weil doch auch die Massenbewegungen zuletzt auf Willensakte einzelner Personen zurückgehen. Diese materiellen Ursachen sind in der Kriegsgeschichte wie in der Kulturgeschichte so unendlich komplizierter Natur, daß die Geschichtsschreibung, trotzdem sie die Statistik zu Hilfe genommen hat, an ihnen zuschanden wird. Kein Offizier und kein Geschichtsschreiber kann sagen, warum in einem gegebenen Augenblicke einer Schlacht das eine Bataillon tapfer vorrückte und das andre davonlief. Und doch setzt sich aus solchen unerklärten Tatsachen die Weltgeschichte zusammen. Niemand kann erklären, aus wie vielen Ursachen heraus gerade Jesus, Buddha und Mohammed die Welt umgestalteten, während es andern Religionsstiftern mißlang.

Bis zu dem Willen von Jesus, Mohammed und Buddha gar vorzudringen, bis zu ihren bewußten Absichten, ist der Geschichte versagt. Doch der bewußte Wille ist selbst bei den geschichtlichen Persönlichkeiten der Gegenwart kaum jemals zu ergründen. Es ist eine der interessantesten Fragen, die uns noch heute alle beschäftigt, ob es Kaiser Wilhelm war oder Bismarck, der die Einigung Deutschlands *wollte*. Wir wissen, daß Bismarck die weitaus genialere Persönlichkeit war, und neigen darum dazu, ihm das Hauptverdienst zuzuschreiben um eine Sache, die wir lieben. Wir müssen aber bedenken, daß der Kaiser während der Vorbereitungen und noch lange nachher gute Gründe hatte, die Verantwortung seinem Minister zuzuschieben. Es wäre also möglich, auch wenn entgegengesetzte Äußerungen des Kaisers Wilhelm vorlägen, daß der Wille zu einer Vergrößerung von Preußen ursprünglich bei ihm war.

Die Wichtigkeit der geschichtlichen Ereignisse, ihre ungeheure Sichtbarkeit, ihr unvergleichliches Größenverhältnis zu den mikroskopischen Erscheinungen der Natur darf uns also nicht darüber täuschen, daß wir – vom Standpunkt der Erkenntniskritik – die Erscheinungen der Geschichte noch weniger kennen als etwa die Erscheinung eines einzelnen Blattes an einem Baume. Von den materiellen Ursachen, welche dieses einzelne Blatt gerade so und nicht anders werden und welken ließen, wissen wir nicht mehr und nicht weniger als von den materiellen Ursachen des Erblühens und des Niedergangs eines Volkes. Die letzten Ursachen aber in der Geschichte eines Blattes können wir wenigstens auf sog. Gesetze zurückführen; die letzten Ursachen eines Blattes Geschichte sind uns mit dreifachem Siegel verschlossen: oft sind uns die Tatsachen unbekannt, meistenteils die materiellen Gründe, immer der Wille der handelnden Menschen.

Ranke, der unerreichte Lehrer unsrer Historikerschule, hatte eine feste Gewohnheit, beinahe eine fixe Idee, durch welche seine eindringende Darstellung der Vorgänge, die Anspruch machen historisch zu heißen, den Schein einer Wissenschaft erhielt. Er fragt bei Epochen, bei Ereignissen, bei Regierungen von Königen und bei der Herrschaft von Ministern jedesmal stereotyp nach dem, was an dieser Epoche, diesem Ereignis usw. das Wichtigste war. Das Wichtigste wofür? Für die Mitwelt? Für die Nachwelt? Für den herrschenden Mann? Oder für das Volk? Für das Bewußtsein des herrschenden Mannes? Oder für Leopold v. Ranke? Man könnte auch die Geschichte einer Wolkenbildung, die man von einem festen Punkte aus betrachtet, während obere und untere Winde mit Wolke und Nebelfetzen spielen und die Bilder sich noch dazu perspektivisch verschieben, so darstellen, daß man die wichtigste Wolkenform heraushebt: der Löwe ist wichtiger als der Frosch. Und wenn einzelne Wolkenformen beliebt werden, um das Wetter des künftigen Tages vorauszusagen, so könnte ein Skeptiker immer noch fragen: ob diese Wolkenform, ihre Eignung zur Voraussage angenommen, für die Wolken irgendwie wichtiger sei als eine andre. Aber auch Meteorologie nennt sich eine Wissenschaft.

40 Schopenhauer

Vierzig Jahre brauchte Schopenhauer beinahe, bevor sein Hauptwerk, durch den schriftstellerischen Erfolg seiner Parerga empfohlen, den Ruhm erlangte, der dem Philosophen, als die Zeit gekommen war, denn doch besser schmeckte als der von ihm so hoch gepriesene Nachruhm. Wieder brauchte Schopenhauer weitere vierzig Jahre, bevor ihm die Ehre zuteil wurde, Titel und Gegenstand eines ganzen Bandes in Kuno Fischers gleichfalls gerühmter Geschichte der neueren Philosophie zu werden.

Kuno Fischer hat seine kleine Lebensaufgabe, eine Siegesallee der großen Philosophen, die er doch wohl für seine Vorgänger ansah, eigenhändig hinzustellen, ganz nach dem Herzen von jungen Leuten gelöst, die nach deutschem Sprachgebrauch den Doktor der Philosophie machen wollen. Er hat Auszüge gemacht. Die Leidenschaft des metaphysischen Bedürfnisses fehlt ihm durchaus. Je gewaltiger das geistige Ringen eines von ihm behandelten Mannes ist, je tragischer die Erkenntnisnot, desto sicherer versagt der Geschichtsschreiber der Philosophie. Je kleiner der Mann, desto zuverlässiger der Auszug Fischers. Bei der Behandlung Schopenhauers kommt aber zweierlei dazu, um Fischers Darstellung unerfreulich zu machen: die relativ bescheidenen Fähigkeiten Fischers, Fleiß und rhetorischer Schwung, sind bei dieser Arbeit schon greisenhaft verknöchert, und ein Haß gegen den prachtvollen Feind der Philosophie-Professoren trübt das Urteil. So hält sich Fischer immer wieder schulmeisterlich tadelnd bei den titanischen Schimpfausbrüchen Schopenhauers auf, um seinerseits auf Schopenhauer zu schimpfen, wirklich aber ohne titanische Kraft. Und Schopenhauer hätte sein grimmigstes Lachen gelacht, wenn er (Seite 61, 62) hätte lesen können, wie Fischer die Tatsache erklärt, daß Schopenhauer nicht lange Dozent blieb, »warum er mit seiner Lehrtätigkeit ein so augenfälliges und selbstverschuldetes Fiasko gemacht hat«. Wir würden den Grund mehr äußerlich in dem Gegensatz zu Hegel sehen, der damals an der Berliner Universität allmächtig war, oder mehr innerlich im Temperamente Schopenhauers, das sich für die Polytechnik der Universitäten nicht ganz geeignet erwies. Auch mag der kleingewachsene, lebhafte Schopenhauer die Reize seines persönlichen Vortrages, seinen persönlichen Eindruck auf die Studenten vorher arg überschätzt haben. Fischer weiß es besser. Schopenhauer war so beschränkt, seine eigenen Ideen vortragen zu wollen, anstatt ein Kolleg zu lesen wie andere Kollegien. Fischer sagt wörtlich: »Nun aber war die Welt als Wille und Vorstellung lange nicht so groß als ein Semester, wenn nämlich ein ganzes Semester hindurch fünf oder sechs Stunden wöchentlich darüber gelesen werden soll. Ich möchte glauben, daß Schopenhauer mit seinem Lehrstoff früher fertig war als das Semester, und dann für immer genug hatte.« Fischer läßt durchblicken, daß er, Fischer, eher als Schopenhauer imstande gewesen wäre, über das Thema ein ganzes Semester zu reden. Fischer wäre nicht früher fertig geworden. Er sagt, wieder wörtlich: »Wer erfahren hat, wieviel Material ein gehaltvoller, wohlgeordneter, didaktisch vorwärtsschreitender Vortrag von 45 bis 50 Minuten Dauer erfordert, wird leicht ermessen, daß eine sechsstündige Vorlesung, die sich durch ein ganzes Semester erstreckt, länger ist als das Werk Schopenhauers, noch dazu in seiner ersten Gestalt.« Fischer hat das »erfahren«, Schopenhauer nicht. Kuno Fischer vereinigte in seiner Person zwei ordentliche Professuren eben der Universität Heidelberg, welche bei der Bewerbung Schopenhauers um einen Lehrstuhl am Ende hinter Göttingen und Berlin zurücktrat, und welche 200 Jahre früher von einem noch Größeren die Antwort erhalten hatte: »Ich will nicht Professor sein, nicht einmal in Heidelberg.« Fischer thronte, wo ein Spinoza nicht sitzen wollte, wo ein Schopenhauer nicht sitzen sollte.*

Kuno Fischer ist jahrzehntelang für einen Philosophen gehalten und ausgegeben worden, weil er Bildung und Ausdauer genug besaß, die Werke wirklicher Philosophen zu lesen und zu exzerpieren. Ein Geschichtsschreiber der Philosophie. Kein schlechter. Aber gerade Schopenhauer war es gewesen, der die Geschichte überhaupt an ihre rechte Stelle gerückt hatte – keine Wissenschaft, nur ein Wissen – und der insbesondere den Geschichtsschreibern der Philosophie die Türe gewiesen hatte. Kein Wunder also, daß Fischer nicht müde wird, Schopenhauer Mangel an historischem Wissen und an historischem Sinne vorzuwerfen. Das erste ist nicht wahr, das zweite ist töricht. Gegenüber den Bahnbrechern der Philosophie, welche unhistorisch waren wie alle revolutionären Geister, gegenüber dem griechischen Bildhauer Sokrates, dem jüdischen Eigenbrödler Spinoza und dem Alleszermalmer Kant ist Schopenhauer vielleicht auch darum der Kleinere, weil er so vielseitig interessiert und überaus belesen war. Ein Philologe freilich war Schopenhauer nicht. Töricht aber ist der Vorwurf des mangelhaften historischen Sinnes darum, weil ein Revolutionär, der den Sinn der Welt neu begreifen will, niemals durch Bücherlesen den Sinn der Welt begreifen lernen kann. Fischer war ein Schüler Hegels und lebte in unserm Zeitalter des Historismus. Er kann es sich gar nicht vorstellen, so historisch ist er, daß es einmal ein anderes Jahrhundert gegeben hat als das neunzehnte, das historisierende, und daß es einmal ein anderes Jahrhundert geben könnte.

Das Symbol des Historismus, den Kuno Fischer weder entdeckt noch vertieft, den er aber verhängnisvoll auf oberste Geistesschöpfungen angewandt hat, das Symbol unseres Historismus ist – ich sage nicht: sit venia verbo – die kalte

* Schopenhauer schwankte zwischen diesen drei Universitäten; seine Bewerbungsbriefe sind nicht ganz frei von frommen Phrasen.

Hundeschnauze. Noch schlimmer. Dem Historismus, der nirgends systematischer und verheerender regiert hat als in Deutschland, fehlt, was doch zur kalten Hundeschnauze gehört: die feine Nase. Der deutsche Historismus hat eine harte Nase. Vierzig Jahre braucht er, bevor er auf die Witterung gestoßen wird.

Ohne diese kalte Nase würden die Herren sich hüten, die Roheit ihrer Seelensituation so zu verraten, wie es Fischer widerfuhr, da er sich (S. 524 bis 525) gegen Nietzsche wendet: »einen ehemaligen Gymnasial- und Universitätslehrer in Basel«. Ich habe mich oft und hart gegen die Einschätzung des großen Dichters und Ethikers Nietzsche als eines Erkenntnishelden gewandt. Wenn aber eins Ehrfurcht verlangt, so ist es die moderne Blutzeugenschaft des Genius, der unfreiwillige Selbstmord, den man Wahnsinn nennt. Fischer aber hat es zustande gebracht, zehn Jahre nach dem Ausbruch von Nietzsches Wahnsinn einen Witz zu reißen darüber, daß Nietzsche ins Irrenhaus kommen würde, und den Witz zu reißen mit dem geistigen Rüstzeug Schopenhauers (S. 525).

Fischer war nicht so gottverlassen, daß er von den ersten Schopenhauer-Aposteln nicht gelernt hätte, den Widerspruch zwischen Schopenhauers Lehre der Weltverneinung und einer egoistischen, oft brutalen, ja am Ende groteskeitlen Lebensführung zu begreifen. Ein hinreißendes Buch ist auch dann ein Kunstwerk, wenn es sich mit der Heilsordnung der Welt beschäftigt. Schopenhauer war kein Heiliger. Lessing war kein Schauspieler. Das sind billige Weisheiten. Und das Kapitel, in dem Fischer die Diskrepanz zwischen der Theorie und der Praxis Schopenhauers darstellt, ist gut und berechtigt. Nur durfte just Kuno Fischer, über dessen Schauspielermätzchen viele Generationen von Studenten gelacht haben, nur durfte der Unverstand, der die Seelenqualen eines Schopenhauer nicht sah und nicht hörte, diesen Kämpfer nicht einen Schauspieler nennen. »Nun, er ist auch als Philosoph ein großer Schauspieler gewesen, ein solcher, der die tragischen und komischen Wirkungen in seiner Gewalt hatte.« (S. 146.) Nun, Kuno Fischer hätte gewiß viel darum gegeben, wenn er die tragischen und komischen Wirkungen der Sprache so in seiner Gewalt gehabt hätte wie Schopenhauer.

Die Roheit von Fischers Seelensituation, sein Mangel an Ehrfurcht, sein Mangel an verecundia, das Fehlen jeglicher Distanz zwischen sich und seinem Helden, ist aber an einer andern Stelle seines Buches noch handgreiflicher. Er spricht (S. 133) von der pessimistischen Rolle Schopenhauers, der Rolle des Schauspielers also: »Die Tragödie des Weltelends spielte im Theater, er saß im Zuschauerraum auf einem höchst bequemen Fauteuil mit seinem Opernglase, das ihm die Dienste eines Sonnenmikroskops verrichtete; viele der Zuschauer vergaßen das Weltelend am Büfett, keiner von allen folgte der Tragödie mit so gespannter Aufmerksamkeit, so tiefem Ernst, so durchdringendem Blick; dann ging er tieferschüttert und seelenvergnügt nach Hause und stellte dar, was er gesehen hatte.« Tief erschüttert und seelenvergnügt. So sah das Seine Exzellenz Professor Kuno Fischer. Und so kommt er (S. 132) zu dem Verdikt, »daß Schopenhauer einer der glücklichsten Menschen war, die je gelebt haben«. Ohne Professor, ohne Exzellenz geworden zu sein. Wer die Ruchlosigkeit dieses Verdikts nicht fühlt, dem will ich sie nicht beweisen. Weil Schopenhauer als Greis sich seines späten echten Ruhmes fast so eitel freute wie Kuno Fischer immer seiner Wohlredenheit, weil ihm Essen und Trinken bis zu Ende schmeckte, darum wird der Kämpfer, der mittendurch zwischen Wahnsinn und Selbstmord in die Einsamkeit ging, vorbei an Mutter und Schwester und Goethe, der Todesschweigen und Totschweigen in den besten Mannesjahren grimmig lachend ertrug, darum wird der Anreger einer neuen Weltanschauung beschimpfend der glücklichste Mensch genannt. Beschimpfend. Denn er spielt ja nur eine Rolle. Wer ihm nur die Rolle geschrieben haben mag? Auch der Dichter des Hamlet und des Coriolan und des Timon war nur ein Schauspieler. Der sich die Rollen selbst geschrieben hatte.

Ich kann nicht die Absicht haben, wie ein Sonntagsprediger oder wie ein Bezirksredner, Schopenhauers Charakter an der Philistermoral zu messen, die immer die Moral der absterbenden Generation ist. Beschäftige ich mich mit dem

Charakter eines Philosophen, dessen Bedeutung ich ganz eng und beschränkt vom Standpunkte einer Geschichte der Sprachkritik betrachten will, so interessiert mich allein die Moral seines Erkenntnisdrangs. Desto besser, wenn ich einem lachenden Heiligen begegne, wie wohl Sokrates einer war, oder einem still entsagenden Heiligen wie Spinoza. Es ist gut, dann »auf die Knie seines Herzens« gezwungen zu werden, um Kleists prachtvollen, aus der alten Bibel stammenden Stilschnitzer zu wiederholen. Es schadet nicht, an Kant, der lange wie ein Halbgott erscheint, kleine menschliche Züge der Eitelkeit, der schlauen Vorsicht und des Eigensinns zu entdecken. Und es ist abseits von der Geistesmoral, wenn Bacon v. Verulam außerhalb seines gedanklichen Schaffens als Geschäftsmann ein Lump war. Sein Lumpentum hat der Staatsbeamte Bacon gebüßt; die Sünde gegen den heiligen Geist hat er nicht begangen. Und auch Schopenhauer, so tief sein Menschliches auch unter dem Menschlichen Kants stehen mag, hat die Sünde gegen den heiligen Geist nicht auf seinem Gewissen. Eines seiner letzten Worte war: es gehe wie es wolle, er habe zum wenigsten ein reines intellektuelles Gewissen*. Was die Klatschsucht der Historie zusammengetragen hat, ist ohne jede Ausnahme gleichgültig für Schopenhauers Geistesmoral. Und darum mußte Schopenhauer gegen die Klatschsucht und die unbewußte Heuchelei des Historiographen in Schutz genommen werden. Der übrigens mit manchem Vorwurf nicht einmal historisch im Rechte ist. Fischer wirft Schopenhauer z. B. die feige Gesinnung vor, Hegel erst nach dessen Tode beschimpft zu haben. Der Historiograph hätte wissen müssen: erstens, daß Schopenhauer vorher nichts veröffentlicht hatte, was nicht im strengsten akademischen Stil geschrieben war, daß Schopenhauer rein schriftstellerisch erst später seinen persönlichen farbigen Stil ausbildete; zweitens, daß zu der Zeit, als Schopenhauer seine ersten Invektiven gegen Hegel veröffentlichte, fast sämtlichen philosophischen Lehrstühle

* W. v. Gwinner, »Schopenhauers Leben«, S. 393. Das Buch Gwinners, das jetzt in dritter Auflage vorliegt, ist ein prächtiges Beispiel für die Möglichkeit, den Helden einer Biographie liebevoll und doch nicht offiziös (heuchlerisch) zu behandeln.

an den deutschen Universitäten von Hegelianern besetzt waren, und daß die Schüler im Rächen des Meisters gemeiner und gefährlicher sind, als der Meister selbst gewesen wäre; drittens, daß der Berliner Privatdozent Schopenhauer für seine Vorlesung demonstrativ die Stunde wählte, in der Hegel sein Hauptkollegium las, und daß es gleich bei der Disputation pro venia legendi zwischen Hegel und Schopenhauer zu einem persönlich ausgefochtenen Scharmützel kam. Das hätte Kuno Fischer wissen müssen, da ich es sogar weiß.

Von allem, was Fischer gegen Schopenhauers menschliche Moral zusammengetragen hat, macht eigentlich nur eine Kleinigkeit Eindruck. Wie ein Schönheitsfehler. Schopenhauer will in einer Mußezeit, die er für unfreiwillig hält, Kants Kritik ins Englische übersetzen. Er bietet sich an und er preist sich an. Sein Selbstlob hat immer einen großen Zug. Nur alle hundert Jahre einmal komme ein Mensch, der zugleich Kant so gut verstehe und so gut englisch spreche wie Schopenhauer. Aber in dieses Selbstlob mischt sich Reklame, eine kleine Unwahrheit. Er habe zehn Jahre lang als Lehrer der Logik und Metaphysik der Berliner Universität angehört. Schopenhauer hatte wirklich nur ein Semester gelesen und war dann nur nach dem Gesetze der Trägheit noch als Privatdozent weiter registriert worden. Dem Wortlaut nach* keine falsche Aussage und doch ein widerwärtiger Schönheitsfehler. Wo aber auch da auch nur die kleinste Sünde gegen den heiligen Geist? Ein idealer Zweck: die Übersetzung zu liefern. Und der Zweck heiligt wirklich die Mittel. Dazu kommt, daß Schopenhauer gerade die Lüge sehr gelinde beurteilt hat, sie mitunter als eine berechtigte Waffe gegen Neugier entschuldigt, mitunter als Recht in Anspruch genommen hat. »Kants bei jeder Gelegenheit zur Schau getragener, unbedingter und grenzenloser Ab-

* »A century may pass ere than shall again meet in the same head so much Kantian philosophy with so much English as happen to dwell together in this grey one of mine«; und kurz vorher »I am a German and since 10 years a teacher of Logic and Metaphysics in the university of this capital, as you may satisfy yourself by our Catalogus lectionum« (Brief vom 21. XII. 1829, Briefe, Grisebach S. 62 und 58).

scheu gegen die Lüge beruht entweder auf Affektation oder auf Vorurteil... Deklamieren ist leichter als Beweisen und Moralisieren leichter als aufrichtig sein.« (Grundprobl. d. Eth. S. 225.) Trotz alledem macht mir diese kleine Lüge Schopenhauers einen häßlicheren Eindruck als alle Brutalitäten seines Privatlebens. Er war ein harter Egoist. Gut. Geht's uns was an?

Er war auch eitel. Außer dem, was er sonst war. An Eitelkeit steht er ungefähr in der Mitte zwischen Kant und Nietzsche. Kant ließ sich gelegentlich einmal zu der fürstlichen Bauernschlauheit hinab oder herab, irgend einen kleinen Verehrer und Apostel für den besten Kenner seiner Ideen brieflich auszugeben. Schopenhauer machte aus dieser Bauernschlauheit am Ende ein System.

41 Gotteswort

Es ist schwer, ernst zu bleiben, wenn man den Begriff *Gottes Wort* untersuchen will. Wirklich: im Anfang war das Wort, und Gott war ein Wort. Götter sind Worte. Und diesem verstiegensten aller Worte, dem Gotte, hat insbesondre die Gruppe von Religionen, die wir die monotheistischen nennen, Worte in den anthropomorphen Mund gelegt, Menschenworte, Worte der Weisheit und der Unwissenheit, die da und dort lange Zeit nur das Ansehen besaßen, wie etwa die Bücher alter Schriftsteller, die aber jedesmal zu authentischen Worten Gottes gestempelt wurden, sobald Ketzerei an der Echtheit zu zweifeln begann. Der Mensch mag auf das Tier hinuntersehen, soviel er will; ein Tier, das Gottes Wort zu besitzen behauptete, gibt es denn doch nicht in der sprachlosen Natur.

Seit etwa 2000 Jahren bemühen sich Juden und Christen, einen authentischen Text von Gottes Wort herzustellen; der Islam steht zu seinem Glücke etwas abseits, weil er unsre Philologie und ihre Anwendung auf die hl. Schrift nicht kennt. Fragen wir nun, was die Kirche unter authentisch versteht, so müssen wir natürlich von den Märchen absehen, mit denen die Gehirne unsrer armen Kinder entartet werden: von dem Finger Gottes, der nach dem Judenmärchen z. B. die zehn Gebote in die Tafeln eingedrückt hat, und von dem hl. Geist des Christenmärchens, der immer dabei war, wenn von Moses bis auf die Evangelisten ein Mann eines der Kanonbücher schrieb, der dabei war, wenn ein andrer Mann eines der Bücher übersetzte, der wieder in der Nähe war, wenn die Übersetzung übersetzt wurde, d. h. ins Lateinische, die offizielle Sprache der kath. Kirche. Auf die neueren Sprachen ließ der hl. Geist sich nicht mehr ein. Was will es nun heißen, wenn das Konzil von Trient die Vulgata für authentisch erklärte? Wobei die groteske Tatsache nicht vergessen werden sollte, daß – wie wir alsbald erfahren werden – dieser authentische Text ja erst einige Jahrzehnte nach dieser Erklärung hergestellt wurde, daß also der hl. Geist die Männer des Konzils Textworte authentisieren ließ, die erst eine spätere Generation aus philologischen Gründen für die richtigen ansehen lernte. Auf dem Konzil war der vernünftige Antrag gestellt worden, zuerst die hebräischen und griechischen Originaltexte authentisch zu machen und dann auch authentische Übersetzungen in die neuen Nationalsprachen zu schaffen. Die Anträge gingen nicht durch. Man gestand sich ein, authentische, d. h. verbürgte Originaltexte nicht zu besitzen, und erklärte dennoch die gebräuchliche lateinische Übersetzung dieser ungeprüften Originale für *authentisch*. Was war das nun?

Seltsam genug bedeutet das Stammwort des Begriffs, *αὐϑεντης*, auf dessen schwierige Etymologie ich nicht eingehen will, den Urheber nicht einer Schrift, sondern eines Mordes, gewissermaßen den eigenhändigen Mörder, dann wohl auch den Gewalthaber überhaupt, den gewalttätigen oder den unumschränkten Herrn. Wir werden kaum mehr erfahren, wie aus dieser Bedeutung heraus *(αὐϑηντια = Selbstherrschaft)* das Adjektiv *αὐϑεντικος* im Griechischen, *authenticus* im Lateinischen zu dem Sinne: *zuverlässig, verbürgt, eigenhändig, urschriftlich* gelangte. Aber in diesem juristischen, gerichtsprozessualischen Sinne allein kann die Vulgata authentisch genannt worden sein. Wie der römische Richter eine behördlich für zuverlässig erklärte Kopie des Testaments als *authentisch* behandelte, falls das

Original nicht beizutreiben war, so nannte die Kirche die alte lateinische Übersetzung der Bibel *authentisch,* weil sie sich ein Urteil über die hebräischen und griechischen Originale nicht zutraute. Übrigens stammt auch die übliche Bezeichnung der Bibel aus der Juristensprache; die alten Juden faßten das ihnen hinterlassene Wort Gottes als ihren Bund mit Gott auf, ihren Vertrag mit ihm, schwarz auf weiß; die Septuaginta übersetzte das hebräische Wort mit διαϑηκη, was dann lateinisch in wortwörtlicher Lehnübersetzung *testamentum* hieß; trotz des ganz andern Verhältnisses (Jesus Christus schloß keinen Vertrag, am wenigsten mit einem auserwählten Volke) wurde dieses Wort auf die Büchersammlung der Apostel und der Evangelisten angewendet, und so bekamen wir zu dem Alten ein Neues Testament.

Die kirchliche Authentisierung der Vulgata entsprach aber gerade ihrem juristischen Vorbilde sehr schlecht. Tausend Jahre lang hatte sich die Kirche wohl oder übel mit der Ungleichheit und Unzuverlässigkeit ihrer Bibelhandschriften abgefunden. Sie nahm aus lokalen Streitigkeiten niemals Veranlassung, entweder einen der alten Bibeltexte, den hebräischen, chaldäischen, syrischen, griechischen, oder eine der neuen Übersetzungen, die deutsche, die französische, die vlämische, für authentisch zu erklären. Erst als die Reformation daran ging, Gottes Wort ohne Mitwirkung des hl. Geistes zu deuten, wissenschaftlich, soweit Theologie Wissenschaft sein kann, philologisch, als die Reformation die Verwegenheit hatte, die relativ authentischen Texte, den hebräischen und den griechischen, philologisch zu Rate zu ziehen, da fuhr die Kirche mit ihrer Erklärung dazwischen: die sogenannte Vulgata, haec vetus et vulgata editio pro authentica habeatur.

Mit gewohnter Klugheit hat die römische Kirche, wie wir sehen werden, den Streit über diese Deklaration nicht austoben lassen, ohne den Begriff *authentisch* authentisch zu interpretieren. Von der einen Seite wurde behauptet, authentisch heiße soviel wie vom hl. Geiste inspiriert; von der andern Seite wurde gelehrt, die Erklärung hätte nur den Wert einer Approbation, die Feststellung des echten Vulgatatextes sei nach wie vor wissenschaftliches Menschenwerk, dem Wunder des hl. Geistes und der Infallibilität des Papstes entrückt. So konnte es kommen, daß heute, scheinbar ohne Widerspruch, den Schulkindern die Worte der Vulgata als verbürgte Worte Gottes eingebleut werden, daß aber katholische Gelehrte behaupten dürfen, die römische Kirche lasse der Bibelforschung und der Textkritik freie Hand. In Wahrheit ist die Vulgata auch für gute Katholiken nicht das authentische Wort Gottes, sondern nur das offizielle, an das man sich zu halten hat. Als ob ein Richter wüßte, daß er nicht das echte Testament vor sich habe, aus unjuristischen Gründen aber die Fälschung für authentisch erklärte.

Unglaublich wäre es, wenn nicht eine bekannte Tatsache, daß die römische Kirche es versucht hat, das Wort Gottes, das doch zur Erlösung der Menschheit da sein sollte, der lesenden Menschheit zu verbieten. Die Einschränkung des Bibelverbots auf solche Bibelübersetzungen, die nicht approbiert waren, stammt erst aus der ängstlichen Zeit der Kirche (1757); die alten Bibelverbote galten den Übersetzungen in die Volkssprachen überhaupt: im 11. Jahrhundert wurden den Böhmen, im 13. den Waldensern, im 14. den Wiglifianern ihre Übersetzungen verboten. Selbst der Besitz einer Bibelübersetzung war strafbar. Während des 30jährigen Krieges endlich wurde das Lesen der Bibel in einer Volkssprache generell verboten. Wer mir einwerfen wollte, daß ein solches kirchenpolitisches Verbot nichts zu tun habe mit dem Gange meiner Untersuchung, der mag bedenken, daß die Christen der ersten Jahrhunderte nichts hatten zum Troste in der elenden Welt als Gottes Wort, keine Kirche, keinen Klerus, keine Dogmen (Kirche, Klerus, Dogmen im Sinne von heute), daß noch zur Zeit des hl. Hieronymus Erbauung einzig und allein aus dem Worte Gottes geschöpft werden konnte, daß es nachher die äußerste Frechheit der Worthändler war, der Christenheit die Worte nur noch in einer fremden Sprache zu reichen, wie uralte, unverständlich gewordene Zaubersprüche, die einzige Möglichkeit aber des Gebrauchs, die Übersetzung der alten Worte, zu verweigern.

Es ist nicht meines Amtes, hier wenigstens nicht, die Person der Dreieinigkeit zu kritisieren, die der hl. Geist heißt; wohl aber darf und muß ich auf die Frage eingehen, wie weit der hl. Geist nach der Kirchenlehre für den offiziellen Wortlaut des Gottesworts verantwortlich gemacht wird. Die Entscheidung über diese Frage hat das Urteil der Theologen über die Güte der lateinischen Übersetzung beeinflußt. Auf der mittleren Linie bewegen sich die Gelehrten, die die Sprache der Vulgata tadeln (Ludwig de Dieu: suos habet naevos, habet et suos barbarismos), die aber auch von der Übersetzung zugeben, daß sie nichts gegen den Glauben, nichts wider die guten Sitten enthalte. Päpstlicher als der Papst sind die Gelehrten, die (wie Morinus) den hl. Geist nicht nur für den Inhalt, sondern auch für die Form der lat. Übersetzung bemühen: vulgatam versionem *θεοπνευστον* non sine gravibus argumentis existimamus.

Mit Rücksicht auf die größere oder geringere Wichtigkeit der Bibelstellen unterscheiden theologische Schriftsteller bei der Mitwirkung des hl. Geistes 3 Grade: die *revelatio* (Offenbarung), die *inspiratio* (Eingebung) und die *assistentia* (Beistand). Da die Inspiration, um die es sich besonders handelt, den Verfassern des Alten Testaments eher bewußt war als denen des Neuen, da die Inspiration überaus selten behauptet wird, so ist es doch wohl dem Irrtum unterworfene menschliche Ansicht, die über den Grad der Mitwirkung des hl. Geistes zu entscheiden hat. Die kompromittierende Lehre, daß man im Hinblick auf die vielen naturwissenschaftlichen und historischen Schnitzer der Bibel bei »natürlichen Dingen« nur von einer *inspiratio concomitans* reden solle, ist von der Kirche bereits zurückgewiesen worden. Da nun das Gotteswort, das Wort des allwissenden und wahrhaftigen Gottes, auch in natürlichen Dingen nicht irren kann, da die Inspiration des hl. Geistes bei der ersten Niederschrift nicht ein bloßer Beistand, sondern eine zwingende Macht war, eine Determination, da unwesentliche Irrtümer und Widersprüche von den gläubigsten Männern zugestanden werden müssen, so bleibt nichts andres übrig, als die Form der lat. Vulgata preiszugeben. Gottes Allmacht *wollte* die Abfassung ihrer Worte in den drei hl. Sprachen; aber sie wollte in die Natürlichkeiten des Sprachgeistes sich nicht hineinmischen: sie sorgte nur dafür, daß der hl. Geist bei den entscheidenden Worten in Aktion trat.

Die Sorge für die Tradition der hl. Schriften (man achte auf die bewundernswerte Konsequenz der römischen Kirche) hat Gott vor Christi Geburt der Synagoge und später der Kirche überlassen. Die Kirche hat also ein Recht, die ihr aus irgend welchen, auch praktischen, politischen Gründen genehme Form des Gottesworts für authentisch zu erklären; für ihre Zwecke; fremde Zwecke, z. B. die der modernen Wissenschaft, gehen die Kirche nichts an.

42 Ontologischer Beweis

Anselm von Canterbury nun hat die Schnitzer des Altertums und des Augustinus kunstreich vereinigt und hat so erst den scholastischen Beweis für das Dasein des christlichen Gottes geliefert. Die erste Ursache des Aristoteles, auf den sich deshalb auch manche Atheisten beriefen, wurde nur mit einem logischen Sprunge Gott genannt; sie konnte ebensogut die unerklärte erste Bewegung in der unerschaffenen oder ewigen Welt sein. Die gemütlichen Beweise des Augustinus wiederum wandten sich zwar noch gegen die Zweifel an einem Weltschöpfer und feierten mit rhetorischem Zauber die verborgenen Superlative Ewigkeit, Schönheit und Wahrheit in Gott, aber sie arbeiteten diesen Gott des neuen Glaubens erst heraus, sie hatten ihn noch nicht zur Voraussetzung. Sie schufen den für bewiesen gehaltenen Gott eigentlich erst durch die schwärmerische Sprache ihrer Beweise zu dem neuen christlichen Gotte um, zu dem allervollkommensten Wesen. Und jetzt, bei Anselm, wird dieses allervollkommenste Wesen zum ersten Male die Voraussetzung des Beweises, des gottverlassenen, des allerelendesten, des ontologischen Beweises. »Gott ist das vollkommenste Wesen, zu den Bedingungen der Vollkommenheit gehört aber auch die Existenz; also muß das vollkommenste Wesen oder Gott existieren.« Dieser Beweis gilt nicht für die Götter der Griechen und Römer, denn diese waren wahrlich weit davon entfernt, vollkommene Wesen zu sein; er gilt nicht für die erste Ursache der antiken Welt, denn diese erste Ursache, auch wenn man sie sich persönlich dachte, brauchte keine moralisch guten Eigenschaften zu haben; er galt nur für den neuen Gott, der das allervollkommenste Wesen hieß, weil er die Allmacht, die Allweisheit, die Allgüte usw., weil er alle moralischen, geistigen und dinglichen Superlative in sich vereinigte. Und dieser allgemeine Beweis aus dem abstraktesten Superlativ wurde zum ersten Male geführt, als sich zum ersten Male der Zweifel an dem neuen Gotte regte. Anselm von Canterbury folgte auf Berengarius von Tours.

Nun sind aber alle frommen Versuche, diesen Anselm zu einem widerspruchslosen Denker zu machen, kläglich gescheitert; der Vater der Scholastik scheint nicht zu wissen, was er will: bald setzt er die Vernunft an die Stelle der Autorität, bald unterwirft er die Vernunft dem ererbten Glauben. Sein Grundsatz lautet: credo, ut intelligam; dahinter verbirgt sich der noch bescheidenere Grundsatz: intelligo, ut credam. Er redet wie ein Rationalist, aber er zweifelt zugleich an der zureichenden Kraft der Vernunft; und wiederum ist dieser Zweifel nicht der des ungläubigen Skeptikers, sondern der des vernunftfeindlichen Theologen. Ich meine, alle diese Widersprüche Anselms können nicht ausgeglichen, wohl aber psychologisch erklärt werden durch die Wahrnehmung, daß er gar nicht wußte, wie wenig Philosoph und wie sehr Theologe er war. Er bildete sich ein, den Gott einer Vernunftreligion bewiesen zu haben; seine Vorstellung kannte aber bereits nur den Gott des christlichen Katechismus. Die Gefahr des ontologischen Beweises, daß nämlich durch seine Widerlegung mit dem Christengotte auch der deistische Gott in Zweifel gestellt wurde, war nur für jene Zeit noch nicht vorhanden; mehr als ein halbes Jahrtausend später wurde jeder Angriff gegen den ontologischen Beweis zu einer Drohung auch gegen die Vernunftreligion; die zeitgenössischen Gegner Anselms aber waren, wenn sie uns auch als Aufklärer erscheinen, nicht viel klarere Köpfe als er; man gewinnt oft den Eindruck, daß sie ihn nur aus Stolz auf ihren besseren Scharfsinn, auf ihre »Modernität«, widerlegten, wenigstens standen sie ebenso fest wie er in dem ererbten Kirchenglauben; freilich ist nicht immer mit Sicherheit zu sagen, ob sie diesen Glauben nicht heuchelten.

Wir dürfen ganz allgemein Anselms Gegner als Fortsetzer der Berengariusschen Ketzereien betrachten; aber ein geschichtlicher Zusammenhang zwischen ihnen und Berengarius wird kaum nachzuweisen sein. Es handelt sich zumeist um den Nominalisten Roscelinus, von dem wir sehr wenig wissen, und um den Mönch Gaunilo, den ersten Kritiker des ontologischen Beweises. Zwischen diesen beiden Gegnern des Anselmus besteht ein Unterschied nur in der Höhe des Standpunktes, von welchem aus sie kämpfen; Gaunilo verläßt nicht den Boden der gewöhnlichen Logik, da er im ontologischen Beweise grobe Schnitzer nachweist und nur unbewußt mit der Notwendigkeit des Schlusses (aus dem Gedachtwerden auf das Sein) auch überhaupt die notwendige Realität von Ideen anzweifelt; Roscelinus ist der erste radikale Geist, der in der Logik nur eine Formalwissenschaft erblickt, den abstrakten Begriffen der Logik ein ontologisches Dasein abspricht und so als entschiedener Nominalist nebenbei auch den ontologischen Beweis aus Begriffen widerlegt.

Der Mönch Gaunilo, vor seinem Eintritte ins Kloster Marmoutier vielleicht ein Graf Montigny, beschränkte sich also darauf, die Schlußfolgerung des Anselmus umzustoßen. Anselmus hatte, wie später Hegel, aus der Vernünftigkeit auf die Wirklichkeit geschlossen: wenn wir den Gottesbegriff verstehen, so existiere Gott in unserer Vernunft, müsse demnach auch real existieren. (Diese Form des ontologischen Beweises widerspricht der früher gegebenen nicht, nach welcher die Existenz zum Wesen der Vollkommenheit gehört; da und dort gehört zum Verstehen des Gottesbegriffs das Begreifen eines Superlativs, und der Superlativ wird eben nicht als bloße Sprachkategorie aufgefaßt, sondern als eine Wirklichkeit.) Gaunilo zeigt, daß man mit der gleichen Formel (wie ich es drastischer für den Teufel getan habe) das Dasein jeder vollkommenen Sache, z. B. einer vollkommenen Insel, beweisen könnte. Anselmus wehrte sich gegen diese Kritik mit scholastischen Fechterkünsten, die einer Widerlegung nicht wert sind; er blieb starrsinnig bei der eigentlich sinnlosen Vorstellung, die aber durch Jahrhunderte für sinnvoll gehalten wurde: habe ich in meinem Kopfe die Idee von einem vollkommenen Wesen, das *außerhalb* meines Kopfes nicht existiert, habe ich daneben die Idee von einem vollkommenen Wesen, das auch außerhalb meines Kopfes existiert, so hat dieses zweite Wesen ein Plus gegenüber dem ersten, ist also erst das wahrhaft vollkommene Wesen und existiert auch außerhalb meines Kopfes, in der Wirklichkeit. Es ist nicht meine Schuld, wenn da Anselm von Canterbury einen kindisch dummen Beweis zu führen scheint. Man hat aus dem Auftreten des Mönches Gaunilo und noch entschiedener aus einer Ablehnung des ontologischen Beweises durch den heiligen Thomas zu beweisen gesucht, daß nicht die gesamte Scholastik für eine so schlechte Logik verantwortlich gemacht werden könne; aber die rein logischen Gegengründe des heiligen Thomas sind schwach, weil sie am Wortrealismus festhalten.

IV

Drei Bilder – Mystik

43 Die drei neuen Kategorien

Unsere Welt ist nur einmal da; wir können sie aber nicht auf einmal sehen. So ist auch die Sonne in unserem Planetensystem nur einmal da und wir können sie unmittelbar und mit unbewaffnetem Auge gar nicht sehen, mittelbar, in ihren Wirkungen, nur als Ursache von Erscheinungen gänzlich verschiedener Art wahrnehmen, die wir dann zu unserem Wissen von Licht, Wärme und Elektrizität geordnet haben. Wir können auch die Sonne nur im Bilde erblicken oder in Bildern. Wenn wir in seltener Andacht einen doppelten Mondregenbogen betrachten, so haben wir drei immerhin wesensähnliche Bilder der Sonne vor uns; die Erscheinungen Licht, Wärme und Elektrizität nennen wir nicht gern wesensähnliche Bilder der einen Sonne, wir haben endlose Zeit gebraucht, einige Beziehungen zwischen diesen drei Naturvorgängen zu entdecken. Die »Welt«, mit welchem Worte wir nun einmal das Ganze zu umfassen suchen, ob wir es nun kennen oder nicht kennen, ist aber ein noch größerer und verwickelterer Erscheinungskomplex als die Sonne und so werden wir noch längere Zeit brauchen, um hinter die geheimnisvollen Beziehungen der Bilder zu kommen, die sich uns anstatt der Welt selbst darbieten.

Wir haben von der Welt keine anderen Bilder als sprachliche; wir wissen von der Welt nichts, weder für uns selbst noch zur Mitteilung an andere, als was sich in irgend einer Menschensprache sagen läßt. Eine eigene, etwa übermenschliche Sprache hat die Natur nicht; die Natur ist stumm, nur der Mensch kann etwas über sich und die Natur aussagen, über die Welt.

Ich habe schon vor Jahren, in meinem »Wörterbuch der Philosophie« kurz und für mich nicht befriedigend darzustellen gesucht, daß es drei verschiedene Gesichtspunkte gibt, ein Bild von der einen Welt zu gewinnen, daß wir voneinander getrennt ein *adjektivisches*, ein *substantivisches* und ein *verbales* Bild von der Welt uns zeichnen. Ich will jetzt versuchen, die Bedingungen und Besonderheiten dieser drei Bilder zu prüfen. Ich will vor allem die Frage stellen und nicht versprechen, eine eindeutige Antwort geben zu können –, ob es möglich sein wird, die drei Sprachen, in denen diese drei Bilder vor uns entstehen werden, jemals in einander zu übersetzen. Diese drei Bilder so zu einer Dekkung zu bringen, daß ein einheitliches und richtiges Bild der einen Welt daraus entstehe.

Ich werde die drei Gesichtspunkte regelmäßig die drei Kategorien der Welterkenntnis nennen, obgleich ich kein Freund eines überflüssigen Gelehrtenjargons bin; ich habe aber zureichende Gründe, den altersgrauen Begriff »Kategorie« zu gebrauchen, in seinem ursprünglichen Sinne. Ich habe von Trendelenburg (»Geschichte der Kategorienlehre« S. 2ff.) gelernt, daß Aristoteles – wie ich es ausdrücken möchte – ausging, eine Tafel der obersten metaphysischen Begriffe zu suchen und nur die bis dahin unbekannten grammatikalischen Begriffe fand, als er seine nachwirksame Kategorientafel aufstellte. Auch die logische Benützung der Kategorien ist bei Aristoteles mehr, als er ahnt, eine Analyse des einfachen Satzes, wohlgemerkt: des griechischen Satzes. Die Kategorien des Aristoteles, an deren Säuberung und Verbesserung die besten Köpfe bis auf Kant viel Mühe verwandt haben, sind nicht mehr und nicht weniger als die obersten Begriffsbestimmungen, die sich von irgend etwas als Prädikate aussagen lassen. Daß Aristoteles just durch seine erste Kategorie seine ganze Tafel in Unordnung gebracht hat, daß nachher mitunter die Zufälligkeiten der griechischen Grammatik noch schlimmere Störungen hervorrufen, gehört nicht hierher. Genug daran: *κατηγορειν* heißt bei Aristoteles durchaus nichts weiter als »aussagen«, *κατηγοριαι* und *κατηγορηματα* (praedicamenta) nichts weiter als »Aussagen«, bestenfalls »Aussage-Möglichkeiten«. Natürlich hätten die späteren Griechen, die Araber und die Scholastiker über diesen schlichten Begriff nicht ganze Bibliotheken zusammenschreiben können, wenn nicht allerlei Rätsel der Grammatik, der Logik und der Ontologie hinter den »Aussagen« verborgen gewesen wären: alle Rätsel der Sprache eben. »Kategorie« wurde zu einem terminus technicus, und blieb ein Kunstausdruck, seitdem das Wort nicht mehr jede beliebige Aussage bedeutete, sondern nur die prädikative Aussage eines obersten Begriffs. In diesem Sinne gehört »Kategorie« zum ältesten Sprachgute der Philosophie. Weil ich nun weder von der alten noch von irgend einer neuen Kategorientafel, weder von grammatikalischen noch von logikalischen Kategorien einen Nutzen für die Erkenntnis der Welt erwarte, sogar den schädlichen Einfluß von Grammatik und Logik durchschaut zu haben glaube, weil ferner ein veralteter Terminus am besten dadurch unschädlich gemacht wird, daß man an ihm einen Bedeutungswandel vollzieht und so die veraltete Bedeutung aufhebt, darum will ich die drei Aussage-Möglichkeiten, auf denen unsere drei allein möglichen Weltbilder beruhen, die drei Kategorien nennen. Wir werden am Ende der Untersuchung erfahren, daß es sich auch da um sprachliche Entdeckungen oder Erfindungen handelt, daß die drei Kategorien, oder Gesichtspunkte, oder Aussage-Möglichkeiten zu der Forderung führen, für die Erfassung der adjektivischen, der substantivischen und der verbalen Welt je ein neues Werkzeug, je eine neue Sprache auszubilden. Wäre ich ein Sprachreiniger, so hätte ich anstatt »Kategorien« wohl gar »Aussäglichkeiten« sagen können; aber über das schlechte alte Wort wird niemand klagen, vor dem guten neuen Wort hätte man sich entsetzt.

Vorläufig will ich nun an einem einzigen Punkte den Unterschied meiner neuen Kategorienlehre von den alten zu zeigen versuchen. Die alten Kategorientafeln, so verschieden sie untereinander waren, glaubten an die Wißbarkeit der Welt durch die Sprache, glaubten an eine innere Logik der Menschensprache, glaubten an die Möglichkeit, mit Hilfe der hominististischen Sprache an die nichthominististische Natur herankommen zu können. Wohl hatten einzelne Denker erkannt, daß die bestehenden Volkssprachen dem Ideal eines Erkenntniswerkzeuges nicht entsprachen; da hoffte man dann auf eine philosophische Sprache, welche die Mängel der geschichtlich gewordenen Sprachen tilgen sollte; darin aber waren eigentlich alle Philosophen rationalistisch, daß sie mit den Mitteln der Menschensprache, die der gemeinsame Menschenverstand geschaffen hatte, ein durchaus ähnliches Bild der Welt herzustellen hofften. Ich weiß, daß ich da wieder an dem Schlagworte Rationalismus einen Bedeutungswandel vornehme, wie denn überhaupt der Sprachkritiker verurteilt oder belohnt ist durch die Pflicht oder das Recht, jeden Begriff seiner wissenschaftlichen Sprache etwas anders zu gebrauchen, als es hergebracht ist; wie denn überhaupt die Notwendigkeit, jedes überlieferte Wort auf seine Übereinstimmung mit der (Sprache) Sache zu prüfen, wiederum das Bedürfnis der Sprachkritik beweist. Rationalistisch scheint mir also jede Art von Philosophie, ob sie sich nun selbst für theologisch, für idealistisch, für materialistisch oder für kritisch hält, die den Aberglauben nicht preisgegeben hat, in der Menschensprache ein Bild der Natur zu besitzen, durch die Menschensprache ein Bild der Natur herstellen zu können; der Aberglaube an die Sprache kann erst überwunden werden durch die Erkenntnis, daß Sprechen und Denken eine und dieselbe Tätigkeit des Menschen ist und nicht etwa bloß die Sprache – wie man zu sagen pflegt – ein Werkzeug des Denkens; durch die Erkenntnis, daß Vernunft (ratio) und Sprache Wechselbegriffe sind. Für den Schüler der Sprachkritik wird es übrigens keine Überraschung sein, daß auch der religiöse Aberglaube, z. B. der Glaube an die beste der Welten, nur ein besonderer Fall des allgemeinen Sprachaberglaubens ist; man stellt einfach an die göttliche Weltregierung, welche die Welt und den Menschen und die Sprache geschaffen hat, auch noch die Forderung, eigentlich eine sittliche Forderung, die Sprache, irgend eine beliebige und zufällige Menschensprache *müsse* der Natur entsprechen, müsse für ein ähnliches Bild der Natur verwendbar sein.

44 Kategorien und Gesichtspunkte

Ich verkünde also nicht einseitig mit dem naiven Realismus oder mit Platon eine ausschließlich substantivische Welt irdischer oder überirdischer Abkunft, nicht einseitig mit der naiven Naturwissenschaft eine ausschließlich verbale Welt des dinglosen Werdens, ich verkünde aber auch nicht – und dieses Mißverständnis muß ich besonders abwehren – ein Nebeneinandersein dieser drei Welten, sondern ich bemühe mich aufzuzeigen, wie wir unsere Weltbetrachtung bald so bald so einstellen, um die eine gegebene Welt abwechselnd bald als eine Summe von Sinneseindrücken, bald als eine Ordnung von Dingen, bald als eine Reihe von Veränderungen zu sehen und anzusprechen. Nur so will ich es verstanden wissen, wenn ich die drei einzig möglichen Anschauungen Kategorien oder Aussäglichkeiten nenne.

Bevor ich daran gehe, meinen neuen drei Kategorien der Weltanschauung untereinander und wiederum von den ihnen entsprechenden grammatischen Kategorien zu unterscheiden, will ich jetzt diese schwierigen Vorstellungen dadurch einüben, für mich und meinen Leser, daß ich zuerst an einigen geeigneten Worten der Gemeinsprache, dann an einem möglichst gewöhnlichen Satze, und endlich an den drei populärsten Begriffen der Metaphysik (Gott, Freiheit und Unsterblichkeit) zeige, wie unbeholfen unser Wissen und Denken von einem Gesichtspunkte zum anderen hinüberschwankt, solange wir nicht begriffen haben, daß wir unsere Wahrnehmung durchaus und grundsätzlich verschieden einstellen, wenn wir die einzige Welt bald als adjektivische, bald als substantivische, bald als verbale Welt betrachten. Auf die Reihenfolge meiner drei Kategorien lege ich nicht den geringsten Wert; nur weil die alphabetische Folge zufällig vielleicht der entwicklungsgeschichtlichen entspricht, will ich an erster Stelle das Adjektiv *»schön«*, an zweiter Stelle das Raumwort *»Feuer«* und erst an dritter Stelle das Zeitwort *leben* von einigen Seiten ansehen.

45 Adjektivische Sprache

Eine konsequente Sprache für die adjektivische oder sensualistische Welt; auch die Sprache für diese Welt müßte rein adjektivisch sein. Man könnte sie zunächst mit dem Formenschatze der impressionistischen Malerei der Pointilleurs vergleichen: Punkte, nichts als Punkte, Punkte in allen Farben, aber auch Punkte als Zeichen für Augenblickseindrücke der anderen Sinne; doch bliebe der Gesichtssinn auch für die Sprache der wichtigste und ihre Ausdrucksmöglichkeit der der Malerei verwandt. Nur daß auch noch der Pointilleur im Gehirn des Beschauers über seine Punkte hinaus die Wirkung einer substantivischen Welt (Bildnis) oder gar einer verbalen Welt (Stimmung) erzeugen will, während die konsequent adjektivische Sprache sich bei den Augenblickspunkten oder Sinnesmitteilungen zu beruhigen hätte.

46 Substantiv und Ideenlehre

Die naive Philosophie der Menschensprache hat ja von jeher, wie das auf der Hand liegt, die Ergänzung der sensualistischen oder adjektivischen Begriffe durch grobe substantivische und verbale Vorstellungen vorgenommen; alle unsere Gemeinsprachen bilden so einen Mischmasch aus meinen drei Kategorien oder Welten, es wimmelt in der adjektivischen Gemeinsprache von Substantiven und Verben. Aber auch die beiden einzig möglichen übersinnlichen, überadjektivischen Weltanschauungen haben schon sehr früh ihre einseitigen Bildner gefunden, die substantivische Welt in Platon, die verbale Welt in dem viel später erst nachwirksamen Herakleitos; ich habe nicht die Absicht, hier Geschichte der Philosophie vorzutragen und will mich darauf beschränken, einen Zusammenhang zwischen meinen Einzelkategorien und diesen berühmten Systemen herzustellen, nicht um mich auf Platon oder Herakleitos zu berufen, sondern nur um vor der Gefahr der Einseitigkeit des substantivischen und des verbalen Weltbildes zu warnen.

Platon wollte, einerlei unter welchen Einflüssen, über die ungegenständlichen und unwirklichen, nichtseienden Sinneswahrnehmungen hinaus zu der Erkenntnis des Seins vordringen und erfand die substantivische Welt: die Ideen wurden ihm zu Urbildern der in ihrem Nichtsein durchschauten Dinge der Sinnenwelt. Dadurch, daß diese Ideen zugleich so etwas wie Ursachen der sinnlich wahrnehmbaren Einzeldinge waren, vermengte er freilich ahnungslos das substantivische Weltbild wieder mit dem verbalen. Er beging zwei Jahrtausende vorher schon den offenbar unausweichlichen Fehler, den Kant wiederholte, als er das Ding-an-sich zur Ursache der Erscheinung machte; weil aber diese Verirrung des Platonismus keine schlimmen Folgen hatte und vor der Arbeit an der neueren Naturwissenschaft keine Folgen haben konnte, lasse ich es bei dieser Andeutung bewenden. Wichtiger und für meinen Zweck belehrender mag ein Hinweis darauf sein, daß der Platonismus zwar eigentlich mit dem Idealismus zusammenfällt, welcher nur den Ideen und nicht den sinnlichen Dingen ein Sein zuschreibt, daß aber auch der Gegensatz des Idealismus, der dem Sensualismus verwandte Realismus, aus dem Platonismus hervorgehen kann, sobald erst Stufen und Grade von Ideen angenommen werden, sobald erst den Arten und Unterarten und endlich auch den Einzeldingen besondere Ideen so ungefähr als Schutzengel beigegeben werden, sobald erst – und Platon war wie alle Griechen ein unkritischer Geist – jedem Gattungsbegriffe, und dazu allen möglichen Dingen, Eigenschaften und Beziehungen, besondere Ideen zugeschrieben werden. Es scheint, daß Platon selbst erst in seinem höheren Alter seine eigene Ideenlehre feierlich und priesterlich nahm und unter Ideen nur die wertvollen Ideen verstanden wissen wollte; seinem ursprünglichen Gedanken liegt die Unterscheidung zwischen Idee und Erscheinung, zwischen substantivischer und adjektivischer Welt also näher, näher aber auch die Gefahr, in jedem realen Einzelding das Nachbild eines Urbildes zu erblicken, das *εἴδωλον* einer Idee.

Wie weit auch Platon davon entfernt war, mit seiner Ideenlehre bewußt die eine der drei möglichen Kategorien der Welterfassung aufzustellen, die substantivische Welt als eines der drei Teilbilder zu begreifen, erhellt noch deutlicher daraus, daß im Mittelalter der große Kampf zwischen Wortrealismus (nicht zu verwechseln mit dem eben erwähnten erkenntnistheoretischen oder naiven Realismus) und Nominalismus an die Ideen oder Gattungsbegriffe Platons anknüpfen konnte. Ich weiß wohl, daß erst die sprachlichen und logischen Untersuchungen, die durch Aristoteles und seine Nachfolger in Angriff genommen wurden, daß zuletzt erst durch die Nötigungen der christlichen Theologie der ganze Streit so heftig wurde, aber der Streit drehte sich immerhin nur um die Frage: sind die Ideen oder Gattungsbegriffe höhere Wirklichkeiten oder aber gar keine Wirklichkeiten. Innerhalb der Scholastik waren die Nominalisten – vom Standpunkte der menschlichen Geistesentwicklung betrachtet – die Vertreter der Aufklärung und brachen eine Bahn zum modernen Psychologismus und zur Sprachkritik, waren die Wortrealisten die Vertreter eines theologischen Scheinwissens, eines supranaturalistischen Wortaberglaubens. So haben wir uns gewöhnt die kämpfenden Parteien anzusehen, gewiß nicht ganz mit Unrecht. Wer aber jetzt mit mir die Möglichkeit erwägt, die Welterfassung durch die drei Teilbilder zu trennen, um sie nachher womöglich wieder zu vereinigen, der stellt sich doch auf eine höhere Warte, als selbst die der menschlichen Geistesentwicklung war, und kann weder für die Wortrealisten noch für die Nominalisten einseitig Partei ergreifen. Alle Philosophie bis auf diese vorläufig letzte Fragestellung der Sprachkritik ist, wie gesagt, Rationalismus oder Wortabhängigkeit, Rationalisten im Sinne der Aufklärung waren selbstverständlich die Nominalisten, die so früh die Gattungsbegriffe und somit alle Substantive als Erzeugnisse des menschlichen Gehirns erkannten; Rationalisten, etwa im Sinne Hegels, waren aber auch die Wortrealisten, die die Erscheinungen der sensualistischen oder adjektivischen Welt übersehen *wollten* und sich jenseits der Erdenwelt eine substantivische Welt aufbauten, in der die Begriffe oder Ideen sich nach eigenen Gesetzen bewegten, unbekümmert um die sinnlichen Eigenschaften ihrer körperhaften Erscheinungen. Diese Wortrealisten durften sich mit um so besserem Gewissen für die echten Schüler Platons halten, als die Annahme einer unkörperlichen Ideenwelt bei Platon selbst äußerst unklar ausgesprochen war; die Gleichsetzung von Ideenwelt und Geisteswelt ist viel spätere Zutat; das Reich der Ideen umfaßt, wenigstens in der ursprünglichen Anlage, nicht nur die allgemeinsten, höchsten und wertvollen Ideen (des Schönen, des Guten), sondern die substantivischen Urbilder jeder Erscheinung, mag sie auch häßlich oder niedrig sein; das Reich der Ideen wurde so der Zufluchtsort des Künstlers oder des Frommen, der sich an den Erscheinungen der sinnlichen, adjektivischen Welt nicht beschmutzen wollte. Ein Christ war Platon freilich nicht gewesen, aber ein Künstler und ein Mystiker. Und da ist es von einer Bedeutung, die gar nicht überschätzt werden kann, daß der einzige große deutsche Mystiker, der Meister Eckhart, der leidenschaftliche Gottsucher und Ketzer, der mit seinen Gedanken die geistigen Fortschritte der Theologie und Philosophie befruchtet hat, kein Aufklärer war, kein Nominalist, sondern – wie nachher die Reformatoren Wiclef und Hus – ein Anhänger des Wortrealismus, noch dazu ein treuer Schüler seines Ordenslehrers, des heiligen Thomas; für Meister Eckhart war die substantivische Welt wahrer als die adjektivische – wenn er das auch nicht so aussprach, die ideelle Wirklichkeit wahrer als die gemeine körperliche Wirklichkeit, die Erkenntnis das wahre Sein, so daß – ich glaube nicht mit dem Worte zu spielen – selbst diese reinste Mystik ein heimlicher Rationalismus war. Weil nämlich die Wortrealisten in ihrer streitlustigen Beschränktheit ihre substantivische Welt für die bessere, schönere und wahrere Welt hielten, nicht für eines der drei gleichberechtigten Bilder der Welt halten konnten; weil sogar Meister Eckhart in der »genaturten Natur«, der sinnfälligen oder adjektivischen, so ungefähr einen Abfall sah von der »ungenaturten Natur«, dem obersten Substantivum, dem einzigen Sein, dem Gotte.

Noch einmal: ich habe den alten Platon bemüht, nicht um alte Flicken auf ein neues Gewand zu nähen, sondern wirklich nur um durch die Gegenüberstellung meiner substantivischen Kategorie und der erstaunlich langlebigen Ideenlehre zu zeigen, wie sogar dieser Lehrer einer scheinbar substantivischen Welt nicht daran dachte, seine unerhörte Weltanschauung als ein bloßes Weltbild vorzulegen oder gar als ein Bild neben zwei anderen gleichwertigen, ebenso ähnlichen und ebenso unähnlichen Weltbildern.

47 Substantivische Welt

Wir haben die einzige Welt unserer Erfahrung, die Wirklichkeitswelt, die Welt des Sensualismus kennen gelernt als diejenige Welt, für deren Beschreibung die Sprache ihre Adjektive zur Verfügung hat; wir haben vermutet, daß das *Adjektiv* zwar der jüngste Redeteil der Grammatik ist, aber der älteste Redeteil in der Geschichte des Verstandes. Wir haben schon dort angedeutet, daß die Sprache für ihren eigenen Gebrauch die substantivische Welt hinzugeschaffen habe, die Welt der Götter und der Geister, die Welt der Dinge und der Kräfte. Diese substantivische Welt ist die mythologische Welt.

Diese Vorstellung wäre eine Banalität, wenn nur gemeint wäre: die abstrakten Substantive, bei denen eine ehrliche Vernunft sich nichts denken kann, gehören einer mythologischen Welt an. Nein. Nicht nur Götter und Geister sind mythologisch, auch die scheinbar wohlbekannten Kräfte der Physik und der Biologie sind mythologische Ursachen; auch die Dinge selbst, die Einzeldinge unserer adjektivischen Erfahrung, sind nur Symbole, unter denen wir die mythologischen Ursachen ihrer adjektivischen Wirkungen zusammenfassen. An den abstrakten Substantiven ist die Sachlage nur leichter begreiflich zu machen.

Die germanischen Sprachen haben mehr als andere die Neigung, die Dinge, von denen wir noch weniger wissen als von den körperlichen Dingen, die Abstracta, durch Doppelwörter zu bezeichnen, die für mein Sprachgefühl etwas Pleonastisches an sich haben. *Freundschaft* sagt in meiner Beziehung zu N. nicht mehr, als daß wir *Freunde* seien, besser, daß wir einander *freund* seien, denn das einzig Wirkliche daran ist ein adjektivisches Gefühl; das jetzige Suffix *schaft* war ursprünglich soviel wie Beschaffenheit, wurde später zur Bezeichnung eines Sammelbegriffs. *Bürgerschaft, Judenschaft* sagt nicht mehr als *Bürger, Juden; Wissenschaft,* der Schulsack voll Wissen, nicht mehr als *Wissen* allein. Das Suffix *heit* war auch ein selbständiges Wort und bezeichnete einen Zustand; *Freiheit, Gleichheit* sagt nicht mehr als *frei, gleich; heit* hat aber wie *schaft* die Bedeutung eines Kollektivums angenommen, und *Christenheit* sagt nicht mehr als *Christen;* freilich würde nur etwa ein deutsch redender Türke *Christenschaft* sagen; endlich setzt man *heit* völlig pleonastisch in *Gottheit, Schönheit.* Ein selbständiges Wort war auch *tum;* wenn wir *Eigentum* sagen, so meinen wir nicht mehr als mit dem Adjektiv *eigen,* das eigentlich das Partizip eines alten vergessenen Verbums *eigan* ist, *besessen* bedeutet, im Gegensatz zu einer herrenlosen Sache; nur der Zufall des Sprachgebrauchs unterscheidet zwischen *Eigentum, Eigenheit* und *Eigenschaft; mein Eigen* sagte man früher, wo wir jetzt mein *Eigentum* sagen.

Es ist auch nur ein Zufall der Sprachgeschichte, daß die konkreten Dinge nicht ebenso gezwungene Wortformen haben. Daß wir nicht *Pferdeding, Apfelding* für Pferd, für Apfel sagen oder etwa *Pferdetum, Apfelheit;* franz. *maison* ist aus so einem abstrakten lat. *mansio,* Bleiberaum, entstanden. In einem gewissen Sinne sind die konkretesten Substantive eben solche Scheinbegriffe wie die abstraktesten Begriffsungeheuer der Scholastik.

Wenn wir uns nicht gewöhnt hätten, durch eine verwegene Analogiebildung fast allen Substantiven die gleichen Kategorien des Kasus, der Zahl und sogar des Geschlechts beizulegen, so würden wir an diesen Kategorien die Bildhaftigkeit, die Unwirklichkeit der Substantivbildungen sofort erkennen. Würden sofort herausfühlen, daß die abstrakten Substantive kein Kasusverhältnis zueinander haben können, kein Zahlenverhältnis zu uns und erst recht keine Ähnlichkeit mit dem Geschlechtsunterschiede der Tiere. Die Bildhaftigkeit des Geschlechtsunterschiedes ist auch bei den allermeisten konkreten Substantiven offensichtlich; das Kasusverhältnis der konkreten Substantive aber ist auch nur, wie die Sprachwissenschaft längst nachgewiesen hat, metaphorisch nach dem Bilde einiger räumlicher Verhältnisse entstanden und täuscht uns nur eine Kenntnis von Beziehungen vor, über die wir immer nur bildlich etwas aussagen können; auch die Zahl der konkreten Substantive ist nicht in der Erfahrungswelt, ist nicht in einem einzigen wirklichen Dinge, ist nicht einmal eine Wirkung der Dinge auf uns, sondern nur in der *verbalen Welt,* in dem Ordnungsbedürfnisse des Menschen. Denn die Zahlen sind keine Wahrnehmungen, sind nicht adjektivischer Art.

Der menschliche Verstand, der nach einem uralten, gewiß schon vom Tiere ererbten Instinkte die gemeinsamen Ursachen der adjektivischen Eindrücke als Substantive auffaßt, täuscht sich also eine substantivische Welt genau mit den gleichen Mitteln vor, wie der optische Scherz des Physikers uns durch geschickt gestellte Spiegel und richtig gewählte Linsen die Anwesenheit eines Körpers vortäuscht. Ich habe schon irgendwo gesagt, daß wir mit Recht einen Apfel wahrzunehmen glaubten, wenn uns ein höherer Taschenspieler zugleich Form, Farbe, Konsistenz, Geschmack und Geruch eines Apfels vortäuschen könnte. Nur daß wir uns mit dem sogenannten wirklichen Apfel sättigen, daß wir ihn verdauen können; aber auch das liegt doch nur wieder an adjektivischen Wirkungen des wirklichen Apfels, die uns ein noch höherer Taschenspieler vortäuschen könnte.

Es ist kein Zufall, daß die Beziehungen der substantivischen Welt durchaus (sprachlich) auf Beziehungen des Raums zurückgehen. Die substantivische Welt ist die unwirkliche Welt des Raums, ist die Welt des Seins. Wir müssen völlig von der wichtigsten Bedingung aller Wahrnehmung abstrahieren, von der Zeit, wenn wir eine Welt des Seins festhalten wollen. In der Zeit gibt es nichts Bleibendes, gibt es kein Sein, gibt es nur ein Werden.

Auch diese Weisheit ist sehr alt, wenn auch nicht so alt wie der Instinkt, eine substantivische Welt festzuhalten. Wir wissen zwar nicht genau, was Herakleitos mit den Sätzen gemeint habe, die uns überliefert sind; ich glaube auch nicht, daß alles griechisch gewesen sein kann, was Hegel in den dunklen Philosophen hineingelegt hat. Soviel aber ist sicher, daß Herakleitos die Unwirklichkeit des *Seins* erkannt hat und nur im Werden einen Begriff sah, der über die Erfahrungswelt hinausführen konnte. »Alles fließt«; es gibt also kein bleibendes Sein. »Man kann in den gleichen Fluß nicht zweimal hinabsteigen.« Man achte darauf, daß Herakleitos seine Beispiele vom Feuer und vom Wasser nahm, und daß uns heute noch die Erscheinungen der Flamme und des herabstürzenden Wasserfalls die besten

Beispiele sind, an denen wir die Unwirklichkeit der substantivischen Welt begreiflich machen können.

Auf ein ganz anderes Gebiet gehört es, wenn wir im Banne der Sprache, weil wir immer das Unsagbare sagen möchten, die Sehnsucht nach Dingen-an-sich hinter der adjektivischen Welt tief empfinden und die Symbole der substantivischen Welt für solche Dinge-an-sich nehmen; in diesem Sinne könnte man die substantivische Welt auch die Welt der Mystik nennen.

Für freundliche Leute, die in der Anerkennung meiner sprachkritischen Ideen schon so weit vorgeschritten sind, daß sie diese Ideen alt und bekannt nennen, will ich noch eine jüngere Autorität nennen als den schwer zugänglichen Herakleitos; ich fürchte nur, daß auch bei diesem neuern Forscher eine gründliche Kritik der Sprache nicht zu finden sein wird.

Dem sprachkritischen Gedanken, daß die der Erkenntnis zugängliche Welt allein die adjektivische Welt ist, daß die substantivische Welt nur mit Hilfe von Hypothesen oder von Hypostasen vorgestellt werden kann, scheint sich schon vor 300 Jahren ein Mann genähert zu haben, dessen Verdienste um die Logik durch seine bahnbrechenden Leistungen auf dem Gebiete der Physik in den Schatten gestellt worden sind: Galilei. Ich verdanke diesen Hinweis einer Abhandlung Prantls: »Über Galilei und Kepler als Logiker.« (Sitzungsberichte der Münchner Akademie II, S. 394f.) Gegenüber dem wahren und innern Wesen der Dinge bekennt Galilei sich zu einem klaren Agnostizismus. Die *Eigenschaften* und *Wirkungen* der Dinge aber (Prantl selbst übersetzt so) könnten wissenschaftlich erkannt werden; da brauche man an dem Siege der Wissenschaft nicht zu verzweifeln. Ich setze die Stelle in den Originalworten (aus einem Briefe Galileis) her: »O noi vogliamo speculando tentar di penetrar l'essenza vera ed intrinseca delle sustanze naturali, o noi vogliamo contentarci di venire in notizia di alcune loro *affezioni*. Il tentar l'*essenza*, l'ho per impresa non meno impossibile e per fatica non meno vana nelle prossime sustanze elementari che nelle remotissime e celesti ... Ma se vorremo fermarci nell'apprensione di alcuni *affezioni*, non mi pare che sia da disperar di poter conseguirle anco nei corpi lontanissimi da noi, non meno che nei prossimi.«

Übrigens bemüht sich Prantl, aus einer gelegentlichen und notgedrungenen Versicherung des vorsichtigen Galilei den Beweis zu ziehen, daß dieser in Wirklichkeit kein Gegner der Aristotelischen Logik gewesen sei; Prantl vergißt, daß zu Anfang des 17. Jahrhunderts von Aristoteles abzufallen fast ebenso gefährlich war, wie von der Kirche abzufallen. In Italien wenigstens. Die logische Freiheit des Galilei, die ihn bis zu sprachkritischen Ideen führen konnte, äußert sich sehr stark und fein in einem Wortspiele, welches davon ausgeht, daß im Italienischen *organo* zugleich das Werkzeug (also auch das *Organon* des Aristoteles) und die *Orgel* bedeuten kann. Galilei leugnet noch nicht, daß Aristoteles uns eine gute Logik hinterlassen habe; aber er leugnet bereits, daß Aristoteles ein guter Logiker gewesen sei; man könne ein vortrefflicher Orgelbauer sein, ohne die Orgel spielen zu können. Auch diese schöne Stelle will ich in der Originalsprache hersetzen. »Concedetemi in tanto, che io esponga le mie difficultà ... dicendovi, che la *logica,* come benissimo sapete, è l'*organo* col quale si filosofa; ma siccome può esser, che un artefice sia eccellente in fabbricare *organi,* ma indotto nel saperli sonare, cosi può esser un gran *logico,* ma poco esperto nel sapersi servir della *logica;* siccome ci son molti che sanno per lo senno a mente tutta la poetica, e son poi infelici nel compor quattro versi solamente: altri posseggono tutti i precetti del Vinci, e non saprebber poi dipingere uno sgabello. Il *sonar* l'*organo* non s' impara da quelli che sanno *far organi,* ma da chi gli sa sonare; la poesia s' impara dalla continua lettura dei poeti: il dipignere s' apprende col continuo disegnare e dipignere; il dimostrare dalla lettura dei libri pieni di dimostrazioni, che sono i matematici soli, e non i logici.« (Dialoghi sui massimi sistemi, Ausg. Sonzogno, S. 46.)

48 Verbale Welt

Neben der *adjektivischen* Welt, der allein wirklichen Welt der Erfahrung oder des Sensualismus, gibt es in unserm Denken oder in unserer Sprache auch noch eine *substantivische* Welt des Seins oder des Raums, die wir als die mythologische Welt und (auf einer höhern Stufe) als die Welt der Mystik kennen gelernt haben; es gibt aber weiter noch eine *verbale Welt,* die Welt des Werdens. Der Raum ist die Bedingung der substantivischen Welt, die Zeit ist die Bedingung der verbalen Welt. Raum und Zeit unterscheiden sich hauptsächlich dadurch, daß Raum immer nur in Beziehung auf eine bestimmte Zeit verbraucht wird, Zeit aber beinahe wie eine Kraft immer verbraucht wird, sobald etwas geschieht. In den Abgrund des Ursachbegriffs scheint es mir hinabzuleuchten, daß man von Raum und Zeit sagen kann, sie seien die Bedingungen der Erfahrung, Raum sei die Bedingung des Seins, Zeit sei die Bedingung des Werdens, daß man aber in keinem dieser Fälle Zeit und Raum Ursachen nennen darf.

Kant hat diese Schwierigkeit, die Hume wohl gar nicht bemerkte, dadurch umgangen, daß er Raum und Zeit als Formen der Anschauung dem Subjekt allein zusprach, den Dingen-an-sich, die er ja doch für Ur-Sachen hielt, absprach. Aber die Zeit wenigstens, als die Bedingung des Werdens, ist weder vom Subjekte noch vom Objekte loszulösen, wenn man nicht mystisch die Zeit überhaupt wegdenkt. Die verbale Welt sieht nichts als die Art der Wirksamkeit, welche wir die Relationen der Dinge zu uns und die Relationen der Dinge zueinander nennen. Das Werden und Vergehen, also die objektive Welt, befreit vom Aberglauben des naiven Realismus, ist Gegenstand der verbalen Welt: das Wirken; aber auch das Wirken auf uns, das unmittelbar als die adjektivische Welt erfaßt wird, gehört – sobald wir es erst als ein Wirken erkannt haben – ebenfalls der verbalen Welt an. Das Wissen von der adjektivischen Welt, das Begriffsbilden, das Denken oder Sprechen ist verbal.

Der allgemeinste Begriff für dieses Werden, für den Fluß der Dinge, wäre der Begriff der *Bewegung.* Und da scheint der Ausdruck *verbale Welt* nicht ganz zu stimmen, weil die Verben nicht immer Tätigkeiten oder Bewegungen oder allgemein Veränderungen bezeichnen, sondern (jetzt wenigstens) ebenso oft Zustände der Ruhe. Ich sagte »jetzt wenigstens«, weil die Vermutung doch nicht ganz abzuweisen ist, daß unsere Zeit- oder Tätigkeitswörter ursprünglich in der Regel eine sinnfällige Tätigkeit bezeichneten, wenn ich auch die weitergehende Annahme alter Sanskritisten nicht zugeben kann, daß alle sogenannten Sprachwurzeln ursprünglich immer solche Tätigkeitsbegriffe gewesen seien.

Ich will auch gar nicht leugnen, daß in dem Ausdrucke *verbale Welt* (für die Welt des Werdens und unseres Wissens vom Werden) einige Schönheitsfehler enthalten sind. Die eigentlichen Tätigkeitswörter, an welche ich bei der Lehre vom *Zweck im Verbum* zunächst dachte, haben in der Psychologie der Sprache nicht genau den gleichen Charakter wie die Verben, welche eine Tätigkeit der physikalischen Natur bezeichnen: eine Bewegung z. B. des Wassers, des Schalls, des Lichts oder der Wärme; auch unterscheidet die Grammatik je nach ihrem Standpunkte transitive und intransitive, objektive und subjektive Verben. Zuletzt aber glaube ich doch, daß in allen unsern Sprachen die Verben, welche geistige Tätigkeiten oder gar Zustände der Ruhe ausdrücken, nur Analogiebildungen nach der Form und nach der innern Sprachform der Tätigkeitswörter waren; die Verbalendungen erinnerten daran, daß das Subjekt *etwas mache, etwas tue.* Und diese unklare Vorstellung verbinden wir immer noch mit allen Zeitwörtern.

Nur nicht mit dem allgemeinsten und darum leersten aller Zeitwörter, mit dem Begriffe *sein.* Ich kann wieder nicht leugnen, wie es mich in eine sprachliche Verlegenheit bringt, daß dieses allergemeinste Verbum in die verbale Welt nicht hineinpaßt, sondern just ein Synonym der substantivischen Welt ist. Ich kann mir nur so helfen, daß ich mich auf den Sprachgebrauch berufe: wir verlegen die Ursachen der adjektivischen Welt in Substantive hinein, von denen wir die Realität oder das *Sein* erst dann aussagen, wenn wir von den Relationen dieser dinglichen Hypostasen etwas zu wissen glauben.

Die Einteilung der drei Welten nach den wichtigsten Redeteilen der Grammatik ist also selbstverständlich nur cum grano salis zu verstehen. Die Unbestimmtheit des grammatischen Sinnes zeigt sich besonders deutlich darin, daß wir nicht genau sagen können, was ein Adjektiv, was ein Substantiv und was ein Verbum sei; die Logik, die Schullogik nämlich, ist freilich durch eine welthistorisch gewordene Unklarheit des Aristoteles aus der Grammatik hervorgegangen, aber die Grammatik ist dadurch nicht logisch geworden. Dem Ideal logischer Begriffe entsprechen eigentlich nur die Substantive, insofern sie Individuen und dann höhere und immer höhere Gattungsbegriffe bezeichnen. Die Adjektive sind von Hause aus sprachliche Bezeichnungen für Sinneseindrücke oder Empfindungen, sind aber in der Schullogik immer noch als Prädikate von Subsumptions-Urteilen und -Schlüssen gut zu verwenden. Verben jedoch sind im Sinne der Subsumptionslogik gar keine Begriffe, sie bezeichnen, wie wir gelernt haben, nicht begrifflich die Summe gleicher oder ähnlicher Wahrnehmungen, sie fassen vielmehr eine Summe fortschreitender Veränderungen unter einem Zweckbegriff zusammen. Von den Verben ist in der Schlußlehre der Schullogik eigentlich nur der Begriff *sein* sauber zu verwenden, als Copula; und dieser Begriff paßt, wie wir eben gelernt haben, besser in die substantivische Welt als in die verbale.

Nun habe ich eben auch den Formfehler meiner Dreiteilung der sprachlichen Welten zugestanden: daß nämlich ein Zweck im Verbum unmittelbar nur bei den Wörtern für sinnliche Tätigkeiten wahrnehmbar sei, am allerdeutlichsten bei den objektiven Tätigkeitswörtern, deren substantivisches Objekt nur eine tautologische Wiederholung des Zwecks im Verbum ist, z. B.: eine Grube graben, ein Gebäude bauen usw.

Ich verschweige nicht, daß bei meiner Lehre vom Zweck im Verbum der Fehler einer Generalisierung vorlag. Diesen selben Fehler haben aber unsere Sprachen vor mir begangen, da sie nach der Analogie der sinnlichen Tätigkeitswörter eine Unmenge von Zeitwörtern bildeten, denen ein so handgreiflicher Zweck der Handlung nicht unmittelbar oder gar nicht anzuhören war. Ich will den Begriff *Zweck im Verbum* für einige große Gruppen zu verteidigen suchen.

Die sinnlichen Tätigkeiten eines Menschen werden durch Verben ausgedrückt, welche unzählige mikroskopische Teilveränderungen unter einem Zwecke zusammenfassen, oder das Ganze der Veränderungen von einer sogenannten Endursache ableiten; die Veränderungen in der außermenschlichen Natur, von denen wir als von Relationen der Dinge zueinander etwas wissen, gehen nach dem wissenschaftlichen Sprachgebrauche nicht auf Endursachen zurück, sondern auf sogenannte wirkende Ursachen. Wir glauben aber aus unserer Sprachkritik gelernt zu haben, daß alle Kräfte auch der unorganischen Natur *gerichtete* Kräfte sind, daß diese sich dem Kausalitätsbegriffe entziehen, daß *Richtung* in diesem Sinne brauchbar wäre, vorläufig brauchbar, als der lang gesuchte Oberbegriff für die alten Ursachen und die alten Endursachen. Die Sehnsucht unserer Zeit, die der mechanistischen Weltanschauung müde ist, flüchtet gern zu der Vorstellung des Panpsychismus, der ja – ohne den Richtungsbegriff ausgearbeitet zu haben – Teleologie und Kausalität nicht mehr als Gegensätze betrachten wollte. Für eine solche Anschauung scheint es mir nun gar nicht ungereimt, ja sogar notwendig, den Zweck im Verbum von den sinnlichen Tätigkeitswörtern auch auf die unzähligen Zeitwörter zu übertragen, welche irgend ein Wirken der Dinge aufeinander, welche die Relationen der Substantive zueinander bezeichnen. Ich hätte ja anstatt von einem *Zweck im Verbum* prägnanter, und dieser Erklärung entsprechender, von einer *Richtung im Verbum* reden können; aber es ist eine gute Probe für neue Gedanken, wenn sie sich durch schlichte Worte ausdrücken lassen; auch war ich vor zwölf Jahren mit dem Richtungsbegriffe wohl noch nicht ins reine gekommen.

Eine andere große Gruppe der Zeitwörter läßt sich so auffassen, daß man den Begriff des *Iterativums* auf sie ausdehnt; sie sind in alten Sprachen, dann im Türkischen und in vielen afrikanischen Sprachen viel häufiger als bei uns. Es werden da viele oder unzählige Teilhandlungen unter einem Verbalbegriffe zusammengefaßt, der zwar nicht immer eine zweckmäßige Gesamthandlung ausdrückt, aber sehr oft eine biologisch, also teleologisch nützliche Tätigkeit des Organismus *(atmen, verdauen)*. In sehr vielen Fällen haben die Zustandsverben, die keine Bewegung bezeichnen, einen Sinn, der mit dem der Iterativen verwandt ist. Bei vielen Zustandsverben freilich liegt einzig und allein der Zeitbegriff zugrunde; eine Verbindung mit den Iterativen wäre ohne Konstruktion kaum durchführbar. Aber ich kann mich in diesem Zusammenhange damit begnügen, daß die Verben alle bei uns mit Recht *Zeit*wörter heißen, und brauche mich nicht damit abzumühen, Ordnung zu bringen in die Verwirrung, welche Analogiebildung und Grammatik in die Klassifikation der Verben unserer bekanntesten Sprachen – die Verben der »Wilden« lassen sich sehr oft nicht »indogermanisch« klassifizieren – gebracht haben. Es wäre ein vergebliches Mühen.

Wir haben jetzt in der Zufallsfolge des Alphabets die drei Welten kennen gelernt, welche die Gegenstände unseres Denkens oder unserer Sprache sind. Ich nenne sie (und bin mir der Unzulänglichkeit des dritten Namens bewußt): die adjektivische Welt der Erfahrung, die substantivische Welt des Seins, die verbale Welt des Werdens. Ich fürchte, ich muß noch eine Warnung hinzufügen, damit kein wortgläubiger Leser in Versuchung geführt werde, an eine Trinität von Welten zu denken, an eine Dreiheit, die nur durch ein Wunder zu einer Einheit zurückkehren kann. Ich meine natürlich nur drei Bilder von einer und derselben Welt; ich meine nur drei Sprachen, in denen wir je nach der Richtung unserer Aufmerksamkeit unsere Kenntnis von einer und derselben Welt ausdrücken. Daß die Welt nur einmal da ist und nicht noch ein zweites Mal oder gar noch ein drittes Mal, das habe ich oft und energisch genug zu lehren versucht, gegenüber dem Dualismus, aber auch gegenüber einem falschen, dogmatischen Materialismus, welcher sich Monismus nennt.

Hätte der Sensualismus recht, so wäre der Welt durch eine adjektivische Sprache allein beizukommen; hätte der Idealismus recht, so besäßen wir die Wahrheit, was ich recht genau zu überlegen bitte, in der substantivischen Sprache, in der mythologischen Welt des Seins; hätte die

Lehre vom Flusse aller Dinge recht, die man heute Entwicklungslehre nennt, so könnten wir aus der verbalen Sprache, aus unserer verbalen Welt vielleicht zu unserer Überraschung lernen: wie es möglich war, daß der Zweckbegriff in eine zweckfremde Welt hineinkam, durch den Zweck nämlich, der jedem Verbum zugrunde liegt.

Die Wahrheit aber ist bei keiner dieser drei Sprachen allein; sie müssen einander ergänzen (was man so *ergänzen* nennt, wir kennen kein Ganzes), sie müssen einander helfen, uns ein bißchen in der einen Welt zu orientieren.

Die drei Sprachen oder die drei Welten dürfen einander aber nicht etwa so helfen wollen, daß die schwierige Frage der einen Sprache aus Verlegenheit in einer ganz andern Sprache beantwortet wird. Diese törichte Manier scheint beliebt gewesen zu sein in der Zeit, als die Griechen ihre berühmten und oft so kindischen Sophismen ausarbeiteten. Man denke z. B. an das Sophisma, das unter dem Namen *Achilleus* bekannt ist. Der schnellfüßige Achilleus kann den Vorsprung der Schildkröte wirklich niemals einholen – wenn der Preisrichter von der Zeit abstrahiert, sich an eine zeitlose Welt des Raumes hält. Nur besinnen sollen sich die Forscher jeder der drei Welten darauf, daß es jenseits des Gebietes ihrer besondern Welt stets zwei andere Welten gibt, für welche die letzten Ergebnisse der besondern und beschränkten Forschung nicht ganz richtig sind. Diese Besinnung wird immer Bescheidung lehren oder die Sehnsucht nach einem höhern Aussichtspunkte.

Und jetzt bin ich so weit, das höhere Stockwerk jeder der drei neu benannten Welten mit einem altvertrauten Namen bezeichnen zu können.

Die *adjektivische* Welt ist als die Welt des Sensualismus ungefähr gleich der sinnlichen Erfahrungswelt; die unmittelbare und inbrünstige Erfassung dieser sinnlichen Welt kann sich in begnadeten Naturen steigern bis zu einer Welt der *Kunst*.

Die *substantivische* Welt ist ungefähr gleich der Welt des Seins, deren Bedingung der Raum ist. Der älteste Aberglaube der Menschen und wohl auch der Tiere ist der Glaube an die Realität der Dinge im Raume; und so abergläubisch wie dieser naive Realismus, so mythologisch ist der Glaube an die Realität oder an die Wirksamkeit der abstrakten Substantive. Unser Denken in substantivischen Begriffen ist Mythologie. Aber das inbrünstige Erfassen dieser Welt des Seins kann sich in begnadeten Naturen steigern zu einer Welt der *Mystik,* die der Erfahrungswelt gegenüber das höhere Stockwerk ist. In welchem man nicht dauernd wohnen, in welchem man aber ruhig träumen kann.

Die *verbale* Welt ist ungefähr die Welt des Werdens, deren Bedingung die Zeit ist; die verbale Welt glaubt nicht an die substantivische Welt und begnügt sich nicht mit der adjektivischen Welt; sie sieht in allen Veränderungen, um die allein sie sich kümmert, nur Relationen, Relationen der sogenannten Dinge zu uns und Relationen dieser Dinge zu einander; sie erhebt sich also in der *Wissenschaft* (von der Erfahrung und von den Dingen) über die adjektivische und über die substantivische Welt. Das Sein wird zum Werden. Und in begnadeten Naturen steigert sich ein inbrünstiges Wissen zu etwas, das der Kunst verwandt sein muß durch unmittelbares Erfassen der Sinnlichkeit und durch den sprachlichen Ausdruck dieses Erfassens, das der Mystik verwandt sein muß durch die Stimmung des Einswerdens mit den beiden andern Welten. Die Welt, deren Bedingung die Zeit ist, glaubt nicht mehr an das Substantiv Zeit. Das Wissen wird zu einer *docta ignorantia.*

Kunst, Mystik und Wissenschaft sind drei Sprachen, die einander helfen müssen.

49 Leben

Wir haben bisher nach dem Sinne des Wortes gefragt, d. h. nach der Bedeutung eines Grundbegriffs der wissenschaftlichen Biologie; eine der Philosophie würdigere Aufgabe wird es scheinen, in ganz andrer Weise nach dem *Sinn des Lebens* zu fragen. Die Mode, solche Fragen an das Schicksal zu stellen, kehrt ja immer wieder; vor hundert Jahren lautete der Titel solcher Bücher »Bestimmung des Menschen«, heute lauten sie »Sinn und Wert des Lebens«.

Ich schicke einige Worte voraus über Wortgeschichte und Sinn der gebrauchten Ausdrücke. *Sinn,* doch wohl gewiß aus lat. *sensus* entlehnt, trotzdem das D. W. und Hermann Paul die Entlehnung leugnen, besaß schon im mhd. Sprachgebrauche die Nuance *Bedeutung;* man suchte den *Sinn* eines Wortes, eines Satzes, eines Gesetzes festzustellen, verstand also unter *Sinn* den geistigen Inhalt einer sprachlichen Form; wie schon die Lateiner den *sensus* dem *sonus nominis* gegenübergestellt hatten. So entspricht es uraltem Sprachgebrauche, nach dem Sinne des Wortes Leben zu fragen. Ein Wort hat keinen Wert, wenn man nicht einen bestimmten Sinn mit ihm verbindet. Wenn nun beneidenswerte Moralisten über den *Sinn des Lebens* philosophieren, so legen sie dem Worte *Sinn* ahnungslos eine andere Bedeutung unter, die freilich nicht ganz neu ist, aber dennoch in solchem Zusammenhange nicht genau zu erklären: etwa Absicht, Tendenz, Zweck. Man braucht die Titel solcher Bücher nur in vollständige Fragen aufzulösen, um die kindliche Unbescheidenheit der Fragen zu bemerken: Welche Absicht hatte Gott dabei, als er die Lebewesen erschuf? Welchen Zweck oder welchen Wert hat das Leben für das Individuum oder für die Menschheit?

Man achte darauf, daß in solchen Büchertiteln auch das Wort *Leben* in einem andern Sinne genommen wird, als wir es bisher untersucht haben. Die alte Unklarheit der beiden griechischen Synonyme meldet sich wieder. Wir haben bisher von der *ζωη* gesprochen; wer nach dem Sinne des Lebens fragt, kümmert sich nicht mehr um das Zoologische im Menschen, sondern gewissermaßen um das Biographische. Welchen Wert hat die Reihenfolge meiner Erlebnisse für mich oder für die Welt, mein *βιος*, meine erlebte Biographie? Man hat vielleicht noch gar nicht bemerkt, auf welch einem anthropozentrischen Standpunkte solche Fragen stehen. Die Tiere, die Pflanzen können nach dem Zwecke ihres Daseins, nach dem Sinn ihres Lebens nicht fragen, weil sie keine fragende Sprache besitzen. Aber auch der Mensch, das fragende Tier, fragt ja nicht nach dem Sinne des Tierlebens, nicht nach dem Sinne des Pflanzenlebens. Nur nach dem Sinne des Menschenlebens fragt er, wie er von jeher nach den Zwecken gefragt hat, die Tiere und Pflanzen für ihn haben könnten. Erst seitdem der anthropozentrische Standpunkt im Prinzipe wenigstens fallen gelassen worden ist, handelt es sich in der Biologie, die seitdem erst möglich wurde, nicht mehr um Zwecke für den Menschen, sondern um Zwecke der Organe für die Lebewesen selbst. Auf diesem Wege ist dann Darwin zu seiner gewaltigen Hypothese gelangt, die auch die außermenschliche Zweckmäßigkeit der Organe aus der Evolution erklärte, aus Anpassung und Vererbung als aus vermeintlich zureichenden Gründen: aus natürlichen Ursachen. Der Begriff *Zweckmäßigkeit* erhielt durch diese Lehre eine neue Bedeutung. Nur die Organe waren zweckmäßig, aber nicht im Sinne eines Nutzens für den Menschen, auch nicht in dem Sinne, daß ein menschenähnlicher Schöpfer die Zwecke gesetzt hätte, sondern so, daß die Organe durch Evolution zweckmäßig, d. h. nützlich oder wertvoll oder unentbehrlich geworden waren für die Besitzer der Organe, die Individuen, oder vielmehr für die Arten dieser Individuen. Es wäre verkehrt gewesen, in diesem Sinne nach dem Zwecke der Tier- und Pflanzenindividuen selbst zu fragen.

Über den Sinn des Lebens zu streiten, über den Wert des menschlichen Daseins, überlasse ich gern den Optimisten und den Pessimisten, die ja entweder die Absichten Gottes besser kennen als ich, oder die in der Lage sind, zwischen den Werten des Seins und des Nichtseins nationalökonomische Vergleiche anzustellen. Die lebendigen Menschen lassen sich gern etwas über den Sinn des Lebens erzählen; die Kinder, sie hören es gerne.

Wollte ich mich aber für eine Weile auf den Standpunkt des Darwinismus stellen, so könnte ich doch einige Richtlinien geben, um etwas Ernsthaftes über den Zweck des Lebens, d. h. über den Zweck der Lebensentwicklung für – ja, wofür? – zu sagen. Ich meine, der Sinn oder der Zweck des Lebens scheint der zu sein, daß das *Gedächtnis,* welches in der unorganischen Welt so leicht gestört werden kann, sich in den Organismen zu einer viel stabileren Formenergie konzentrieren könne. Drei Stufen des konzentrierten Gedächtnisses wären da zu beobachten. Die lebendigen Formen selbst sind Produkte eines Keimgedächtnisses, welches sich dann in den Tieren und im Menschen besondere Nervenorgane für ein noch höher potenziertes Gedächtnis bildet. Diese Lebensformen haben das treueste Gedächtnis für die Vergangenheit.

Die Sinnesorgane der Tiere und Menschen haben ein Gedächtnis für die Gegenwart, das die unorganische Welt nicht kennt; sie merken und ordnen durch unverständlich komplizierte Apparate die Schwingungen der Außenwelt zu Ton- und Lichtempfindungen und stellen so – *durch die Lebensformen* – eine Beziehung zur Umwelt her, die wir das *Bewußtsein* nennen.

Auf die Zukunft gar weist das Gedächtnis für Empfindungen und Erfahrungen hin, wofür wir die Bezeichnung *Denken* haben.

So hätte ich mit einer kleinen Konstruktion den Sinn oder den Zweck der organischen Welt gedeutet und hätte zugleich die drei Rätsel, über deren Schwierigkeit Du Bois-Reymond und Strauß stritten, auf das eine tiefe Rätsel des Gedächtnisses zurückgeführt. Leben, Empfinden und Denken erscheinen so als die drei Entwicklungsstufen, die Reihenfolge, in der die Natur durch Organe des Gedächtnisses Geschöpfe hervorbringt, die in den Formen stabiler sind als das Unorganische, die für die Aufgabe der Selbsterhaltung besser und immer besser eingerichtet sind. Das *Leben* setzt sich selbst durch Vererbung gleicher Eigenschaften und Formen in einer Art von Unsterblichkeit fort und überwindet die *Vergangenheit* durch das Formgedächtnis des Keims. Die Organe der *Empfindung* machen das Individuum, dessen Leben sich bis zu diesen Organen entwickelt hat, zum Herrn der *Gegenwart*, da es jetzt erst (was der lebenden Pflanze und den sogenannten niederen Tieren noch nicht möglich war) die Umwelt deuten, in die subjektive Bildersprache der Empfindung übersetzen, Nahrung erjagen, Schädlichkeiten fliehen kann; wobei das so weit entwickelte Tierindividuum durch Vererbung der geschärften Sinnesqualitäten noch mehr als durch Vererbung der Formen von der Vergangenheit lebt. Das Organ des *Denkens* endlich häuft zu dem Schatze der ererbten Formen und

Sinne (oder Erfahrungsmöglichkeiten) auch noch die Erfahrungen selbst, aller subjektiv interessanten, schließlich auch der objektiv (wissenschaftlich) interessanten Erfahrungen und vermag so, der Vergangenheit bewußt, der Gegenwart noch besser angepaßt, sogar einiges für die *Zukunft* vorzukehren. Wie das Leben aus dem Keime, so erwachsen aus dem Leben die Empfindung und das Denken.

Ich habe diese Entwicklungsgeschichte des Denkens eben eine Konstruktion genannt, eine kleine, und mit diesem Wort gesagt, was sich gegen so eine Begriffsarchitektur sagen läßt. Ich habe mich absichtlich so überaus kurz gefaßt; mein Versuch hat nur geringen Wert, wenn nicht ein Physiologe der Zukunft, ein Newton der Lebenserscheinungen, Kants ersehnter Newton des Grashalms, durch Versuche verifizieren kann, was ich für die ungefähre Wahrheit halte. Und ich habe das Lebensproblem nicht gelöst, es nur durch Zurückführung von Leben, Empfinden und Denken auf das Gedächtnis zurückgeschoben, bis zu der Zeit, da jemand das Rätsel des Gedächtnisses zu lösen vermag.

Trotz solcher Resignation möchte ich behaupten, daß beide Begriffe, *Leben* und *Gedächtnis,* durch diese Konfrontation an Klarheit etwas gewonnen haben. Das Leben ist, wie gesagt, durch das Prinzip der Aktivität von der unorganischen Welt unterschieden worden; wir aber haben längst gelernt, daß das Gedächtnis aktiv sei, immer eine Tätigkeit, nichts außer und neben dieser Tätigkeit. Wir haben gelernt (I. 364), daß auch das *Vergessen* keine Negation sei, vielmehr eine andere und sehr wichtige Tätigkeit, daß das Verwechseln von Gleichheit und Ähnlichkeit, also das Vergessen der genauen Züge einer Vorstellung, eine wesentliche Eigenschaft des Gedächtnisses sei; es besteht darum eine nahe Analogie zwischen der Arbeit des unbewußten Formgedächtnisses der Zellen, das nicht gleiche, sondern ähnliche Gestalten einer Art macht, und der Arbeit des Gehirngedächtnisses, das nicht aus gleichen, sondern aus ähnlichen Vorstellungen Begriffe bildet. So könnte man verführt werden, den Analogieschluß zu ziehen, daß auch das rätselvolle Gedächtnis eine Art der Formenergie sei oder genannt werden könne, wie das Leben.

Aber – ich kehre zu meiner Resignation zurück. Ich habe mich für eine Weile, wie ausgemacht wurde, auf den Standpunkt des Darwinismus gestellt, und alle Bedenken vergessen, um diese Begriffsarchitektur aufbauen zu können. Ich fürchte aber, daß die verschiedenen Tätigkeiten des Lebens und des Gedächtnisses in der uns unbekannten Wirklichkeit der sprachlich ausgedrückten Analogie nicht völlig entsprechen; wahrscheinlich arbeitet das Gehirngedächtnis etwas anders als das unbewußte Gedächtnis der Organismen; wahrscheinlich arbeitet das Gedächtnis der Organismen wieder etwas anders als das Gedächtnis der sogenannten toten Natur, das wir dann so falsch wie möglich das Gesetz der *Trägheit* nennen. Und ich wüßte nicht zu sagen, ob eine Ausdehnung des Trägheitsbegriffs auf das Gehirngedächtnis richtiger wäre, oder die hier versuchte Ausdehnung des Gedächtnisbegriffs auf die Empfindung, das Leben und auf das Gesetz der Trägheit. Amica critice linguae, sed magis amica, veritas – lieb ist mir die Kritik der Sprache, noch lieber die Wahrheit, die wir freilich sowenig kennen wie irgend eine andere Freundin.

50 Meister Eckhart

Während also die weltlichen und geistlichen Gewalthaber in einem erstaunlichen Maße unchristlich geworden waren, können wir bei den Denkern der gleichen Zeit, und namentlich bei den besten und kühnsten Geistern, ein schweres Ringen feststellen, ein Ringen mit den alten Mächten, das aber weit mehr, als man gewöhnlich weiß, ein Ringen mit der veraltenden Sprache war, mit der Sprache der Scholastik. Noch schien die Kirche nicht unmittelbar bedroht wie hundert Jahre später durch die Erfolge des Hussitismus, noch wurde der einzelne gelehrte Ketzer nicht unweigerlich mit dem Tode bestraft; noch herrschte eine gewisse Freiheit im Gebrauche des scholastischen Handwerkszeugs; aber um so schwieriger war die Befreiung von der Scholastik selbst, von den Begriffen, die unbedingten Glauben zu verlangen schienen. In das Denken der realpolitischen Päpste und Könige können wir uns ohne Mühe einfühlen, weil diese bösen oder amoralischen Menschen frei waren wie wir; in das Denken der beiden größten Männer aus der ersten Hälfte des 14. Jahrhunderts, eines Meister Eckhart und eines Ockam, können wir uns nicht einfühlen, wenn wir für den inbrünstigen Mystiker nicht eigene Mystik mitbringen, für den gewaltigen Papstgegner Ockam nicht inniges franziskanisches Christentum. Das bloße Wissen um Mystik und um dieses Christentum ist ein schlechter Ersatz. Mit diesem bescheidenen Vorbehalte möchte ich es versuchen, dem abgründigen Mystiker Eckhart und dem heldischen Nominalisten Ockam ihre Stellen in den Kämpfen ihrer Zeit auszusparen, aber auch zu zeigen, daß weder der Mystiker noch der Papstgegner bewußt in der Richtung der Aufklärung arbeitete. Von der Kirche wurden beide verdammt, aber beide waren bessere Christen als ihre Richter.

Wäre Meister Eckhart so leicht zugänglich, wie er schwer zu erfassen ist, so wäre er gegenwärtig in der Gefahr, ein Modeschriftsteller zu werden. Seine Sprachkraft (von Gustav Landauer oft wunderbar fein in den Sprachgebrauch unserer Tage übertragen) ist so überwältigend, daß wir nicht umhin können, unsere gottlose Mystik in ihn hineinzulesen; aber da fälschen wir ihn; seine Begriffe sind christlich, sind scholastisch, auch wo er Pantheismus oder gar Atheismus zu lehren scheint. Wir lesen das kleine Stück »vom Zorn der Seele« und glauben die Stimme von Faust zu vernehmen; es ist aber noch ein Faust an der Kette und er zerrt an der Kette, deren Glieder unzerreißbare scholastische Wörter sind.*

Meiner blinden Liebe zu Meister Eckhart habe ich einmal Ausdruck zu geben versucht in dem Stücke »Mystik«, das man in meinem »Wörterbuch der Philosophie« nachlesen mag; ich habe jetzt, zehn Jahre später, nichts zurückzunehmen, habe nur jetzt und hier die Pflicht, eine scharfe Grenze zu ziehen zwischen der ketzerischen Freiheit, mit welcher Eckhart, der beste aller Christen, das Urwunder aller Religion, die Vereinigung mit dem All-Einen, erlebte und mitzuteilen verstand – eine Grenze zu ziehen zwischen dieser Freiheit und seiner übrigen Unterwerfung unter die Begriffe der christlichen Scholastik. Und wieder müßte ich verstummen, wollte mir ein noch rücksichtsloserer Skeptiker als ich entgegenhalten: vielleicht beruht die Zaubergewalt, die Meister Eckharts Sprache auf dich ausübt, nur auf einer akustischen Täuschung, vielleicht scheint dir Meister Eckhart so stark, weil er groß und hilflos stammelt wie ein geniales Kind.

* Es wäre, um absichtlich ein starkes Wort zu gebrauchen, eine Lüge und eine Gemeinheit, den Meister Eckhart unseren materialistischen Atheisten zuzurechnen, weil er in inbrünstiger Gottüberlegenheit sich gelegentlich bis zu einer wörtlichen Negation des Gottesbegriffs versteigt. Nur müssen wir aber wiederum nicht prüde sein und müssen uns nicht scheuen, zuzugestehen, daß in jeder solchen Negation eine Rebellion liegt, und wäre es auch eine Rebellion aus übergroßer Liebe. Das ist der Fall bei Meister Eckhart, vielleicht nirgends so gewaltig wie in den Stücken, die uns unter der Überschrift »Vom Zorn der Seele« überliefert sind. Die zürnende Seele wünsche, sie wäre Gott und es gäbe überhaupt keine Kreatur; wohlgemerkt, sie wünscht nur das »lautere Wesen« zu sein, so daß es weder Gott noch Kreatur gäbe. Denn alle Dinge sind Gott. Gott kann kein Ebenbild von sich erschaffen. Das gehe über Menschensinn. Was einer Benennung zugänglich ist, das ist für die zürnende Seele nicht mehr Gott. Was irgend der Darstellung fähig ist, das halte ich nicht für Gott. Es gibt keinen Gott mehr »für mich«. Und wie für mich kein Bestimmter und Einzelner mehr da ist, so bin ich auch für niemand eine Seele. Die edle Seele geht aus sich heraus, daß sie gar nicht wieder zurückkommt, geht so weit in Gott hinein, daß sie gar nicht wieder herauskommt. Denn Gott ist noch unwandelbarer als das Nichts. Gott ist dem Begreifen aller Kreaturen ein Nichts.

Auf die gelehrten Fragen nach dem Verhältnisse der lateinischen und der deutschen Schriften Eckharts brauche ich mich um so weniger einzulassen, als ich den tiefsinnigen Mystiker in keiner Weise für die Aufklärung in Anspruch nehmen will. Mehr noch: es *kann* eine Geschichte der Aufklärung geben, der Gottlosigkeit – sofern es überhaupt eine Geschichtwissenschaft gibt –, weil da wie im Verlaufe eines Kampfes eine Schanze nach der anderen erstürmt worden ist und jeder folgende Soldat den vom Vorgänger eroberten Boden behaupten will; eine solche Geschichte der Mystik kann es nicht geben. Auch in der Aufklärung oder Gottlosigkeit ist viel Stimmung oder Gefühl mit am Werke, aber ein Ziel ist doch vorhanden, die Abtragung eines unschönen und schädlichen Baus. Die Mystik ist nur persönliche Stimmung, nur individuelles Gefühl, läßt sich nur erleben, nicht mitteilen; darüber täuscht nur die Tatsache hinweg, daß die Schlagworte der sprachgewaltigen Mystiker mitgeteilt, vererbt werden konnten, also scheinbar eine Geschichte hatten; in Suso spüren wir kaum einen Hauch mehr von Meister Eckhart, wenn die Sätze beider auch noch so ähnlich klingen; und Luther glaubte noch die schwächliche Mystik der »Theologia deutsch« festzuhalten, als er schon über die amtliche Stiftung der neuen Pfaffenreligion einen Kuhhandel mit den deutschen Fürsten abgeschlossen hatte. Meister Eckhart hat Schwärmer und Verehrer hinterlassen, aber keine Schule. Es ist darum weniger ein logischer Schluß als eine Tautologie, wenn man die Ketzerei Eckharts aus der Eigenheit seines Glaubens erklärt. Ein Ketzer ist, wer sich der Disziplin seiner Kirche nicht fügt; von der Kirche hängt es ab, ob diese Disziplin sich etwa nur auf den Fahneneid oder gar bis auf die Griffe erstrecken soll, mit denen der letzte Uniformknopf zugemacht wird; die Kirche entscheidet darüber, was wichtig genug ist, um für einen Beweis der Ketzerei zu gelten. Meister Eckhart aber war ein Erzketzer, weil er sich mit seiner ganzen Seelenkraft der Entwicklung der Kirche entgegenstemmte. Man braucht nur die Persönlichkeiten des Richters und des Angeklagten miteinander zu vergleichen; um den Gegenstand der Klage braucht man sich gar nicht zu bekümmern. (Meister Eckhart, um 1260 bei Gotha geboren, 1327 gestorben, wurde zwei Jahre vor seinem Tode von Köln aus in Untersuchung gezogen, vielleicht in Zusammenhang mit der Verfolgung, die damals gegen die Beguinen und Begharden anging; die Verurteilung, durch eine päpstliche Bulle, erfolgte erst zwei Jahre nach Eckharts Tode, zum Teile wenigstens auf Grund seiner lateinischen Schriften.) Gerade der Papst, der so frivol den frommen Meister verdammte und seltsamerweise um die gleiche Zeit einen förmlichen Kreuzzug gegen den kaiserlichen Beschützer Ockams predigen ließ, der greise und unschöne Johannes XXII., hatte mit all seiner Vielgeschäftigkeit die Kirche durch Veräußerlichung erniedrigt; unter ihm zumeist war an die Stelle eines großen Kampfes um die Weltherrschaft eine kleine und gemeine Machtgier getreten, von der damit verbundenen noch gemeineren Geldgier (Johannes XXII. hat nach den vielleicht übertreibenden Berichten der Zeitgenossen Schätze hinterlassen, die bis dahin unerhört waren) gar nicht zu reden; der Erzketzer Eckhart aber wollte die Religion verinnerlichen und mochte an der äußeren Kirche wenig Interesse haben.

Eine einzige Frage, die aber weder philologischer noch biographischer Art ist, sei doch wenigstens kurz erwähnt und durch einen einfachen Hinweis beiseite geschoben. Man hat einen Widerspruch darin gefunden, daß Meister Eckhart in dem, was man seine Philosophie nennen mag, wirklich so etwas wie Pantheismus lehrt, daß er aber sonst, und nicht nur in seinen lateinischen Schriften, ganz fest auf dem Boden des allerorthodoxesten Doktors steht, auf dem Boden des heiligen Thomas von Aquino. Der Pantheismus schien sich mit der Mystik besser zu vertragen als das System des doctor Angelicus. Das wahre Verbindungsglied zwischen der pantheistischen Ketzerei und der thomistischen Rechtgläubigkeit ist jedoch anderswo zu suchen, als in der Mystik; wir finden es bald in der Abhängigkeit Eckharts von der herrschenden Scholastik, von dem Wortrealismus, von der Lehre, daß die obersten Begriffe Wirklichkeiten seien, Substanzen. Dieser Wortrealismus täuscht nur über seine Konsequenzen, weil er uns gewöhnlich in engster Verbindung mit dem christlichen Dogmatismus entgegentritt; denken wir das Christentum weg von ihm, so muß just der verstiegenste Wortrealismus zu Vorstellungen führen, über die sich der heilige Thomas hätte entsetzen müssen. Da ist der abstrakteste Begriff auch der allerrealste, eigentlich der einzig reale, da ist Gott der Inbegriff aller Wirklichkeiten, Gott also mit der Welt identisch. Bei Thomas finden sich nur ganz schwache Anklänge an solche Verwegenheiten; aber auch bei Eckhart kommt es nicht zu einem Bruch mit den Vorstellungen der Kirche, weil die Sprache, die zuletzt auch die heimlich zugrunde liegende Sprache seiner deutschen Predigten war, die Sprache der Scholastik blieb, die Schulsprache der christlichen Theologie. Wohl bekümmert sich Meister Eckhart fast nur um die Seele des Menschen, zu einer Zeit, als es die moderne Wissenschaft der Psychologie noch nicht gab; wohl unterscheidet er sich durch sein Bekenntnis zum Nichtwissen von dem Alleswisser Thomas; aber die Fragestellungen der Erkenntniskritik sind ihm noch fremd: nur das Heil der Seele bekümmert ihn, das durch die Geburt Gottes in der Seele erworben wird. Man hat die Gottsucherei Eckharts – wie die des Dionysius – eine negative Theologie genannt, weil sie, von Stufe zu Stufe alle Bestimmungen des Endlichen verneinend, zu dem absoluten Dunkel der namenlosen Gottheit emporführt; Eckhart hat sogar gelegentlich (wieder nicht dogmatisch) zwischen dem wirkenden Gotte und der höheren, wirkungslosen Gottheit unterschieden. Dann aber lebt er doch in der Anschauung und hat sich zu ihr nicht erst hinabgelassen, daß alle geheimnisvollen Begriffe der scholastischen Theologie – die Dreifaltigkeit – wesenhafte Substanzen sind, daß Gott sein Wesen allen Kreaturen eingeflößt habe und daß alle Kreaturen in ihren schaffenden Mittelpunkt zurückfließen wollen. Für dieses »Entwerden« der Seele ist die Einheit von Gott und Kreatur zugleich ein Ziel und eine Bedingung. Die Seele kann ihren Gott nur erkennen, weil sie Teil hat an Gott; das »Fünklein« hat Teil an der Flamme. In der praktischen Theologie geht Eckhart so weit, die Werkheiligkeit (Fasten, Wachen) für eine Eingebung des Teufels zu halten; aber dieser Teufel hat Wirklichkeit, ebenso wie alle anderen Begriffe der Religion, nur daß sie etwa in das Geistige oder Gemütliche – je nachdem – umgebogen werden. Die Menschheit Christi schwebt vor uns her, damit wir die Gottheit Christi ergreifen; Maria ist selig, aber nur, weil sie Jesum geistig geboren hat.*

* Die gesamte Eckhartforschung hat gründlich umlernen müssen, seitdem der gelehrte Dominikaner Denifle die lateinischen Schriften des Meisters wiederentdeckt und die zahlreichen Fehler in den Monographien über Eckhart nachgewiesen hat. Nicht als ob man nun den Ansichten Denifles unbedingt folgen müßte. Bewahre! Er ist auf den heiligen Thomas eingeschworen, ist ein orthodoxer Scholastikepigone und glaubt ein frommes Interesse daran zu haben, daß Meister Eckhart kein selbständiger Mann gewesen sei, vielmehr ein mittelmäßiger Schüler der Scholastik, ein unklarer Kopf, daß übrigens seine Lehre mit Recht verdammt worden sei. Es kommt ihm darum sehr zu Paß, daß seine Vorgänger in der Eckhartliteratur den Meister für einen Pantheisten erklärt haben; er schimpft zwar auf diese Forscher gröber, als es sonst heute üblich ist, aber den »Vorwurf« des Pantheismus läßt er doch gern gegen den Ketzer Eckhart erheben, verstärkt ihn sogar, und wirklich mit ungleich größerer Sachkenntnis als die Geschichtschreiber des mittelalterlichen Pantheismus. Er geht überall auf die lateinischen Schriften zurück (deren Menge viel größer war als die von Pfeiffer etwas leichtsinnig gesammelten deutschen Predigten und Fragmente) und führt uns in die Gedankenwelt des Scholastikers Eckhart eigentlich zum ersten Male ein. Für die Freude an Eckhart genügt es, wenn wir uns in sein Verständnis hineinzufühlen glauben; für die geschichtliche Forschung jedoch kommt es meines Erachtens gar nicht darauf an, ob wir in die veraltete Sprache einen uns verständlichen Sinn hineinlegen können, sondern nur darauf, daß wir feststellen: Eckhart hat die Sprache seiner Zeit gesprochen. Und diese Feststellung ist ohne Zweifel eine bleibende Leistung Denifles.

Was wir – wirklich selber unklar – unter dem Pantheismus Meister Eckharts verstehen, das läuft auf die scholastische, metaphysische Lehre heraus: Gott ist das Sein oder das Wesen der Welt. Die alten Herren unterschieden da freilich noch zwischen Sein und Wesen, aber wie man – im Dunkel tappend – den Unterschied zwischen esse und essentia übersetzen will; wo Begriffe fehlen, da stellt ein Wort zur rechten Zeit sich ein. Mit der Schöpfung der Welt, wie das Volk sich das vorstellt, mit der Schöpfung aus dem Nichts, ist es nichts; die Schöpfung ist ewig wie Gott. Im Sinne unserer materialistischen Monisten ist Eckhart kein Pantheist gewesen und hat nicht gelehrt (wie der Cusaner es ausdrückt), das Geschöpf sei der Schöpfer; wohl aber im Sinne der Scholastik, der wortrealistischen, die ja auch die »Weißigkeit« (albedo) zur Ursache des »Weißseins« der weißen Gegenstände machte. Die Abstraktion von der Welt wurde zur Ursache der Welt gemacht; und diese Weltursache wurde – darin steckte tiefste Mystik – im einzelnen Christen als Gott geboren.

51 Agrippa von Nettesheim

Agrippa von Nettesheim (1486–1535) hat der Reformationszeit ein Werk geschenkt, das voll ist von Ketzerei und Aufklärung, über »die Eitelkeit und Unsicherheit der Wissenschaften«; doch er war seinem Charakter nach zu gottlos für einen Ketzer, zu unehrlich oder zu abergläubisch für einen Aufklärer. Ein Tollkopf auf eigene Faust, der durch Alchimie, Astrologie, Scharlatanerie und andere geheime Künste nach Geld und Ehre strebte und nur einmal, in bedrängter Lage, sein skeptisches Bekenntnisbuch wie einen Aufschrei hervorstieß, ohne darum seine okkultistischen Schriften für immer zu verleugnen. Eine von den problematischen Naturen im Sinne Goethes: keiner Lage gewachsen, in der sie sich befinden, und denen keine genug tut. Ein unzuverlässiger und schon darum unglücklicher Mensch. Es muß ihm aber hoch angerechnet werden, daß er den Hexenwahn nicht nur in seinem skeptischen Buche so leidenschaftlich bekämpfte wie jede andere Meinung der Zeit, sondern daß er sogar in einer amtlichen Stellung, so ungefähr als Syndikus von Metz, die Rettung einer Hexe gegen die Dominikaner durchsetzte. Übrigens war er zwei Jahre lang der Lehrer und Erzieher von Weyer und hat wahrscheinlich diesen tapfersten Gegner des Hexenwahns entscheidend beeinflußt. Für das Leben und die Schriften Agrippas darf ich auf meine eigene Einleitung zu seinem Hauptwerke verweisen (Bibliothek der Philosophen, 5. und 8. Band). Hier will ich nur einige Züge hervorheben.

Agrippa war zwar ein Deutscher, aus Köln gebürtig, reiht sich aber nach seiner Lebensführung den schlimmeren italienischen Humanisten an; er war wie sie gelehrt und gewissenlos, gierig und selbstsüchtig. Auch sein in manchen Stükken gewaltiges Hauptwerk »über die Eitelkeit und Unsicherheit der Wissenschaften« ist nicht skeptisch im Geiste einer ruhigen Abgeklärtheit, sondern nur ein letztes Wort der Verzweiflung. Agrippa hatte nach der Schlacht von Pavia seine Stellung als Leibarzt der Königin-Mutter von Frankreich eingebüßt, er war aus Trotz (vielleicht aus Rache) in die Dienste des Connétable von Bourbon getreten, und der Connétable war bei der Belagerung von Rom umgekommen, gegen die Prophezeiung Agrippas. Das war 1527. Agrippa war mit Frau und Kindern dem Hunger preisgegeben. Da vergaß er in wildem Hochmut seinen ganzen Lebensplan, Zauberei, Kabbala, Wichtigtuerei mit seinem ärztlichen und geheimen Wissen, da vergaß er alle gewohnte Rücksicht auf Fürsten und Höfe, auf die weltlichen und geistlichen Fakultäten und schleuderte mit grimmigem Lachen seine letzte Überzeugung »de incertitudine et vanitate omnium scientiarum atque artium« aus sich heraus. Es war ein geradezu zynischer Streich von ihm, eine für uns kaum begreifliche Frechheit, das okkultistische und das skeptische Werk beinahe zu gleicher Zeit zu veröffentlichen und sich nicht darum zu bekümmern, daß das eine vom anderen aufgehoben wurde; eine Geschichte der Gottlosigkeit wird von diesem unerhörten Widerspruche kaum berührt, weil doch auch die magischen Bücher Agrippas, soviel oder sowenig er von ihrem Inhalte in den Jahren der Drucklegung noch ehrlich geglaubt haben mag, eher heidnisch als christlich waren. Berührt wird unsere Geschichte durch diesen Zynismus nur insofern, als wir es da einmal mit einem starken, ja eigentlich faustischen Geiste zu tun haben, den ein Moralist freilich sehr niedrig einschätzen dürfte. Wie der Faust des Volksbuches war Agrippa von Nettesheim bei allem Titanismus auf der Oberfläche seines Lebens ein Abenteurer und Schwindler; vielleicht hat Goethe, der das Bekenntnisbuch Agrippas als Knabe entsetzt gelesen hatte, manchen Zug für seinen Faust benützt, der ja nicht der Faust des Volksbuches ist. Und manchen Zug des diabolischen Hofrats Hüisgen für seinen Mephistopheles. Hüisgen, ein Feind Gottes und der Menschen, hatte dem Knaben Goethe das Buch Agrippas empfohlen, ihn zu einem Pessimisten zu machen gesucht und ihn einmal mit dem Worte aufgeschreckt: »Auch in Gott entdeck' ich Fehler.«

Agrippas kabbalistischer Aberglaube, der sich – wie gesagt – mit seiner Kirchenfeindschaft recht gut verträgt, stimmt wirklich sehr schlecht zu seiner Bekämpfung des Hexenwahns; denn wer das Dasein aller anderen Zauberer lehrte, hatte keinen Grund, das Dasein von Hexen zu leugnen. Trotzdem hat Agrippa den Hexenprozeß der Inquisitoren mit der äußersten Schärfe angegriffen, auch bereits mit den theologischen Gründen (daß die Taufe ja gegen den Teufel schützen müsse) Weyers; er hat auch schon auf die Infamie hingewiesen, mit der die Hexenrichter und die bischöflichen Gerichtsherren durch die Prozesse Geld erpreßten.

Zu einem deutlichen Atheismus bekennt sich Agrippa übrigens (um das gleich hier zu sagen) an keiner Stelle seines Bekenntnisbuches, ist aber nicht weit davon, ist jedenfalls ein dezidierter Nichtchrist. Von den Einrichtungen des Katholizismus redet er mit äußerster Verachtung; die meisten Päpste seien Pharisäer und Heuchler gewesen, die Kutte sei eine Erfindung des Teufels, das päpstliche Recht aus schändlichem Geize wider Gottes Wort entstanden, die Bettelmönche seien Schmarotzer, viele Geistliche Kuppler; man glaubt oft Luthers Stimme zu vernehmen, den Agrippa viel gerühmt, den er den unbesiegten Ketzer genannt hat, ohne sich jedoch der Reformation anzuschließen. Vielleicht mit aus Vorsicht, wie Erasmus, vielleicht aber doch, weil er überhaupt außerhalb des Christentums stand. Allerdings deckt er sich in dem Untertitel seines Buches, dann in einem besonderen Kapitel, dem 100., und in seiner Verteidigungsschrift mit dem Vorgeben, er habe das untrügliche Wort Gottes über alle trüglichen Wissenschaften gestellt; allerdings beruft er sich auf die scholastische Lehre von der doppelten Wahrheit, mit der sich so viele mittelalterliche Aufklärer behalfen; aber die Ironie, mit welcher Agrippa die Apostel zuerst Esel nennt und sich dann mit einer Lobrede auf die Esel zu schützen sucht, ist denn doch zu durchsichtig, als daß man an irgendeine Achtung vor der Bibel glauben könnte. Dazu kommt noch, daß Agrippas blutige Ironie (man beachte besonders die Stelle über Bibel und Papst) seinen Zeitgenossen unmittelbarer verständlich und darum belustigender sein mußte als uns. Endlich läßt Agrippa trotz eines rechtgläubigen Vorbehaltes keinen Zweifel darüber, daß er alle positiven Religionen, auch die christliche, als auf dem Belieben ihrer Stifter, also doch auf Betrug beruhend ansehe, als Erfindungen, in denen außer der Eitelkeit auch eine nicht geringe Bosheit enthalten sei. Nur eine unklare Naturreligion mag er etwa als den Menschen angeboren anerkennen, mit Berufung auf Aristoteles, den er übrigens oft und ganz unchristlich beschimpft, nicht anders als Luther es getan hatte.

Seine eigenen menschlichen Schwächen hat Agrippa sicherlich noch besser gekannt als wir, soweit sie nicht Charakterzüge der damaligen Gelehrten waren und ihm darum nicht ins Bewußtsein zu kommen brauchten; ein Sündenbekenntnis hat er freilich niemals abgelegt. Um so stolzer aber sich auf geistigem Gebiete eines seit Beginn der christlichen Zeit unerhörten Titanismus und Agnostizismus gerühmt. Ein lateinisches Epigramm, das er hinter das Inhaltsverzeichnis seines Buches wie versteckt hat, schließt mit den faustischen Worten: »Agrippa ist ein Philosoph, ein Dämon, Heros, Gott und alles.« Und die Widmung: »Nichts zu wissen, das glücklichste Leben.« Nihil scire felicissima vita.

52 Totengespräche der Philosophen

Im Klubhause der himmlischen Philosophen gab es unauslöschliches Gelächter. Seit dem Tage, an welchem in diesen Räumen der Herrscher im Donnergewölk Zeus und die übrigen Götter das sprichwörtlich gewordene homerische Gelächter angestimmt hatten, war in den Gefilden der Seligen ein so tosendes Lachen nicht vernommen worden. Die jüngeren Herren waren freilich nicht so laut. Kant lachte nur still in sich hinein. Spinoza lachte vorsichtig wie ein Schwindsüchtiger, der sein Leben lang gewöhnt war, seinen Körper und seine Seele vor Erschütterungen zu bewahren. Aber die alten Griechen! Sie kreischten und schrien wie glückliche Kinder, denen im Zirkus der lustigste Schwank vorgeführt worden ist. Sokrates hielt sich das Bäuchlein, und helle Tränen der Lust liefen ihm die Wangen hinunter. Bei Herakleitos, der noch niemals seit Jahrtausenden seinen Ernst verloren hatte, kam es zu einer Explosion des Lachens, Demokritos hatte sich hintenüber geworfen und schnappte nach Luft.

Petrus steckte seinen Kopf zwischen den Vorhängen herein. Gottvater lasse fragen, was es gebe. Der Himmel sei großem, heiligem Lachen nicht gram.

SCHOPENHAUER (da kein anderer vor Lachen antworten kann): Die Philosophieprofessoren der Professorenphilosophie der »Jetztzeit« sind vergnügt zusammengekommen und nennen das einen Philosophenkongreß.

SOKRATES: Und eben wurde eine Debatte über Realismus und Idealismus – ich kann nicht mehr – unterbrochen, weil – es ist wirklich wahr – weil die Herren Philosophen sich lieber für eine illustrierte Zeitung photographieren ließen! Ach, Platon, hilf mir! Ich kann nicht mehr!

Petrus zog sich zurück, und bald darauf erklang von fern, wie ein Pelotonfeuer fortschreitend durch die ewigen Räume, das seltene Lachen der himmlischen Heerscharen. Und dann ein leises, tiefes, unendlich gütiges, lachendes Donnern aus dem Abgrund des Himmels.

Im Klubhause gab es einen kleinen Schrecken. Demokritos schien ersticken zu wollen. Er war schon ganz blau im Gesicht. Einige Ärzte der skeptischen Schule und andere Ärzte von den arabischen Philosophen wollten ihm beispringen und begannen, über die richtige Behandlungsart zu streiten. Darüber fanden die himmlischen Philosophen ihren heiteren Ernst wieder. Und also sprach

SOKRATES: Es ziemt uns vor anderen seligen Geistern, uns Rechenschaft zu geben von unserem Tun, auch von unserem Lachen. Warum haben wir eigentlich so unbändig gelacht? Nicht unnützlich scheint mir diese Frage.

SCHOPENHAUER: Wir haben über einen Witz gelacht. Blitzschnell, mein lieber Meister, hat unsere Vernunft die Unverträglichkeit der beiden Begriffe »Philosoph« und »Kongreß« aufgefaßt. Es ist ein Witz an sich, es ist paradox, sich gegen hundert gleichzeitig lebende Menschen vorzustellen, die sich Philosophen nennen. Unter den Menschen des Alltags, unter dieser Fabriksware der Natur sind die wirklichen Philosophen, als welche sich von den Spaßphilosophen unterscheiden wie Gold von Messing, so rare Erscheinungen, daß nicht immer ein ganzer Philosoph auf jedes Geschlecht der Menschen kommt. Glücklich schon das Menschengeschlecht, wenn einmal ein greiser Philosoph vor dem Scheiden dem jungen Nachfolger die Hand reicht, wenn Sokrates und Platon einige Jahre nebeneinander auf der Erde wandeln. Die Vorstellung, teurer Meister, daß Sie einem griechischen Philosophenkongreß hätten präsidieren können, ist komisch.

SOKRATES: Andere Zeiten, andere Sitten. Die Worte oder Begriffe wandeln ihre Bedeutungen. Wir haben uns noch den Kopf darüber zerbrochen, was Philosophie sei, ihrem Wesen nach sei. Jetzt fragen die Herren bescheiden nur, was Philosophie heiße, in der gegenwärtigen Sprache heiße. Sie, mein guter Schopenhauer, haben mit heißem Kopfe untersucht, wer ein Philosoph sei, wirklich sei. Die Herren unten wollen nur wissen, wer sich nach dem gegenwärtigen Sprachgebrauch einen Philosophen nennen dürfe. Nach unserer offenbar veralteten Sprachgewohnheit ist ein Philosophenkongreß nur hier möglich, in den Gefilden der Seligen. Wenn es aber unten jetzt in der Tat viele hundert Leute gibt, die allgemein Philosophen genannt werden, so haben wir eigentlich nur über den gegenwärtigen Sprachgebrauch gelacht. Wissen die Herren, was für eine Menschenart der Name Philosoph gegenwärtig bezeichnet?

HUME: Bei uns nennt sich einen Philosophen, wer über sein Geschäft nachdenkt. Wer die fettesten Ochsen gemästet und gut verkauft hat, und sich dann darüber wundert, daß er die Ochsen so fett gekriegt habe, der heißt ein Philosoph. Der Nichtphilosoph wundert sich nie.

DESCARTES: Bei uns nennt man den einen Philosophen, der weder auf die alten Dogmen noch auf die neuen Schlagworte schwört. Wer nein zu sagen wagt, wo die kompakte Majorität ja gesagt hat, der heißt bei uns ein Philosoph. Ein Narr auf eigene Faust.

BRUNO: Bei uns heißt schon ein Philosoph, wer ein bißchen weiter denkt, als die Befriedigung seiner Bedürfnisse erfordert.

LAOTSE: Bei uns ist's umgekehrt. Uns heißt ein Philosoph, wer sein Denken auf das einschränkt, was innerhalb seiner Haut vorgeht.

SOKRATES: Da mag es freilich in Engelland und im Frankenreich, im Lande Italia und im Reiche der Mitte gar viele Philosophen geben. Wie aber steht es um das Volk der Denker? Um die Deutschen? Nein, mein guter Schopenhauer, Sie sind immer noch zu hitzig. Gern hätte ich die Meinung unseres verehrten Kant vernommen.

KANT: Ach, mein lieber Freund und Meister, in Deutschland ist man mit der Bezeichnung nicht so freigebig wie anderwärts. Da darf sich nicht ein beliebiger Ochsenzüchter oder Menschenfreund einen Philosophen nennen. Die gute Polizei würde ihn wegen Anmaßung eines falschen Titels schon bestrafen. Bei uns heißt ein Philosoph, wer den Titel nach den Vorschriften der zuständigen Polizei erworben hat. Zwei Rangstufen des Titels gibt es. Man kann Doktor der Philosophie heißen, aber auch Professor der Philosophie. Der Doktor der Philosophie hat furchtbar viel gelernt, doch immer nur das, was unter einer Rubrik beisammen steht. Fachwissen nennt man's. Griechische oder gotische Formenlehre oder Geschichte oder die letzte Klassifikation der Pflanzen. Für das sogenannte Examen (eine polizeiliche Einrichtung) hat der Doktor der Philosophie zu seinem Schmerze alle unsere Namen, die wir hier beisammen sind, die Jahreszahlen, auch die Namen unserer Hauptwerke auswendig zu lernen. Vier Wochen später und bis an sein Lebensende weiß er von diesen Dingen nichts mehr. Übrigens nennt sich der Doktor der Philosophie niemals einen Philosophen. Darüber würden Kälber lachen. Ein Philosoph ist, wem der Titel eines Professors der Philosophie zusteht. Die polizeiliche Einrichtung, durch welche man Professor der Philosophie werden kann, heißt Habilitation. Wer den Titel mit einiger Sicherheit erwerben will, der hütet sich davor, sich mit den Zielen der Philosophie zu beschäftigen. Er widmet sich vielmehr der Geschichte der Philosophie, irgend einem kleinen Ausschnitt aus der Geschichte der Philosophie. Unsere verloren gegangenen Bücher und Papiere sind besonders beliebt. Und was der eine Professor der Philosophie geschrieben hat, das muß der andere gelesen haben. Das ist die Hauptsache. Ich weiß nicht, aber ich habe für diese Dinge niemals Zeit übrig gehabt.

SPINOZA: Ich auch nicht.

SOKRATES: Wahrhaftig, ich auch nicht. Aber, meine lieben Herren, es ist doch nun klar geworden, daß die Philosophen, die unten einen Kongreß abhalten, ganz anderer Art sind als die Freunde der Weisheit hier an dieser Tafelrunde.

MONTAIGNE: Möchte nur wissen, wie meine Landsleute, die närrischen Weltverbesserer, sich mit den gelehrten deutschen Professoren auf dem Kongreß verständigen. Kein Wort ist ihnen gemeinsam.

SCHOPENHAUER: Habilitation!

SOKRATES: Zum zweiten Male vernehme ich dieses Wort. Ich verstehe es nicht. Ich bedauere, daß wir keinen einzigen Philosophen aus der lateinischen Römerzeit unter uns haben. Etwas zu übersetzen wäre er gut genug.

PLATON: Der strebsame Kikero streicht immer um den Eingang herum. Er wird sich nicht lange bitten lassen. Kikero!

CICERO (eilt herein): Welche Ehre! Welches Glück!

SOKRATES: Sie sollen uns nur sagen, was das lateinische Wort Habilitation in unserer Sprache bedeutet.

CICERO: Es ist kein gut lateinisches Wort. Ich habe es niemals gebraucht. Es ist abgeleitet von dem guten Worte habilis, das etwa »bequem, geschickt, gewandt, geeignet, lenksam, behend, geschmeidig« bezeichnet.

PLATON: Brav, mein lieber Kikero. Sie können wieder abtreten.

CICERO: Meine Herren, können Sie mich denn in Ihrem Klub gar nicht brauchen? Als Bibliothekar? Als Festredner? Als Garderobier?

SOKRATES: Nein, mein lieber Herr Kikero. Doch Sie brauchen die Hoffnung nicht aufzugeben. Auch in den Gefilden der Seligen ist die Mode nicht ganz unwirksam. Vielleicht lernen wir Sie einmal mit anderen Augen sehen. Einstweilen melden Sie sich doch unten beim Philosophenkongreß. Man wird Sie ehren wie einen Minister.

CICERO: Beugen Sie meinen Römerstolz nicht zu tief. Lieber ein Bettler vor der Tür des Sokrates als der Ehrenpräsident eines Philosophenkongresses. (Geht mit langen Schritten ab. Kant singt nach der Melodie »Was kommt dort von der Höh'« etwas vom »ledernen Kikero«).

SOKRATES: Lieber Kant, ich werde Sie zu einer Nektarkanne verurteilen müssen. Wollen wir nicht zum Gegenstand unserer Plauderei zurückkehren? Als die Philosophen noch ganz vereinzelt auftraten, konnten sie keinen Stand bilden, keine Berufsklasse. Jetzt gibt es, wie wir nun gehört haben, viele hundert Philosophen oder Philosophieprofessoren. Sie haben also ganz recht, wenn sie wie andere Stände ihre Standesinteressen wahren, wie die Fabrikanten, die Hausbesitzer, die Schauspieler, die Schornsteinfeger, kurz wie andere Leute, deren Beschäftigung für nützlich gehalten wird. Und wenn es ihren Interessen besser entspricht, sich photographieren zu lassen, als über Realismus und Idealismus zu disputieren, so müssen sie sich eben photographieren lassen.

SCHOPENHAUER: Und essen und trinken zu Ehren der Philosophie, bis ...

SOKRATES: Von Philosophie ist ja nicht die Rede. Nur von den gemeinsamen Interessen der Herren, die nach dem gegenwärtigen Sprachgebrauch Philosophen heißen. Und dann! Warum sollten auch bessere Männer – es sollen einige gute Köpfe unter ihnen sein – sich nicht einmal bei einem Gastmahl vereinen? Weißt du noch, mein Platon, unser schönes Gastmahl ...

PLATON: Wecke die Erinnerung nicht, Meister! Sonst könnte es mich schmerzen, daß ich ein seliger Geist bin und nicht mehr unter den Lebendigen wandle. Unser Gastmahl! Zwei Jahrtausende ist es her, und noch hat die Blume jenes Weins ihren Duft nicht verloren, noch ist nicht ausgelöscht der Sternenglanz jener Nacht, noch ist nicht völlig verflogen der göttliche Rausch jener Stunden.

SOKRATES: Weißt du noch?

PLATON: Weißt du noch? Jawohl, wir waren trunken, aber der Weinrausch war in dieser Trunkenheit nur wie ein verflogenes Rosenblatt auf dem Wein im goldenen Becher. Trunken waren wir von Größe und Schönheit. Trunken waren wir vom Lachen und von der Kraft. Aristophanes war mit uns und Alkibiades der Trunkenste von allen. Von Weisheit wurde nicht gesprochen. Schweigend saß sie bei unserem Gelage. Und scherzte, wenn sie reden mußte. Sokrates, mein Sokrates, die Ewigkeit hier in den Gefilden der Seligen für die Trunkenheit jener einen lebendigen Nacht. Bei der Erinnerung wird der Nektar schal, und euch alle sehe ich schattenhaft und grau. Und bei der Erinnerung an unser unsterbliches Gastmahl, da willst du uns verwehren, einmal herzhaft aufzulachen über das irdische Gastmahl des Philosophenkongresses!

SOKRATES: Nicht verwehren, mein liebes Kind. Nur gerecht sein möchte ich gegen die Herren da unten, die ja nichts dafür können, daß der neue Sprachgebrauch auch sie Philosophen nennt. Ganz gerecht möchte ich sein und den Herren es nicht einmal verübeln, wenn sie unser Lachen mit ihrem Lachen erwidern. Ja, ja, ihr Herren, die Philosophen der neuen Art haben allen Grund, über die Philosophen der alten Art zu lachen. Seltsam und fremd ist ihnen die Qual des Erkenntnisdranges, seltsam und fremd das Lebensopfer für ein unerreichbares Ziel. Fremd ist es ihnen, als einzigen Lohn Verfolgung, Verachtung, Tod oder Bann zu empfangen. Das Standesinteresse verlangt anderen Lohn. Seid still, ihr Herren, und horcht. Wer ein Lügenohr besitzt, der muß vernehmen, wie die da unten heimlich über uns lachen.

Ein zorniger Donnerschlag aus dem Abgrund des Himmels machte dem Reden und dem Horchen ein Ende.

53 Nichtsein

Das habe ich gehört.

Ein Göttermantel, der dunkle schwefelumsäumte Schmetterling, den sie im Abendlande den Trauermantel nennen, flatterte vom Munde des erloschenen Buddha nach dem Hochgebirge, wo die Götter hausen. Der Göttermantel trug die Seele des Buddha in seinem zarten Körperchen. Noch war diese Seele nicht entlassen. Fünf Schauungen, fünf Befreiungen hatte die Seele eines Buddha nach dem letzten Tode noch zu erfahren, bevor, was in dieser Seele noch Buddha war, sich entschließen durfte, die Seele zu entlassen. Welche fünf? Die Befreiung von der Erdenschwere, die Befreiung von den Elementen, die Befreiung vom Herzschlage, die Befreiung von Erinnerung, die Befreiung von Menschheit. Drei Befreiungen, drei Schauungen hatte der Göttermantel mit der Seele des Buddha schon erfahren, drei Bande hatte er schon abgestreift, die Erdenschwere, die Elemente und den Herzschlag, als er sich in der ungestalten Behausung der Götter niederließ.

Wolkengebilde. Ungeheuer ohne Herz. Formlose Ungestalten. Tiger, Krokodile, Seetiere, Skorpione und Elefanten aus Wolkendust. Keine Menschenerscheinung. Nur was von Gautama übrig war, dem Buddha, das schwankte jetzt wieder in Wolkenwandlungen, bald ein Göttermantel, bald ein schöner alter Mann.

Die Götter, Buddhas der Vorzeit, drängten sich in ihren Wolkentiergestalten um den neuen Gott. Sie redeten in einer ganz unmenschlichen Sprache, in einer ungeworteten Sprache, und dennoch verstand er sie. Wie aus weiter Ferne, nicht klar bewußt. So weit war er von ihnen getrennt, wie er vom Jüngling Subhadda getrennt gewesen war, da er eben zu ihm gesprochen.

»Das also ist Gautama, der Buddha dieses Weltenalters. Hat noch die beiden letzten Befreiungen nicht erfahren, hat noch Erinnerung, hat noch Menschheit. Ist noch nicht leicht genug. Auch Erinnerung ist noch Erdenschwere. Auch Menschheit ist noch Erdenschwere.«

Gautama, der tote Buddha, fragte die Götter wieder, was er schon vor seinem letzten Tode oft und gern gefragt hatte: »Wer ist der Gott, daß Menschen ihm opfern mögen? Seid ihr solche Götter? Bin ich so ein Gott? Bin ich noch nicht den letzten Tod gestorben? Ist das hier nochmals ein Sein? Wo ist das Nichtsein, wo ich nicht mehr bin?«

Wieder verstand Gautama, der tote Buddha, wie von ferne, was die dreiunddreißig Götter untereinander murmelten in ihrer ganz unmenschlichen Sprache, in ihrer ungeworteten Sprache: »Da war nicht Nichtsein und da war auch Sein nicht. Da war die Freiheit, zu wählen zwischen Sein und Nichtsein. Gautama ist noch nicht leicht genug, hat noch Erinnerung, hat noch Menschheit. Schau! Augengestalten sind wir, um zu schauen. Du kannst was Besonderes schauen. Nach dem letzten Tode die eigene Bestattung zu schauen, das ist für einen toten Buddha der Anfang der Weisheit. Schau! die Wolken sind gefällig. Die eigene Bestattung zu schauen ist die letzte Befreiung von Menschheit, von Erdenschwere. Schau und lerne das tote Lachen der toten Buddhas, die Götter geworden sind.«

Die gefälligen Wolken öffneten einen Ausblick auf die Erde und die ungestalten Göttergestalten drängten sich, der Bestattung Gautamas zuzusehen. Auf einen Stirnknochen des Krokodils, das Sakka war, ein Buddha der Vorzeit und jetzt der Gott Indra, setzte sich der Göttermantel mit dem Seelchen des toten Buddha, weil das ein ruhiges Plätzchen zum Schauen war. Und in der Wolkenbehausung der Götter war kein Jahr und keine Zeit, war keine Weltgegend und kein Raum, darum konnten die dreiunddreißig Götter schnell und wie auf einmal betrachten, was sieben Tage auf der Erde dauerte: die Bestattung des Buddha mit allen Ehren eines Erderoberers.

Die Fürsten der Maller kamen mit Blumen und Weihrauch, mit Zelten und Baldachinen, mit Wimpeln und flatternden Fahnen; und Gesang und Tanz hörten nicht auf, während siebenmal die Erde hell wurde und wieder dunkel unter den Blicken der dreiunddreißig Götter. Fünfhundertmal wurde der Leichnam des Buddha in feine Linnen gebunden. Dann wurde der Leichnam in einen erzenen Sarkophag gelegt, oben und unten durchbrochen, und wurde von Mönchen und Fürsten bis an die Stelle getragen, wo vier Straßen sich kreuzten und wo ein Scheiterhaufen von Sandelholz errichtet war. Der Sarkophag wurde auf den Scheiterhaufen gelegt und bei Gesang und Tanz das Sandelholz in Brand gesteckt. Und man hörte das Gemurmel der Fürsten: »Lieb ist uns der tote Buddha, der keine Geschenke mehr von uns verlangt für den Heuschreckenschwarm seiner Mönche.« Und man hörte das Gemurmel der Mönche: »Erlöst hat uns die Erlösung des Buddha endlich von dem großen Asketen. Heimgesucht waren wir und unsere Brüder fünfzig Jahre lang von seinem Das müßt ihr tun! Das müßt ihr lassen! Jetzt wollen wir nicht traurig sein, wenn wir auch nicht mit den Tänzern und mit den Sängern tanzen und singen dürfen. Tun wollen wir, was uns beliebt. Was uns nicht beliebt, wollen wir nicht tun. Der ehrwürdige Ananda ist kein Buddha.«

Der ehrwürdige Ananda aber saß mit gekreuzten Beinen auf Polstern und achtfach gefalteten Pilgermänteln neben dem erkalteten Sarkophag und blickte wie ein Heerführer am Tage der siegreichen Schlacht und verhandelte mit den Abgesandten der fürstlichen Familien, die auf die Kunde vom Tode des Buddha von überall herbeigeeilt waren. Die wollten die Überreste des Buddha haben, acht Familien.

Da ertönte von den Zinnen der nahen Mallerstadt kriegerischer Lärm, Posaunen wurden geblasen, Trommeln wurden gerührt. Aus dem geöffneten Tore nahte der regierende Fürst der Maller an der Spitze von vielen Gewaffneten. Er schritt bis an die Stelle, wo vier Straßen sich kreuzten, hielt die gepanzerte Hand über den erzenen Sarkophag und sagte:

»Auf unserem Boden ist der Buddha seinen letzten Tod gestorben. Unser sind darum seine heiligen Überreste. Nicht eine einzige Aschenflocke werde ich hergeben, solange auch nur ein einziger Maller, ein einziger Krieger aus dem Stamme der Maller noch am Leben ist. Und meine Macht ist groß. Zehnmal zehntausend bis an die Zähne bewaffnete Krieger sind bereit, meinen Befehlen zu gehorchen und die heiligen Überreste des Buddha zu verteidigen. Ein Frevel wäre es, die Ruhe des Buddha zu stören. Nirgendwo als an dieser heiligen Stätte darf ein Kuppelmal sich erheben, und wenn acht Städte darüber in Flammen aufgehen und unzählige Muttersöhne darüber ihr Blut vergießen müßten. Wie es euch belieben mag, ihr Herren.«

Tosendes Gezänk entstand am Sarkophage des Buddha. Die Abgesandten schrien durcheinander; und schwuren, alle ihre Krieger zu vereinigen und die Stadt der Maller dem Erdboden gleich zu machen. »Lieber wollen wir die Asche und die Knochen dieses Asketen Gautama in den Fluß werfen und alles ins Weltmeer hinuntertreiben lassen, als daß wir den Übermut der frechen Maller noch länger dulden.«

Schlimmere Worte noch flogen hin und her; drohend wurden die Fäuste geschwungen. Viel fehlte nicht und am Sarkophage des Buddha wären Menschen getötet worden um des Buddha willen.

Da trat Ananda dazwischen und suchte die Streitenden zu besänftigen. Silbe für Silbe und Ton für Ton sprach Ananda die Lehre des Buddha nach, daß Haß niemals durch Haß getilgt würde, daß des Friedfertigen allein der Friede nach dem Tode wäre. Und aus eigener Weisheit, aus eigener Überredungskunst fügte Ananda hinzu, was etwa die erbitterten Gegner zum Nachgeben bewegen könnte; er schilderte die grausamen Höllenstrafen, die der Höllenrichter über jeden verhängen würde, der dem Nachfolger des Buddha nicht gehorchte.

»Nicht zehnmal zehntausend, höchstens dreimal zehntausend Krieger kann der Fürst der Maller aufbringen«, so redeten zueinander die Abgesandten.

»Vielmal so viel Krieger als wir, können die vereinigten Fürsten bis zum nächsten Vollmonde aufbringen; und der Fürst der Licchaver gar hat zwei starke Mauerbrecher in seinem Zeughause«, so redete ein Hauptmann zu dem regierenden Fürsten der Maller.

Da schlossen die Abgesandten ihren Frieden mit den Mallern, und die Maller schlossen ihren Frieden mit den Abgesandten. Jeder sollte sein Teil haben an den heiligen Überresten. »Wie es dem ehrwürdigen Herrn Ananda belieben mag.«

Da setzte sich der ehrwürdige Ananda wieder mit gekreuzten Beinen auf die Polster und die achtfach gefalteten Pilgermäntel und ordnete die Anteile.

Weiße Knochen des Buddha waren auf dem Roste des Sarkophags geblieben und gar keine Asche. Der ehrwürdige Ananda verhandelte mit allen acht Familien. Die Familie der Sakya erhielt den Kopf des Buddha, weil Gautama ja aus dem Geschlechte der Sakya stammte und von seinen Verwandten den Namen Sakyamuni erhalten hatte (d.i. der Weise aus dem Sakyageschlechte), seitdem er als ein Buddha geehrt war. Die übrigen Knochen, weiß gebleicht durch das Feuer, wurden sorgsam und wohl abgewogen an die sieben Familien verteilt, die sich als Anhänger um den Buddha verdient gemacht hatten und jetzt Kuppelmale über seinen Knochen errichten wollten.

Auch die Fürstin Tschundi hatte ihre Ansprüche angemeldet: in ihrem Lusthause hatte sich Gautama, der Buddha, die Verheißung, die Gewähr, die Ursache zu seinem letzten Tode geholt. Als die Fürstin Tschundi erfuhr, es gäbe keine Knochen mehr, da wollte sie wenigstens die Asche des Buddha haben. »Die Asche kannst du haben, Fürstin«, sagte da der ehrwürdige Ananda, »wenn du über ihr ein Kuppelmal aufzurichten versprichst. Doch es ist nicht die Asche des Buddha; es ist nur Holzasche, die sich unter dem Sarkophag gesammelt hat.« – »Ei so will ich die Sandelholzasche nehmen und ein Kuppelmal über ihr errichten. Mein Kuppelmal wird größer sein als alle andern umd darum größern Zulauf haben, ob auch nur Sandelholzasche darinnen ist.«

Auch die Buhlerin Ambapali, die Freundin der Fürsten, wollte Überreste des Buddha besitzen. Der ehrwürdige Ananda, weil sie dem Buddha und seiner Jüngerschar den Mangopark zum Geschenke gemacht hatte, der hunderttausend Goldgulden wert war, überließ ihr den Sarkophag, in dem der Leichnam des Buddha verbrannt worden war. »Wertvolleres habe ich erworben als meine Fürsten, die einen weißgebleichten Schenkelknochen des Buddha erhalten haben. Den Sarkophag habe ich erworben, den erzenen, in welchem, eine vorübergehende Erscheinung, der Körper des Buddha lag, wie in seiner menschlichen Gestaltung der Geist des Buddha lebte, eine vorübergehende Erscheinung.« Da lachten die Fürsten der Licchaver und schnalzten mit den Fingern und riefen: »Und klüger ist die Ambapali auch noch als wir andern alle!«

Die dreiunddreißig Götter sahen zu mit ihrem toten Götterlachen. »Es tut gut, der Bestattung eines Buddha zuzuschauen.« Nur das Seelchen des Gautama, weil es noch nicht befreit war, noch nicht losgebunden war von Erinnerung und von Menschheit, starrte ohne göttliche Heiterkeit auf die Erde hinunter. Müde war es Gautama, der eigenen Bestattung zuzuschauen. Da hörte er, da sah er, was ihn nicht mehr müde bleiben ließ. Der ehrwürdige Ananda gab seinen Mönchen Befehl, den Jüngling Subhadda zu fesseln. Als der Jüngling, den man von den Polstern hatte wegreißen müssen, auf denen der Buddha erloschen, von den Mönchen gefesselt worden war, schickte ihn der ehrwürdige Ananda zu dem gelehrten Brahmanen Kassapa mit folgender Botschaft: »Unsere Lehre und Satzung verbietet uns, den Jüngling Subhadda zu töten, den du ausgesandt hast, unsern Buddha auszuforschen, zu widerlegen, zu vernichten. Dein Schüler Subhadda hat dich verraten, hat dich geschmäht. Deine Satzung verbietet nicht, einen Abtrünnigen mit dem Tode zu bestrafen. Wie es dir belieben mag.« Und die dreiunddreißig Götter sahen mit ihrem toten Götterlachen, wie der gelehrte Brahmane Kassapa den abtrünnigen Jüngling steinigen ließ.

Nur das Seelchen des Gottes Gautama fühlte wie aus weiter Ferne einen Schmerz. Er hatte ein Leides, weil er ein Liebes hatte. Er hörte und verstand, wie die dreiunddreißig Götter untereinander murmelten: »Noch ist er nicht befreit von Erinnerung, von Menschheit. Er muß Gottheit lernen. Gottheit fühlt keinen Schmerz, wenn Millionen Kiesel in der Welle der Brandung hinaufgeschoben werden auf den Strand und dann knirschend wieder hinunter rollen ins Meer. Nichts anderes haben wir erlebt. Rollende Kiesel.«

Der Göttermantel mit dem Seelchen des Gautama war ungeduldig, ein Gott zu werden wie die andern Vorzeitbuddhas in der Wolkenwohnung des Hochgebirges. Riesenhaft wuchsen die dunkeln Flügel, daß er aussah wie eine ungeheure Wetterwolke mit Schlossenschwefelsäumen; und purpurne Blitze zuckten über die breiten dunklen Flächen. Zu einem Ungeheuer wuchs der Göttermantel, und die dreiunddreißig Götter, der Tiger und das Krokodil, der Skorpion und der Haifisch, der Elefant und die Schlange murmelten untereinander: »Stärker als wir alle wächst der Göttermantel heran, der Gott Gautama.« Mit dem toten Götterlachen murmelten sie das.

Gautama, der Buddha, der Gott Gautama war aber auch nach seinem letzten Tode noch stärker als sein Göttermantel. Klein wurde der Göttermantel und in Wolkengestaltung stand Gautama wieder da als ein schöner alter Mann. Mit Donnerstimme herrschte er die dreiunddreißig Götter an, daß sie wie von ferne ihn vernahmen und ihm winselnd um die Füße krochen.

»Wer ist es, der da gelogen hat? Mein Erlösergedanke oder ihr? Noch habe ich nicht die beiden letzten Befreiungen erfahren: die Befreiung von Erinnerung und die Befreiung von Menschheit. Eintauschen soll ich Gottheit gegen Menschheit, Gottheit gegen das Nichtsein, dessen Wonnen ich den armen flüchtig lebenden Menschen in ihrer Not gezeigt, zu ihrem Troste gedeutet habe. Und gäbe es nach dem Tode, nach dem Erlöschen der Erscheinung nichts als das andre Nichtsein, das leere, das die guten Menschen so fürchten, die armen, dann will ich meinetwegen so ein Gott werden, noch eine Weile den Tierlein zuzuschauen. Nur will ich vorher erfahren, klar bewußt, was Gottheit ist. Zeigt mir, ihr scheußlichen Wolkengestalten, daß Gottheit etwas andres ist als dies Nichtsein, das den meisten Menschen ein Schrecken ist, den weisen und ganz unseligen aber eine Sehnsucht. Daß Gottheit nicht ein bloßes Wort ist, den müden Willen nach dem letzten Tode noch einmal anzustacheln zu neuem Sein. Zeigt mir, daß ihr euch des leeren Götternamens nicht bloß bemächtigt habt, mich dem seligen Nichtsein untreu zu machen. Ist einer von euch, der irgend etwas geschaffen hat: den Himmel oder die Sonne, mich oder einen Grashalm, ein Steinbröckchen nur? Erweist mir, daß es Gottheit gibt.«

Winselnd krochen die dreiunddreißig Götter um seine Füße. Da erkannte Gautama, daß Gottheit nichts war als die letzte Versuchung des fahlen Mara, die letzte Versuchung nach dem letzten Tode. Und Gautama, der Buddha, war der erste Buddha nach dreiunddreißig Vorzeitbuddhas, welche Götter geworden waren, war der erste Buddha, der der schwersten Versuchung widerstand, der jetzt mit den letzten Banden, mit Erinnerung und Menschheit, auch Gottheit über seine Achsel hinweg wegwarf. Gautama, der Buddha, war der erste echte Buddha. Einer, den es nicht gelüstete, ein Gott zu sein.

Gautama, der Buddha, der arme Gott Gautama hörte da auf zu wollen und entließ sein Seelchen und entließ seinen Göttermantel und erlosch im seligen Nichtsein. Wie ein weißes Wölkchen in der Mittagsonne zergeht. Wie der heilige Strom sich in das Weltmeer ergießt, seinen Namen verliert und seine Gestalt.

Stille und Frieden hatte er gesucht; jetzt war er die Stille und der Friede und wußte es nur nicht mehr.

Das Nichtsein hatte er gepriesen; jetzt war er das Nichtsein und wußte es nur nicht mehr.

All-Einheit hatte er gelehrt, Einheit mit dem All der Tierlein, der Blumen und der Steinbröckchen; jetzt war er die Einheit mit allem und wußte es nicht. Und war die Einheit ganz, weil er es gar nicht wußte.

Ein Wissen war untergegangen, war heimgegangen. Eine Sonne war untergegangen, klar bewußt untergegangen, gern untergegangen, um niemals wieder aufzugehen, niemals wieder. Eine Sonne war heimgegangen.

Das habe ich gehört.

54 Die drei Bilder und Kritik

Ich muß aber diese drei Bilder der Welt dennoch bemühen, um die Befreiung vom substantivischen Gotte und von einigen seiner Eigenschaften, die Befreiung nicht durch eine verbale Wissenschaft, sondern nur durch gottlose Mystik, noch deutlicher darstellen zu können. Zwar die Befreiung von den Scheinbegriffen Seele und Willensfreiheit – und wir haben schon in der Einleitung erfahren, wie theologisch allezeit über Unsterblichkeit und über Verantwortlichkeit herumgeredet wurde, seitdem es eine christliche Religion gab – ist bereits längst von der Philosophie besorgt worden. Daß beide Vorstellungen jedoch aufs engste mit *Eigenschaften* Gottes zusammenhängen, mit seiner Geistigkeit nämlich und mit seiner Gerechtigkeit, daß also Seele und Wille eigentlich (weil sie der adjektivischen oder sensualistischen Welt angehören) nur widernatürlich dem mythologischen Begriffe Gott beigelegt worden sind, das hätten freidenkerische Theologen nicht übersehen sollen, die ich jetzt noch folgendes zu beherzigen bitte.

Bringe ich alle drei Fragen auf die gleiche Formel, ob nämlich den Sprachworten Gott, Seele, Wille irgend etwas in der Wirklichkeit entspreche, so ist für den Sprachkritiker die Antwort gewiß: nein. Die drei berühmten Worte oder

Fragen teilen nur das Schicksal unzähliger oder aller Worte; ihre hervorragende Bedeutung verdanken die drei Worte nur den Bemühungen der Theologen, vom Glauben an deren Dasein etwas recht Wichtiges abhängen zu lassen, nämlich unser Wohlbefinden in unendlichen Zeiträumen. Man lasse sich nicht dadurch täuschen, daß bei der zweiten und bei der dritten Frage das Dasein des Substantivs (Seele, Wille) sprachabergläubig schon vorausgesetzt und nur noch der Glaube an eine Eigenschaft (Unsterblichkeit, Freiheit) verlangt wird; mit der Grundfrage aller Religion verhält es sich ebenso, weil doch der Glaube an das abstrakte Substantiv Gott leer und unwirksam bleibt, wenn nicht der Glaube an einige Eigenschaften hinzukommt. Wir haben uns also fast niemals mit dem Glauben an das eigenschaftslose Substantiv Gott allein zu beschäftigen, sondern auch mit den Leugnern der Eigenschaften, mit den Leugnern der Unsterblichkeit und der Freiheit. Und die Rechtgläubigen, d. h. die Anhänger der so zahlreichen und so verschiedenen einzig wahren Religionen, waren auch berechtigt, alle Leute, die an dem Dasein solcher Eigenschaftswörter zweifelten, Atheisten zu nennen.

Die drei Vorstellungen Gott, Unsterblichkeit und Freiheit stehen miteinander in unauflöslicher Verbindung; nicht zwar so, daß irgendein logischer Gottglaube ohne die Dogmen von der Unsterblichkeit und von der Willensfreiheit gar nicht denkbar wäre; wohl aber so, daß die Theologien der im Abendlande zumeist verbreiteten Konfessionen die drei Dogmen wechselseitig aufeinander stützen. Es ist ein unentwirrbares Durcheinander. Die Eigenschaft Gottes, die man seine Gerechtigkeit nennt, hat die Willensfreiheit oder die Verantwortlichkeit des Menschen zur Voraussetzung, Belohnung und Bestrafung der unsterblichen Seele im Jenseits zur Folge. Die Unkörperlichkeit des sonst so menschenähnlichen Gottes wird aus der Geistigkeit der Seele erschlossen und wiederum das Dasein von Geistern (die Seele inbegriffen) aus der Unkörperlichkeit Gottes. Und weiter. Die sogenannte Allmacht des göttlichen Willens ist nur als die höchste Steigerung des in unserem Selbstbewußtsein scheinbar vorgefundenen menschlichen Willens zu begreifen, hebt die Freiheit des menschlichen Willens völlig auf, postuliert sie aber wiederum für die menschliche Verantwortlichkeit. Man hat ganz vergessen, daß der alte Judengott, der sich langsam in den Gott der abendländischen Theologen gewandelt hat, ohne eine unsterbliche Menschenseele auskam und den Begriff einer menschlichen Willensfreiheit gar nicht kannte; einerlei, um ungleicher Meinungen in solchen Fragen willen hat es durch Jahrhunderte im Namen eben dieses Judengottes blutige Verfolgungen und Kriege gegeben. Der Grund liegt nicht nur in der Dummheit und Bosheit der Menschen, sondern auch in dem wesentlich praktischen Charakter dieser Fragen.

Die scholastische Philosophie des Mittelalters, auf der alle Theologie beruhte und noch beruht, behandelte alle drei Fragen mit äußerstem Scharfsinn, doch nur vom Standpunkte ihres Wortrealismus; ohne jede mögliche Erfahrung wurde den Begriffen Gott, Seele und Wille eine metaphysische Wirklichkeit zugesprochen. In Wahrheit aber handelte es sich damals und heute für den Frommen um etwas wie eine praktische Metaphysik, wenn man so eine Bezeichnung gebrauchen darf. Was die Theologen ihn von Kindheit auf gelehrt hatten, daß Gott die Handlungen des freien Menschen an dessen unsterblicher Seele ewig belohnen und bestrafen werde, das mußte für den Frommen von unendlich größerer Bedeutung sein als die Leiden und Freuden des kurzen irdischen Lebens. Die drei Worte gehören noch heute der Gemeinsprache an, werden noch heute mit dem Wortrealismus des Mittelalters für Bezeichnungen von Wirklichkeiten gehalten und können darum nicht so leicht als leere Einbildungen einer praktischen Metaphysik erkannt werden. Man muß zur Vergleichung ein Wort wie Hexe heranziehen, an dessen Inhalt kaum einer unter Hunderttausend mehr glaubt, die die drei anderen Worte noch für bare Münze nehmen. Solange man aber an Hexen und – um anstatt der Eigenschaften Handlungen hinzunehmen – an ihre Teufelsbündnisse glaubte, war es für den Mann und für die Nachbarn der Hexe von äußerster Wichtigkeit, ob sie Regen machen, das Vieh sterben lassen und diabolischen Ehebruch treiben konnte oder nicht; ganz abgesehen von ihrem Seelenheil. Hexerei und Teufelei gehörten als erfundene Eigenschaften zum Gotte des 15. Jahrhunderts, wie Seelenunsterblichkeit und Willensfreiheit zum Gotte des 19. Jahrhunderts gehörten. Erst die neue, kaum aufdämmernde Lehre, daß die Vorstellung von allen Eigenschaften aus einer ganz anderen Welt stamme als die Vorstellung von einem persönlichen, also substantivischen Gotte, läßt uns endlich solche Fragen – wie die nach Seele und Wille – mit einem Seufzer der Erleichterung zu den verstaubten Akten legen.

Ich rede aber hier hoffentlich nicht nur zu Theologen, sondern zu einfachen Menschen, Gottsuchern, die ihren verlorenen Gott wiederfinden wollen, die den Gegensatz zwischen Frömmigkeit und Atheismus immer noch als einen bloßen Wortstreit betrachten möchten, die aber hart und ehrlich genug sind, das Nein der gottlosen Mystik zu ertragen. Für diese wahrhaften Sucher noch etwas darüber: wie ich meine drei Bilder der einen Welt auf den Gottesbegriff anzuwenden versuche.

Ich habe einmal ein einfacheres Beispiel zum Verständnisse der adjektivischen, der substantivischen und der verbalen Welt gegeben: unsere drei Bilder vom Feuer. Es ist ein und dasselbe Etwas, das ein rotes Leuchten für unsere Augen, ein Prasseln für unsere Ohren ist, das unsere Nase belästigt, unsere Haut versengt, kurz unseren Sinnen erscheint, und das – eben unter dem Namen des Feuers – in unserer Phantasie zu einem substantivischen Dinge wird, zu einem sogenannten Körper, zu einer Ur-Sache seiner Eigenschaften, welche Ur-Sache aber ganz gewiß nichts ist außer und neben alledem, was unsere Sinne von ihm erfahren; es ist endlich immer dasselbe Etwas, das – wie auf unsere Sinne – auch auf andere Etwase wirkt, sozusagen objektiv, in der verbalen Welt des Werdens, als eine Art der Energie, als Wärme. Es hängt nur von dem Blickpunkte unserer Aufmerksamkeit ab, ob wir dieses unbekannte Etwas als eine Eigenschaft, als ein Ding oder als ein Geheimnis des Werdens sehen wollen.

Ein noch besseres Übungsbeispiel für den Versuch, überall die drei Bilder der Welt zu unterscheiden, dürfte der Gottesbegriff sein. Die Erscheinung des Feuers gehört nach den

Gewohnheiten der Gemeinsprache nur der Naturlehre an, kann darum über die letzten Dinge kaum etwas aussagen; der Gottesbegriff dagegen ist gar nichts anderes als das letzte Ding selbst, dazu die letzte Ursache aller Wirkungen und eine Vereinigung aller letzten oder obersten Eigenschaften; Gott hat aber eine verzweifelte Ähnlichkeit mit dem Feuer und ist nicht umsonst im Alten Testamente häufig mit einem verzehrenden Feuer verglichen worden. Ich werde in den unbegründeten Verdacht kommen, meinen ruhigen Atheismus widerrufen zu haben, wenn ich nun an diesem reichen Beispiele zu zeigen mich bemühe, daß der Gottesbegriff einen gewissen Sinn gebe, wenn auch einen anderen für die substantivische, einen anderen für die adjektivische und wieder einen anderen für die verbale Welt; aber was ich gottlose Mystik genannt habe, wird vielleicht in dieser Darstellung noch faßbarer als sonst herauskommen.

Für die substantivische Welt ist es freilich weniger eine Leugnung als eine Rettung Gottes, wenn ich ihn, d. h. den Gegenstand hinter diesem Worte, wie das Feuer zu den bloßen Erscheinungen rechne, die nicht wirklich sind. Wir leugnen ja auch das Feuer nicht, weil es nicht wirklich ist, nicht außer und neben den Sinneseindrücken ist, deren Gesamtheit wir Feuer nennen; wie wir das Dasein eines Eisenstücks nicht leugnen werden, wenn wir dereinst dazu gelangen sollten, alle Sinneseindrücke, deren Gesamtheit wir immer noch ein Eisenstück nennen, als Bewegungen, Verhältnisse, Wirkungen u. dgl. von Atomen, Energien u. dgl. zu begreifen. Nun wäre es freilich ebenso kindisch oder tierisch, bei dem Worte Gott auf der Vorstellung von einem persönlichen, also menschenähnlichen Wesen bestehen zu wollen, wie es tierisch wäre, in der Flamme, nachdem man sie als eine Erscheinung erkannt hat, noch überdies eine Person zu suchen, einen feurigen Geist etwa oder so einen menschenähnlichen Teufel. Just aber mit einer so kindischen oder auf dem Tierstand zurückgebliebenen Logik oder Psychologie – die beiden Disziplinen gehen in der Sprache der entwickelten Menschen ein wenig auseinander – hat man mit dem Gottesbegriff den Begriff der Persönlichkeit verbunden, so daß der Gott der substantivischen Welt nicht eine Sache wurde wie andere Sachen, sondern eine lebendige Sache, ein menschenähnliches Wesen, dem dann menschenähnliche Eigenschaften und endlich übermenschliche, also doch wieder menschenähnliche, mit Menschentum vergleichbare Tätigkeiten zugesprochen wurden. Wir lachen über den Neger, der einen solchen inneren Bedeutungswandel mit seinem Fetisch vornimmt, und wenn es nur ein Kuhschwanz gewesen wäre. Wir sind es nicht gewohnt, über den sogenannten Arier zu lachen, der mit dem Himmelsbegriff einen ähnlichen Bedeutungswandel vornimmt. Und doch besteht zwischen Feuer, Himmel und Gott eine Begriffsverwandtschaft, die ich jetzt aufzeigen möchte, zunächst wieder nur für die substantivische Welt. Sogar die merkwürdige Vertauschung von Leben und Wohnung, von Kraft und Ort, gilt für den Himmel wie für das Feuer; man hat einst dem Herde, der Stätte des Feuers, als einem Altare göttliche Ehren erwiesen, und so unterscheidet noch heute die Gemeinsprache nicht genau zwischen dem Himmel als der Wohnstätte des Gottes oder der Götter, und dem Himmel als einer göttlichen Person, bei welcher man schwört.

Wie immer es um die Zuverlässigkeit der Etymologien bestellt sein mag, die den Namen des obersten Griechengottes Zeus und den lateinischen Gattungsnamen deus auf den gleichen Stamm zurückführt, auf eine uralte Bezeichnung für den glänzenden, leuchtenden Himmel oder den Tag, wie immer man es mit der Etymologie des germanischen Wortes »Himmel« halten mag, ob da ursprünglich Stütze oder Dach des Weltgebäudes gemeint war, in der Vorstellung der sprechenden Menschen blieb »Himmel« (und die entsprechenden Wörter anderer Sprachen) fast ebensolange ein Ding wie »Feuer«, bis auch der Himmel durch die Naturwissenschaft in eine bloße Erscheinung aufgelöst wurde, in eine Illusion unseres Gesichtssinnes. Die Kugelgestalt des Himmelsgewölbes und die blaue Farbe bei einer gewissen Reinheit der Luft ergaben sich aus den Bedingungen, unter denen das Auge Eindrücke aufnimmt; wie Gestalt, Farbe und Wärme der Flamme aus den Bedingungen einer chemischen Verbindung von Kohlenstoff und Sauerstoff. Für das Feuer ist es unerheblich, ob das Leuchtgas in der sauerstoffhaltigen Luft verbrennt oder (bei einem gewissen Experiment) die Luft im

Leuchtgas; das Experiment, wie der Mensch vom Himmel aus gesehen sich ausnehmen mag, können wir nicht nachmachen; und der Umstand, daß jeder menschliche Beobachter – genau genommen – den Mittelpunkt eines anderen Himmelsgewölbes bilde, wird von der Sprache als unbeträchtlich beiseite gelassen, wie von der Religion der Umstand, daß jeder Mensch – genau genommen – einen anderen Gott erblickt. Der Glaube an die Dinglichkeit hat bei Feuer und Himmel zu den gleichen groben Schnitzern verführt; in bezug auf das Feuer lehrte man hundert Jahre lang, daß ein besonderer Feuerstoff, das Phlogiston, in den brennbaren Körpern stecke und als Flamme in die Erscheinung trete; in bezug auf den Himmel lehrte man einige tausend Jahre lang, daß eine ganze Anzahl von festen Himmelsgewölben vorhanden sei, wie eine Zahl von Zwiebelhäuten.

Und doch besteht zwischen dem Feuerbegriff und dem Gottbegriff ein Unterschied sprachlicher Art, der aber nur ein kleiner grammatikalischer Unterschied ist; das Wort Feuer ist ein Stoffname, wie denn das Feuer (neben Wasser, Luft und Erde) durch Jahrtausende für einen der Grundstoffe der Welt galt, während das Wort Gott als ein Eigenname oder als ein Gattungsname betrachtet wurde, je nachdem man das Dasein von einem einzigen Gotte oder von vielen Göttern annahm. Der Glaube an die vielen Götter schwand aber und der eine übriggebliebene Gott wurde in der Denkarbeit der christlichen Mystiker und der unchristlichen Materialisten langsam so umgeformt, daß er schließlich (im sogenannten Pantheismus) wieder zu einem Stoffnamen wurde, zu der Bezeichnung des einzigen Urstoffs, aus welchem sich zuerst die vier Elemente und dann die lebendigen und toten Körper geformt haben. Damit hörte auch der kleine grammatikalische Unterschied auf, und so kann man, in guten und in schlechten Büchern, von Gott als von dem allerzeugenden Feuer oder der jede Weltbewegung bedingenden Wärme reden hören, als ob wir zu irgendeinem alten Sonnendienste zurückgekehrt wären. Denn auch die Sonne ist ja eine Erscheinungsform des Feuers.

Wie nun das Feuer oder die Sonne, immer eine und dieselbe Erscheinung, je nach dem wechselnden Blickpunkt des Interesses als Ding aufgefaßt werden kann oder als Eigenschaft oder als Tätigkeit, so auch der Gott, immer derselbe einzige Gott. Wobei es einige Aufmerksamkeit verdient, daß der Wandel des Gottbegriffs aus einem Eigennamen in einen Stoffnamen, auf den ich für den dinglichen Gott eben hingewiesen habe, auch für den adjektivischen und den verbalen Gott im Unterbewußtsein erfolgt ist, wenn auch die Gemeinsprache da nur widerwillig mitgeht. Die Haupteigenschaft des Gottes ist seine Unendlichkeit; er war ganz eigentlich *der* Unendliche, solange er eine Persönlichkeit besaß, und ist jetzt *das* Unendliche geworden. Die Haupttätigkeit des Gottes war das *Schaffen*, solange er eine Persönlichkeit besaß; das entsprechende Wort für des pantheistischen Gottes Tätigkeit sucht man immer noch vergebens, weil man Verwandlung, Bewegung, Erhaltung der Energie, Entwicklung u. dgl. nicht religiös genug findet. Immerhin wäre der verbale Gott als Schöpfer ein Eigenname, als Energie ein Stoffname.*

* Ich halte diese Zurechnung »Gottes« zu der substantivischen Welt für den stärksten, unwiderleglichsten, weil sprachkritischen Beweis für das Nichtdasein Gottes. Ich weiß nicht, ob eine Anregung durch mein Bild von einer »substantivischen Welt« (Wörterbuch der Philosophie II, S. 464) anzunehmen sei bei dem Versuche von Jerusalem, aus einem ähnlichen Gedankengange das Gegenteil herauszuholen, seinen »grammatischen Gottesbeweis« (»Philosophie der Gegenwart in Selbstdarstellungen«, III, S. 27, 1922). Das Weltgeschehen sei ein Verbum, zu dem wir das Subjekt suchen *müssen*; »Gott ist für mich das Subjekt zum großen Impersonale des Universums«. Wilhelm Jerusalem, als Schüler von Mach ein guter Vertreter des kritischen Realismus, hat ernste Verdienste um die voluntaristische Erklärung der Urteilsfunktion, aus welcher sein grammatischer Gottesbeweis geflossen sein kann; aber er, der sich dem Apriorismus der Neukantianer fest entgegengestellt hat, stimmt doch mit Hermann Cohen darin überein, daß er im Monotheismus des »geläuterten Judentums« die letzte Wahrheit zu finden glaubt, unbekümmert darum, daß die Gottesvorstellung des Alten Testaments sicherlich noch nicht »geläutert« war. Ich möchte hier gegen seinen »Beweis« nur einwenden, daß es nur eine modern-sprachliche Gewohnheit ist, zu den unpersönlichen Verben Subjekte zu suchen; weder im Hebräischen noch im Lateinischen braucht man ein Subjekt, um auszudrücken: es blitzt, es denkt (Lichtenberg), es wird. In der Vorstellung des Schaffens ist freilich ein Schöpfer schon mitenthalten, ein persönlicher Gott, ein hypothetisches Subjekt zur Erklärung eines hypothetischen Vorgangs. Sprachkritik ist das nicht. Allerdings deckt sich Jerusalem durch den Satz: »Wir können diesen schöpferischen Willen niemals anders als anthropomorphisch denken.« Was er aber hinzufügt, daß wir da den Willen Gottes erforschen, erinnert doch gar zu sehr an Cohen.

Man bilde sich aber nicht ein, daß diese sprachliche Analyse der drei Bilder von Gott nur auf solche gewissermaßen naturphilosophische Vorstellungen Anwendung finde; nein, auch der wohlbekannte Gott des Kirchen- und Kinderglaubens ist im Blickpunkt des dinglichen Interesses ein anderer als im Blickpunkt des adjektivischen oder des verbalen Interesses. Ich möchte sagen, nur die theologische Theorie begnüge sich mit dem substantivischen Gotte, mit der menschenähnlichen Person, deren Dasein durch Scheinbeweise bewiesen und auch ohne Beweise von Gläubigen geglaubt wird. Die alten Definitionen des Gottbegriffs beziehen sich alle auf diese Abstraktion eines Dings, die für die Vorstellung aller möglichen Dinge vorbildlich geworden ist. Gott ist das und das, wie ein Apfel das und das ist. Wie jedoch ein Apfel nicht noch einmal da ist, neben und außer seinen Eigenschaften und Wirkungen, neben und außer den Sinneseindrücken, die er in dem menschlichen Beobachter erzeugt, und den Änderungen, die er in der Umwelt bewirkt, so ist der Gott nicht noch einmal da, nicht noch einmal persönlich da, neben und außer seinen Eigenschaften und Kräften. Ja man kann wohl behaupten, daß für den praktischen Alltag des Kirchen- und Kinderglaubens mit der Persönlichkeit des Gottes nicht viel anzufangen wäre ohne die mitgeglaubten Eigenschaften und Kräfte. Wie ja auch das menschliche Interesse nicht der dinglichen Abstraktion Feuer gilt, sondern der angenehmen Eigenschaft des Warmseins und den nützlichen oder schädlichen Tätigkeiten, die sich als Umwandlung der Energie gutartig oder als vernichtender Brand bösartig bewähren können. Der Kirchen- und Kinderglaube hofft und befürchtet alles von der äußerst gesteigerten Tätigkeit des Gottes, die dann Weltregierung, Vorsehung usw. heißt; und der Glaube bewertet endlich die Tätigkeit des Gottes nach Furcht und Hoffnung als gut oder böse; das gemeine Interesse bewertet den Gott wie das Feuer, das auch gut heißt im warmen Ofen, böse in der Feuersbrunst. Ist es nicht heiter, daß wir durch die sprachkritische Untersuchung der drei Bilder von Gott schließlich wie von selbst auf die Unterscheidung von Gut und Böse geführt worden sind? Sollte wirklich der

Teufel unseren Gedankengang gelenkt haben, wie er einst im Paradiese Adam und Eva versuchte? Und sollte die gottlose Mystik nicht nach aller Arbeit auch ein bißchen lachen dürfen?

Ich habe auf dem Wege zu meinem Ziele vorhin bei Kants Kritik der alten Gottesbeweise ausgeruht. Ich würde vielleicht vier neue starke Bände ausdenken und zu Ende schreiben müssen, wollte ich darlegen, was die gottlose Mystik mit der Vernunftkritik verbindet und was sie von ihr scheidet. Man mag mir die Überzeugung zugute halten, daß einzig und allein die Kritik der Sprache den Kampf aufnehmen konnte, der nach dem Siege zugleich den dogmatischen Materialismus und den dogmatischen Idealismus überwinden wird. Mein guter Leser mag diese flüchtigen Andeutungen weiter verfolgen und selbst zu dem Schlusse gelangen, daß Kant sich zu tief hinabließ, als er den kosmologischen Gottesbeweis (übrigens den physiko-theologischen und den ontologischen dazu) ins Wackeln brachte, daß er aber so tief hinabsteigen *mußte,* weil er seinen eigenen moralischen Gottesbeweis im Sinne trug.

Für die Kritik der Sprache verflüchtigen sich alle diese Gottesbeweise (am wahrnehmbarsten der ontologische) zu einem fernen Lachen über den Betrug der feierlichen Worte. Das Dasein eines Wortes bietet keine Gewähr für das Dasein des Wortinhalts. Durch den Besitz der Sprache unterscheidet sich der Mensch wirklich von den anderen Lebewesen; doch nur so, daß die Sprache beim Menschen – vielfach als ein Reichtum, vielfach als eine Armut – das ersetzt, was bei den Tieren und vielleicht irgendwie auch bei den Pflanzen in unserer Sprache Instinkt heißt. Das Sprechen oder das Denken, kurz: die Vernunft, spielt bei der Tierart Mensch die Rolle des Instinkts. Da zweihundert Jahre Psychologie und Psychophysik nicht herausgebracht haben, was der scheinbar gut beobachtete Instinkt eigentlich sei, brauche ich an dem Worte nicht einmal einen Bedeutungswandel vorzunehmen, um es so verwegen auf die Vernunft anzuwenden. Die Definition »zweckmäßiges Handeln ohne Bewußtsein des Zweckes« ist sicherlich zu eng, paßt eigentlich nur genau auf die Triebe der Tiere, die der Arterhaltung dienen. Was ich sagen will, ist ja gerade das, daß die tierische Orientierung in der Außenwelt sich im Menschen zur Sprache oder Vernunft entwickelt hat als zu einem nur scheinbewußten Werkzeug der Selbst- und Arterhaltung. Sprachgewohnheiten und Denkgewohnheiten machen unsere Vernunft aus; wir haben alle diese Gewohnheiten ererbt wie die Tiere ihre Instinkte, und bilden uns eine mögliche Freiheit von diesen Gewohnheiten nur ein. Wer zu sehr erschrocken ist über eine solche Geringschätzung der Vernunft, der findet vielleicht Trost, wenn er jetzt erfährt, daß eine solche Lehre hier nicht zum ersten Male ausgesprochen wird. Der große Hume hat (in Treatise) die »reason« einen Instinkt der Seele genannt und ihn auf so etwas wie Gewohnheit zurückgeführt. Condillac war nahe daran, das Ich für eine Gewohnheit zu erklären. Und Nietzsche, der ja nur das *wahr* nennen wollte, was lebenfördernd schien, erfolgreich, erklärte einmal die Sicherheit, mit der wir unsere Bewegungen ausführen, aus der Gewohnheit und dem unbedingten Glauben, also doch offenbar nicht aus der Vernunft. Diese drei Selbstdenker verstanden aber unter Gewohnheit so etwas wie ererbte, unbewußte, lebenfördernde Triebe, denen wir gehorchen, unter der Selbsttäuschung der Freiheit. Wir wissen es nur nicht, wie tyrannisch die Sprache uns leitet. Auch in den letzten Fragen der Weltanschauung. Es kann gar nicht anders sein: die Welt ist unsere Vorstellung; auch die Welt der Tiere und der Pflanzen muß ihre Vorstellung sein. Hinter unserem Vernunft- oder Sprachinstinkt, der solche Worte bildet, regt sich aber der ganz andere Lebensinstinkt, und der gibt sich nicht damit zufrieden, daß die Welt *nur* unsere Vorstellung sein soll. (Die Schlange beißt sich in den Schwanz. Wessen Vorstellung ist die Welt? Was die Vorstellung besitzt, mein Ich oder mein Zentralnervensystem, ist doch wieder nur meine Vorstellung.) Man fragt: was ist die Welt *noch*, außer dem, daß sie unsere Vorstellung ist? Ein einziger Philosoph war so gläubig, daß er sich bei dem Gedanken des Idealismus beruhigte, die Welt sei *nur* unsere Vorstellung, George Berkeley; aber er belog sich selbst, weil für ihn die Welt doch wieder noch etwas war, nämlich Gott. Und so belogen sie sich selbst alle, die das zu benennen suchten, das hinter der Vorstellung steckte; Kant nannte es überaus vorsichtig das Ding-an-sich, Schopenhauer mit scheinbar unwiderleglicher Selbstbeobachtung den Willen, immer war es eine Gottheit. Ich rühme mich, daß die Kritik der Sprache allein die Frage nach »dem hinter der Vorstellung« gar nicht erst stellt; daß ich mich beschieden habe: frei von dem Selbstbetrug, der das hinter der Vorstellung auch noch benennen möchte, sind nur die Tiere und die Pflanzen, die in ihrer stummen Naturandacht entsagt haben, sich eins wissen mit der Welt, die frömmer sind als die redenden Menschen, weil ihnen die Schlange sich nicht in den Schwanz beißt, weil sie die beiden Sprachschnitzer der Menschen gar nicht mitmachen können: den Träger der Vorstellungen, das Ich, als eine neue Vorstellung anzusehen, und das Ganze der Vorstellungen – ihre Ursache und ihre Sache zugleich – zu vergotten. Die Kritik der Sprache allein hat die kleine Wahrheit erkannt, die ebenso schlicht wie erschöpfend ist: die Welt ist nur einmal da. Es ist töricht, in der Sprache der Vorstellungen nach der Gottheit hinter der Vorstellung zu fragen. »Gottheit« ist ein sinnleeres Wort. Nur noch etwa – wie gesagt – ein lebendiges Symbol für den poetischen Sprachgebrauch. Nicht lebendiger als Teufel, Hexe, Fatum, Sterngeister; nicht einmal als Fiktion brauchbar, wie für die Wissenschaft Äther oder Ursache. Die Pflanzen und die Tiere sind von jeher unbewußt so weise gewesen wie der weise Hume; sie verstanden den Begriff Ursache nicht und kamen darum auch nicht auf die kindliche Wortspielerei des kosmologischen Gottesbeweises. Sie brauchten ihn sich also nicht erst zu widerlegen, wie es der erstaunliche Kant tun mußte, weil er eben auch ein Mensch war.

Ein Beispiel mag uns zeigen, wie grob dieses sprachliche Elend des kosmologischen Beweises war. Ein Idiot im ursprünglichen Sinne, der gemeine Mann also, hört, daß der neu eingerichtete Eisenbahnzug von hundert Pferdekräften oder Pferdestärken bewegt werde; er weiß nichts davon, daß ein PS ein veraltender Ausdruck für die Größe von fünfundsiebzig Sekundenmeterkilogramm und nur eine ungefähre Rechnungseinheit ist; er hält sich gläubig an das

Wort und weiß jetzt, daß in der Maschine hundert Pferde verborgen sind. Wie der Gott in dem Schlusse des kosmologischen Beweises. Wer einen kleinlichen Anstoß daran nimmt, daß in meinem Beispiele von *Pferdestärken* die Rede ist und nicht von Pferden, der wähle für den kosmologischen Beweis den vornehmeren Ausdruck »Gottheit« anstatt des konkreteren »Gott«; was wir jetzt als eine bloße Endsilbe empfinden, die Silbe »heit« war einmal auch so ein dingliches Wort und bezeichnete so etwas wie »Stärke«: einen Zustand, eine Beschaffenheit, eine Person. Der Fromme weiß, daß sich hinter der letzten Ursache eine Gottheit verbirgt, eine Person mit göttlichen Eigenschaften; der Idiot weiß, daß sich hinter der Dampfmaschine hundert Pferde verbergen, Pferdestärken mit pferdmäßigen Eigenschaften. Die Anwendung der Sprachkritik auf die Physik ist nicht minder nötig als eine auf die Theologie; nur daß in den Naturwissenschaften eine Verbesserung der Terminologie möglich ist, eine Säuberung theologischer Begriffe aber so unmöglich wie die nützliche Deutung eines Traumes. Mit dieser Einsicht kommt natürlich auch die andere, zu einem ungeschickten Lächeln zwingend, daß es doch nichts ist mit dem bloßen Wortstreit, als welchen ich oben den Gegensatz zwischen Naturerkenntnis und Theologie, zwischen Atheismus und Frömmigkeit – für einen Augenblick – hinzustellen suchte. Für den freiesten Standpunkt muß ja doch die Geschichte Gottes mit einer Auflösung des Gottbegriffs endigen.

Was noch übrig bleibt, nach der vernunftgemäßen Erledigung aller und jeder äußeren Religion, das ist für uns, die wir letzten Fragen nicht ausweichen und deren Beantwortung von den nächsten bis vorletzten Wissenschaften nicht erwarten, das Weltgefühl, das Einsgefühl der gottlosen Mystik, das man gern ein »religiöses« Gefühl nennen mag, weil ein Gefühl zuletzt nur geschwiegen werden kann, nicht in harten Worten ausgedrückt. Diese Rettung der ewigen Sehnsucht in die uralte Mystik, bei bewußter Preisgabe des Gottesbegriffs, ist nur für das Abendland neu, ist für das Morgenland Urväterweisheit. Abschiedsmüde will ich wieder die Erinnerungen an »Tao« wecken, das Rätselwort, das vor zweitausendfünfhundert Jahren von dem chinesischen Weisen Lao-tse geprägt oder gebraucht wurde, um die tiefste Selbstbesinnung des Ostens, das Einsgefühl mit einer Welt ohne Gott, in einem Menschenlaute zusammenzufassen. Wir wissen fast nichts von dem Leben des Lao-tse, wir haben nur sein Buch Tao-te-king, französisch seit 1842 durch Julien, deutsch seit 1870 durch V. v. Strauß. Einen Weg, den der Weise eher geht als zeigt. »Tao« ist zugleich der Weg zum letzten Ziele und der erste Grund des Weges und des Zieles; »Ursache« wäre schon zu abendländisch, zu wissenschaftlich, zu klein, zu arm menschlich. Die Unpersönlichkeit, die Ungöttlichkeit des Tao erhellt schon daraus, daß wir nicht wissen, ob wir »der Tao« oder »das Tao« sagen sollen; »das Gott« würde die Vorstellung vielleicht nicht übel wiedergeben.

Nun stehen im vierzehnten Kapitel des Tao-te-king über das Tao die Sätze, die mich allein schon berechtigen würden, den »alten Weisen« (das sollen die Zeichen Lao-tse bedeuten) als einen Bekenner des Agnostizismus oder einer gottlosen Mystik vertraulich anzusprechen: »Du suchst das Tao und du siehst es nicht; es ist farblos. Du horchst und du hörst es nicht; es ist stimmlos. Du willst es berühren und erreichst es nicht; es ist körperlos.« (Von Max Müller, nach Julien.)* Fast noch hübscher klingt der Verzicht bei einem Schüler von Lao-tse, bei Tschuang-tse (in der Auswahl von Martin Buber): »Tatenlos weiß Tao ... Es kann nicht gesagt werden. Was gesagt werden kann, ist nicht Tao. Was den Gestalten Gestalt gibt, ist selbst gestaltlos; also ist Tao namenlos. Wer einem antwortet, der nach Tao fragt, kennt Tao nicht.«

* Toll, aber wahr: nicht nur der Jesuit Joseph Amyot, sondern noch Abel Rémusat haben die Sätze so übersetzt, daß sie einen Hinweis auf die Personen der Dreieinigkeit (bei Amyot) oder gar auf den hebräischen Namen Jehova (bei Rémusat) zu enthalten schienen. Die Möglichkeit so nichtswürdiger Fälschungen (man vgl. Max Müller »Einleitung in die vergleichende Religionswissenschaft«, S. 298f.) warnt allerdings überhaupt davor, irgendeiner Übersetzung aus so grauem und so fernem Altertum ganz zu vertrauen; warnt aber auch davor, die gelehrten Studien über die Beziehungen von Lao-tse zu Kong-fu-tse und zum Buddha viel höher zu bewerten als gelehrte Dichtungen.

Tao ist namenlos, ist eigenschaftslos, ist ohne aussagbaren Begriffsinhalt. Man könnte »das Tao« durch eine neutrale Silbe ersetzen, durch »das«. Und weil ich doch der Erzketzer bin, der Welterkenntnis durch Menschensprache nicht für möglich hält, so kann man mich kaum mißverstehen, wenn ich nun hinzufüge: mit so etwas wie »das«, wofür auch bei Menschen ein bloßer Blick eintreten kann, wäre die Weltanschauung und die Theologie der Tiere und Pflanzen wiederzugeben.

Ist dies nun aller Menschenweisheit letzter Schluß: daß wir von der letzten Ursache der Natur und unseres Lebens innerhalb dieser Natur nichts kennen als Tao, daß wir nur »das« lallen dürfen auf alle Fragen nach dem Göttlichen, dann haben wir uns vielleicht doch über das substantivische Bild der Welt erhoben, über die karge Einsicht, der Gottbegriff gehöre eben zu der Scheinwelt, der Kunstwelt, der Nichtwelt der Substantive. Man denke wieder an das Beispiel vom Feuer. Das lallende »das« kann ebensogut oder so schlecht den persönlichen Gott bezeichnen wollen wie seine Eigenschaften oder wie sein Wirken. Genau so gut oder ebenso schlecht. Steht es nicht ebenso wie um den hohen Begriff »Gott« und um den niedrigen Begriff »das« auch um eines der meistgebrauchten und meistmißbrauchten Sprachworte? Können wir leugnen, daß der Ichbegriff, »unrettbar« seit Hume und Mach, weil das Ich der substantivischen Welt angehört, doch wieder – wie Gott und Feuer und »das« – leicht und gern in die adjektivische und in die verbale Welt hinüberspielt? So wie »Ich« gewöhnlich gebraucht wird, steht es freilich, als Pronomen, als Vertreter von höchst substantivischen Personen. Als Träger von adjektivischen Empfindungen und verbalen Tätigkeiten. Dieses Ich ist (nach Hume) ein Bündel von Vorstellungen (und von Wollungen). Wenn aber dieses selbe Ich traumlos schläft? Der traumlos schlafende Mensch besitzt ja kein Ich mehr, ist kein Träger mehr, weder von adjektivischen Empfindungen noch von verbalem Tun oder Wollen. Der traumlos schlafende Mensch (in dem also auch das bewußte Gedächtnis nicht mehr arbeitet) ist nur noch in der adjektivischen Welt da (mit seinen Eigenschaften, wie ein schlafender Apfel) und für die verbale Welt (mit den vegetativen Tätigkeiten seines Herzens, seiner Lunge usw.).

Gewiß, die Vorstellung eines bleibenden Ich ist nicht mehr zu retten, wie die Vorstellung eines seienden Gottes nicht mehr zu retten ist. Die agnostische Mystik, zu welcher ich hinführe und die beileibe nichts zu schaffen hat mit irgendeiner Kirche oder sonstigen Zaubermagie, die Mystik, oder das Bekenntnis zu einer Mythologie aller Wissenschaft, ist ganz sicher gottlos, des Gottes ledig. Wie das Denken und das Wollen dieser Jahre ichlos geworden ist, ledig des Ichwahns. Und doch habe ich, bevor ich scheide, den Gegnern der bloßen Negation, wenn sie nur nicht zu einer Kirche zurückstreben, eine Möglichkeit zu bieten, eine biologische Möglichkeit, in dieser kalten und dünnen Höhenluft zu atmen. Das Ich, der Wille, das Denken, die Seele *sind* nicht, gewiß nicht. Sie sind nicht einmal mehr notwendige Fiktionen für eine Psychologie der Zukunft. Sie sind aber, was ich einmal normale Täuschungen genannt habe; gesunde Lebenslügen, unvermeidliche, nur mit dem Leben selbst auszulöschende Illusionen. Ich glaube fast – und ich fürchte es nicht –, auch der Gottesbegriff, von dem Unrat der Theologen gereinigt, ist so eine normale Täuschung, eine gesunde Lebenslüge, eine unvermeidliche, lebenslange Illusion.

Nur hüte sich der Leser, dem ich in dieser Stunde den ichlosen, den traumlosen Schlaf wünsche – auch wenn er wach ist –, davor, in diese Lebensillusion etwas anderes, etwas »Positiveres« hineinzudenken, als ich im Sinne habe. Illusion ist niemals Wirklichkeit. Der handelnde Mensch mag eine Illusion als eine Fiktion benützen (»als ob es Götter gebe«), der dichtende Mensch mag eine Illusion zu gestalten suchen (als sein »Ideal«); beide dürfen an ihre Illusionen nicht glauben, dürfen nicht Ja zu ihnen sagen. Sprachkritik war mein erstes und ist mein letztes Wort. Nach rückwärts blickend ist Sprachkritik alles zermalmende Skepsis, nach vorwärts blickend, mit Illusionen spielend, ist sie eine Sehnsucht nach Einheit, ist sie Mystik. Epimetheus oder Prometheus, immer gottlos, in Frieden entsagend.

55 Schweigen

Es bleibt mir noch übrig, einige arme Worte zu suchen über eine Sehnsucht, die keine Aufgabe sein kann, über einen Wunsch, an dessen Erfüllung ich weder zweifeln noch glauben kann, über den Drang, die drei Bilder der Welt zu einem gemeinsamen, wahren Bilde zu vereinigen. Keines der drei Bilder kann richtig sein, weil jedes mit dem Fluche seiner besonderen Bildsprache belastet ist; die Vereinigung wird wahrscheinlich nicht möglich sein, weil eine Vereinigung der drei Sprachen – bisher wenigstens – nicht anders möglich war als in einer unserer Gemeinsprachen, die eben zur Welterkenntnis noch ungeeigneter sind als die von mir im Geiste erdachten Teilsprachen der drei allein möglichen Weltansichten. Ein Gleichnis möge mir helfen, die Unfähigkeit des menschlichen Denkens für eine solche letzte Arbeit deutlich zu machen. Man hat Lichtbilder mit sogenannten natürlichen Farben zu erfinden versucht. Man hat mit außerordentlicher Pfiffigkeit drei Grundfarben angenommen, aus deren Mischung alle irgend bekannten Farben der Erfahrung herzustellen sind, hat dann mit Hilfe von Lichtfiltern drei verschiedene Aufnahmen des gleichen Gegenstandes hergestellt, eine jede nach einer der drei Grundfarben, und hat endlich die natürlichen Farben dadurch zu erreichen gesucht, daß man die drei Teilbilder zur Deckung brachte. Der Erfolg war hübsch und überraschend; doch von Lichtbildern in natürlichen Farben kann im Ernste nicht die Rede sein. Zunächst müssen die Herren selbst zugeben, daß sie zur Färbung beim Druckverfahren nicht die reinen Grundfarben des Sonnenspektrums verwenden können, sondern nur die verunreinigten Farben chemischer Körper. Aber der eigentliche Fehler des Verfahrens liegt noch tiefer: auch die Lichtfilter, die für die Teilbilder benützt werden, sind ja nach dem zufälligen Farbensinne bestimmter Menschen ausgewählt und gewähren keine Sicherheit dafür, daß die Teilbilder den erdachten Grundfarben entsprechen. Ich brauche nicht erst darzulegen, daß ebenso die Filter des menschlichen Verstandes nicht übermenschlich genug sind, um eine der drei Teilsprachen in genauer Auslese zu bilden, daß also eine Deckung der drei Bildsprachen kein natürliches Gesamtbild der einen Welt hervorbringen könnte.

In dem unbesiegbaren Drange, dennoch über die notwendige Scheidung der drei Bilder zu ihrer Verbindung zurückzugelangen, zu dem einen Bilde der einen Welt, schien mir in guter Stunde ein anderer Weg gangbar, dessen Beschreitung für die kurze Dauer der guten Stunde kein bloßes Gleichnis schien. Was ich in mühsamer Gedankenarbeit zu fassen suchte, die Zerspaltung der menschlichen Aussäglichkeiten und ihre Verteilung auf die drei Sprachen der drei allein möglichen Weltbilder, das hatte vorher kein Erkenntnissuchen gesehen oder geahnt, das hatten aber von jeher die Künstler fröhlich geübt. Ich will gleich zugeben, daß die drei Künste, die ich jetzt meinen drei Kategorien gegenüber stellen will, mit einiger Willkür ausgewählt sind, sich nicht mit so ausschließender Strenge sondern und ergänzen wie die drei Kategorien. Ganz unnütz mag aber die Gegenüberstellung doch nicht sein.

Überall wo echte Kunst waltet – vielleicht selbst wieder ein unerreichbares Ideal, dem die Größten sich nur annähern können –, begreift ein Genie die eine Welt ohne Begriffe, ohne Sprache. Vielleicht gibt es auch im echten Denken, der sogenannten Philosophie, solche Weihestunden des wortlosen Begreifens. Morgenstunden des Erwachens, wo plötzlich der Schleier des Tages fällt und wie in tagheller Nacht der Zugang zu dem Geheimnisse des All-Einen offen steht. Der Zugang schließt sich wieder, sobald der Sucher den ersten Schritt auf dem geschauten Wege zu gehen wagte. Die Helle wird wieder dunkel, sobald er die Augen öffnet. Das Begreifen zerfällt, sobald er es für sich oder andere in Begriffe oder Worte bannen will. Das All-Eine war nur im schweigenden Ich verbunden; beim ersten lauten Worte verschwindet herabstürzend jede Einheit, auch die des Ich. Nichts läßt sich mehr sagen.

Literaturhinweise

WERKE VON FRITZ MAUTHNER

Beiträge zu einer Kritik der Sprache. Drei Bände. Dritte Auflage (identisch mit der zweiten), Leipzig 1923, Nachdruck: Hildesheim 1969. (B)
Erinnerungen. München 1918. (E)
Totengespräche. Berlin 1906. (TG)
Wörterbuch der Philosophie. Drei Bände. Zweite Auflage, Leipzig 1923/24. (W)
Der Atheismus und seine Geschichte im Abendlande. Vier Bände. Stuttgart–Berlin 1920–1923. Nachdruck: Hildesheim 1963. (Ath)
Die Sprache. Frankfurt am Main 1906. (SP)
Gespräche im Himmel und andere Ketzereien. München–Leipzig 1914. (GH)
Der letzte Tod des Gautama Buddha. München und Leipzig 1913. (Buddha)
Die drei Bilder der Welt. Hrg. M. Jacobs. Erlangen 1925. (DB)
Die Philosophie der Gegenwart in Selbstdarstellungen. Hrg. Raymund Schmidt. 1924. Band III, pp. 123–146. (SD)

SEKUNDÄRLITERATUR

G. Weiler, *Mauthner's Critique of language.* Cambridge 1971.
J. Kühn, *Gescheiterte Sprachkritik: Fritz Mauthners Leben und Werk.* Berlin–New York 1975.
K. Arens, *Functionalism and fin de siècle: Fritz Mauthner's Critique of language.* New York–Bern–Frankfurt am Main 1984.

Die Werke von Kühn und Arens enthalten ausführliche Bibliographien über Mauthner, und der Leser wird auf diese hingewiesen.

Quellenverzeichnis

1 – E 12
2 – E 10–11
3 – E 32–33
4 – E 34–36
5 – E 47–48
6 – E 50–53
7 – E 126–127
8 – E 175–182
9 – E 209–211
10 – E 213–218
11 – E 221–223
12 – E 230–231
13 – B I X–XI
14 – B I 3–19
15 – B I 24–29
16 – B III 1–3
17 – B III 340–343
18 – B II 33–34
19 – B I 158–161
20 – GH 119–126
21 – SP 44–49
22 – SP 78–81
23 – SD 15–18
24 – B I 327–329
25 – B I 344–345
26 – B I 176–182
27 – W I 174–175
28 – W I 441–445
29 – W I 295–299
30 – W I 146–150
31 – B III 309–315
32 – B I 693–695
33 – W III 409–416
34 – W III 82–91
35 – W II 269–270
36 – W III 17–20
37 – W III 491–497
38 – W I 592–595
39 – W I 640–643
40 – W III 91–98
41 – W II 19–24
42 – Ath I 240–242
43 – DB 1–7
44 – DB 23–24
45 – DB 67
46 – DB 11–17
47 – W III 262–267
48 – W III 359–366
49 – W II 289–294
50 – Ath I 340–344
51 – Ath I 411–414
52 – TG 118–127
53 – BUDDHA 121–135
54 – Ath IV 435–447
55 – DB 167–170

Wir danken dem Felix Meiner Verlag, Hamburg, für die Abdruckgenehmigung der Kapitel 13–19, 24–41 und 47–49.

Inhalt